# 現代スポーツのパースペクティブ　目次

目　次

## II　スポーツプロモーションの諸相

## III　実践研究へのアプローチ

# Ⅳ　絡まり合って表出するポリティクスとアスリート

# 現代スポーツのパースペクティブ

# 現代スポーツへの眼差し

佐伯年詩雄

## 1. はじめに――スーパー・スポーツの世紀に

ここ半世紀の間に、スポーツは驚異的な変容を遂げた。程度の差こそあれ、ビジネスは当たり前となり、公共性が声高に主張され、売名行為は日常茶飯事である。一九七二（昭和四七）年のミュンヘン五輪で、奇跡の大逆転劇を演じて金メダルに輝いた男子バレーボールチームが、京都での祝勝会に芸者を呼んだことが、某週刊誌にフォーカスされ、協会から強い譴責を受けたのは、遠い夢物語である。蜜月関係を結び、その両輪となって現代メディアの発展を支えたスポーツは、もはや「たかがスポーツ」とは言わせないパワーを持ち、誰もがその強大な影響力を無視し得ないものとなっている。こうした傾向からみると、ルイ・マンフォードは「二〇世紀はスポーツの時代だ」と言ったが、二一世紀は「スーパー・スポーツの世紀」、あるいは「スポーツのスーパー時代」とでも言えそうである。

競技や身体活動に実体化されるスポーツのみではない。スポーツ・エレメントは、いまや社会生活の至る所に浸透し、あらゆるもの・ことをスポーツ的に染色している。スポーツドリンクと機能性食品、瘦身願望とダイエットの背景にある中胚葉型のスポーティング・ボディーイメージ、ファッション、車や住宅のデザイン、リゾートや都市再開発等々、つまり現代的ライフスタイルの全体がスポーツ的イメージで充たされており、その染色を逃れる分野は、もはや見出すことが困難である。

私は、すでに二〇年ほど前に、こうした状況を「スポーツ化社会」と表現した（『現代スポーツの社会学』不昧堂出版、一九八四年）が、それは現代が、相対的であるがゆえに、揺るぎなく異論なき差異の生産・再生産によって秩序づけられる時代であるからに他ならない。異論なき差異の、無価値の優劣の、相対的な差異化を人々の目前において劇的に表示する仕掛け、そのモデルこそまさしくスポーツなのである。世界は、ＩＴイノベーションによって著しくメディア化したスポーツを通じて、このモデルに向けて動いている。だから二一世紀は、まさしく「スーパー・スポーツの世紀」なのである。

こうした状況に目をやるとき、現代スポーツ研究とその成果からの発言は、きわめて重要な意義を持つといえる。小さな「官」への政治動向は、有権者よりも消費者がはるかに重要になったことを意味し、消費のスタイルはポピュラーカルチャーによってコード化され、そして現代スポーツは、そのなかの王だからである。では、現代スポーツとは、何であり、どのような特徴を持っているのか。

## 2. 現代スポーツの特徴

我が国古来からの国技と奉られてきた大相撲の世界では、朝青龍が天下無敵の横綱の名を恣《ほしいまま》にし、白鳳、琴欧州という外国人が大活躍である。野茂、イチロー、松井に続き、城島も海を渡り、MLBを目指すプロ野球選手が目白押しである。もちろん、もっともグローバルなカルチャーとなったサッカーについても同様で、多国籍チームが当たり前になっている。これは、トップアスリートの世界では、あたかもパソコンの外付け部品からソフトの入れ替えまでと同様に、能力の相互交換がきわめて容易であり、その意味では、そこにスポーツ文化の共通性・普遍性の発展が示されている。それは、ソビエト・ブロックの崩壊と共に始まった旧東欧諸国の競技者やコーチの大量な西側諸国への移住・移民化によっても証明され、また、アジア・アフリカ諸国や南米諸国からの競技者の、北半球への進出と世界的な活躍によっても示されるのである。

二〇〇六年はワールドカップ・サッカーの年である。それはオリンピック競技大会と並んで、あるいはそれ以上に、世界中の国および地域を網羅・糾合し、たとえ予選で敗退したとしても、なおその人々の興味・関心を引きつけ、累積総数三〇〇億人を超えるテレビ視聴者数を誇るのである。この複雑な時代に、地球上で、これ以上の共通性と共有性を有する出来事はない。オリンピックとワールドカップ・サッカーは、まさしく世界の共通体験を共有させる仕掛けなのである。いまや、この種のトップスポーツは世界文化に成長し、紛れもなく歴史的に多様である身体文化・運動文化のなかにあって、圧倒的なヘゲモニーを確立している。このような状況も、狭い意味で「スポーツ化」と評され、民族スポーツや伝統的身体文化が、近代スポーツ・モデルに類似した特徴を持つようになることを指して使われている。

この意味では、諸々の文化的差異（伝統や慣習）、あるいは価値観や意味論のイデオロギー的相違を超越して、スポーツにおける中心化はますます進行し、一面におけるスポーツのグローバリゼーションを形作っている。そこでは、スポーツ需要と供給の関係をシステム化する市場が形成・増大し、資本の客観的な合理性に従った変動のメカニズムが展開するのである。だから、この分野では、文化的プロフェッショナリズムを凌駕したコマーシャリズムが、イデオロギー的にヘゲモニーを達成するのである。

しかしまた他方では、一九世紀的エリート主導による近代スポーツの発展過程で忘却されていた民族スポーツや民衆スポーツの復興も聞かれる。また、まったくの予想を裏切った日本選手団の大不振ゆえに、突然の脚光を浴びたカーリングのようなマイナースポーツの確固たる存在もある。だからそれは、必ずしもはやりの「地域興し」や「観光資源」として呼び戻される伝統芸能的身体文化関連のものだけではない。むしろ、いわゆるニュースポーツの類のように、伝統よりも革新の意味と機能を担うものも少なくない。中高年者を中心に、山歩きやウオーキングがあちこちで見受けられ、「行う」だけでなく、「見る・聞く・読む」に加えて「支える」、「応援する」、さらには「書く・写す・表す」等、スポーツへの参与に自分流が出始めているのである。そこでは、個性とローカリズムが特徴であり、それに基づく「多様化」のトレンドが進行している。

よく考えてみれば、この現代スポーツ状況は、それぞれが矛盾に充ちている。グローバリゼーションと中心化に向かって進展するトップスポーツの分野は、限りない差異化を求めて、ますます普遍性と共通性を拡延しており、多様化に向けて発展する市民スポーツでは、豊かな交流を求めて、相互の個性と差異を主張し合うからである。共通基準を前提条件とする差異化による中心性への力、相違を前提条件とする交流化に向かう多様性への力、現代スポーツはこの二つのベクトルに沿って動いているようにみえる。

## 3. 膨張するスポーツ ── 近代スポーツ・モデルの崩壊

この相互に矛盾を内包し、相互に矛盾するようにみえるスポーツ変容の二つのベクトルこそ、スポーツの「高度化」と「大衆化」である。総体としての現代スポーツは、この高度化と大衆化の二つのベクトルに従って、急速に膨張を続けている世界として描かれよう。そしてそれはまた、近代スポーツ・モデルがこの二つのベクトルの巨大な力によって引き裂かれ、崩壊していく状況でもあるのだ。

かつて、「一人の金メダリストの背後には数十人のオリンピック・アスリートが、数十人のオリンピック・アスリートの背後には数百人の優れたスポーツマンが、そしてその背後には数千人のスポーツ愛好者が存在する」と言われたピラミッド・モデルに象徴される近代スポーツ体制は、もちろん複合的な社会的条件の規制の下であったが、共通のスポーツ・コンセプト（アイデンティティ）を有し、知的・技術的、倫理的・教育的、道徳的・禁欲的、都市的・組織的な性格に基づく規範を共有していた。そして、スポーツ発展の高さと広がりに向かうエネルギーは、このクラブシステムによって内在的に統御され、それゆえにこのクラブモデルは、スポーツ界の理想的で調和的なモデルとされたのである。しかしいま、総体としての現代スポーツには、この面影はない。

スポーツを理想的な小宇宙として描いていたイデオロギーとしてのアマチュアリズムは、現代スポーツではコマーシャリズムに席を譲り、スポーツの自由を主張した政治的中立論は、メディアに扇動されるナショナリズムやエスノセントリズムに取って代わられ、社会的干渉からの自由を宣言してきたスポーツ個人主義は、健康イデオロギーとの安易な癒着のなかでスポーツの公共性に変貌したのである。

一九六〇年代に徐々に進行していたこうしたスポーツの現代化は、一九七〇年代に一挙に展開した。スポーツのポピュラリティに注目し、そのメディアバリューを利用しようとする政治と経済の外部的エネルギーがスポーツ界に進入し、スポーツの内在的発展をはるかに凌駕する膨張の力となって現代スポーツを突き動かしたのである。この段階では、もはや高度化は大衆化に支えられるわけではない。一九七二年のミュンヘン五輪、そして七六年のモントリオールでの東独の驚異的な躍進が引き金となり、それ以来、新興国だけでなく、先進国にとっても、スポーツの高度化は政治的課題となったのである。その名残は、トリノ五輪で米国をしのいで最高成績に輝いたドイツの獲得メダルの八〇%は軍と警察に所属する競技者によるものであった。ドイツでは、軍と警察の一〇〇〇のポストがエリートアスリートのために用意されているのだ（ドイツスポーツ研究所、アンダース・G博士インタビュー調査より、二〇〇六年三月四日）。

第一回オリンピック・アテネ大会の陸上競技一〇〇mの優勝記録は12秒0であった。当時、金メダルの頂点は努力次第で誰にでも可能な高さの水準にあり、その意味で底辺と高さは一つのピラミッドを構成することができたのである。いまや、金メダルは天才の占有物である。いや、天才といえども、現代では競技力向上システムに乗らない限り、その可能性を開発することはできない。現代スポーツでは、大衆に代わって、テクノロジーと医科学を総動員し、コーチ、トレーナー、カウンセラーから栄養管理士等の専門家がプロジェクト・チームを組み、必要資源を最大限に確保し、最効率に組織するシステムがスポーツ・ヒーロー／ヒロインを育てているのである。

ここでのスポーツは、オリンピック競技大会に代表されるように、単なるスポーツの競争に止まるわけではない。勝利がもたらす威信の政治的利用をめぐってポリティカル・パワーゲームが、絶好の広告と宣伝の機会の利用をめぐってコマーシャル・ゲームが展開する。こうしてトップスポーツは、政治のヘゲモニックなエネルギーと経済のダイナミックなエネルギーを吸収し、それぞれの恰好の市場的アリーナを構成しているのである。

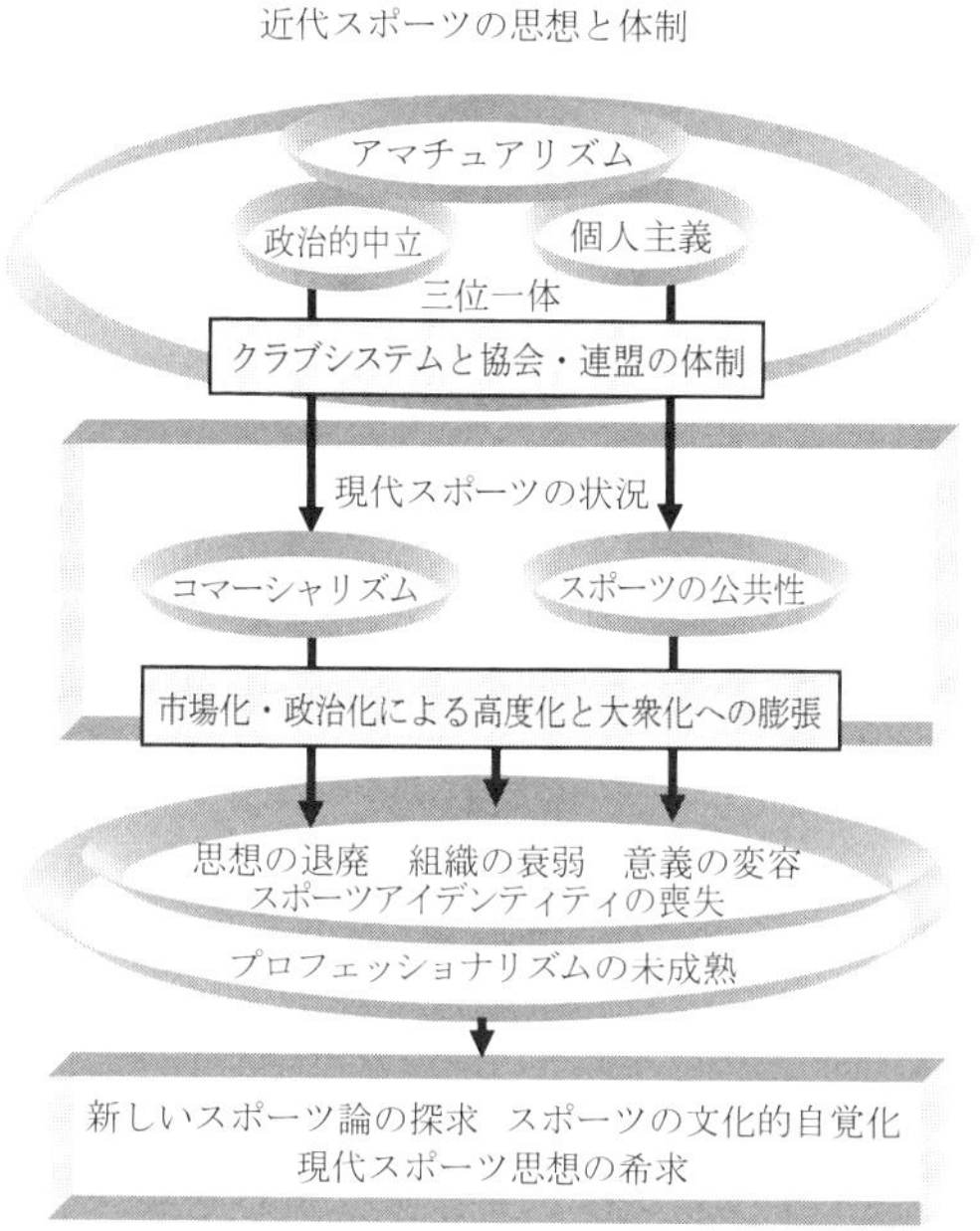

図1　現代スポーツの思想状況

他方、戦後、世界的に拡大したインダストリアリズムの進展による経済成長は、ライフスタイルの近代化・消費化を急速に促進し、高度大衆消費社会を世界の各地に誕生させた。人々は、生産的世界における機械化・組織化・合理化の過剰ストレスに対応して、消費的世界における生の充実を求める。競争的地位の獲得とその維持をめぐって展開する競争は、必然的に存在の不安を蔓延させ、潜在的に仕事・役割によるアイデンティティの弱体化を促す。だから、それに対応するかのように、性、身体、スキルが、そして民族や人種が、つまり「血の記憶」が人々の自己確認の重要なフレームになるのである。

こうして、自我・個的主体の確立という要請がプレッシャーを生み、表層的には運動不足・健康不安として認識される存在の不確かさは、そのままレジャーの充実、スポーツ享受に向かう膨大なエネルギーとなる。スポーツ要求の背後には、こうしたスポーツの必要が隠然と潜み、このスポーツ的ライフスタイルをベースにして、一つのファッションとしてのスポーツが膨張する。そこには、日本だけでも、直接消費五兆円、ギャンブル・スポーツを含めると一三兆円の市場が構成されている。大衆化のスポーツ・エネルギーは、こうした現代社会の構造的特性から派生し、健康幻想を脅迫的資源として活用する市場化のメカニズムのなかでそのベクトルを増大させているのである（図1）。

## 4. 新しいスポーツ論の模索 —— 文化的アイデンティティの危機を越えて

このような状況のなかで、かつて叫ばれた「スポーツは文化だ」という主張が著しく弱くなっている。そして、一時頻繁に使われた「文化としてのスポーツ」という言葉も影が薄い。それはいま、「スポーツは商品だ」であり、「商品としてのスポーツ」に取って代わられているのだ。なぜなら、かつての「スポーツの文化的自覚化」は、対応するスポーツ論を結果することなく、ビジネス化の流れに飲み込まれているからである。スポーツの世界で、近年、いかに「マネジメント」や「マーケティング」という語が氾濫しているかが、それを如実に物語っている。しかし、そこから奈落へはあと一歩である。スポーツ論、その文化論を欠くスポーツは、使用価値不在の商品に他ならないからである。

潜在化している、このスポーツを文化として捉えることを自覚しようとする意志は、膨張した巨大なスポーツ・パワーを背景にしながら、功利的手段としてのスポーツの意味・価値づけを越えようとする強い思想の存在を必要とする。なぜならば何よりもそこには、スポーツの文化的自覚化を内在的に要請するスポーツの現代的危機が存在するからである。そこでは、現代スポーツの現実が、まさに現代社会の特徴を従属的に反映する限りの現実において、まさしく反文化的諸状況を生起するからである。トップスポーツにおけるドーピング、サイボーグやアンドロイド化、競技者の売買における搾取と隷属、そして大衆スポーツにおけるフーリガン、争乱、環境汚染等は、膨張した巨大なスポーツ勢力のなかに、空虚な文化性が大きな穴を空けている状況に他ならない。

高さと広がりの二つのベクトルによって膨張する現代スポーツは、近代スポーツ・モデルを引き裂き、崩壊させた。アマチュアリズムに代表されるスポーツ・リベラリズムはヘゲモニーを失い、政治的中立性も個人主義も武装解除された。禁欲と快楽のバランスをとる実践も分離し、身体的エネルギーを洗練する方法は野蛮な道に向かっている。つまり、近代スポーツ・モデルの崩壊は、まさにスポーツの文化的アイデンティティの崩壊の危機を意味するのである。この膨張した巨大な現代スポーツのなかに空いた空虚な文化性の穴、それこそがスポーツの文化的アイデンティティの危機を表している。

状況からいうならば、この現代スポーツにおける空虚な穴を、いま現在埋めているのはメディアスポーツである。それはメディア産業によって、メディア商品として生産され、流通し、消費／享受されるスポーツである。ここでは、スポーツの有する、さまざまなコノテーションを導く豊かなメディア特性が娯楽資源として加工される。報道と宣伝、教養と娯楽、学習と教化のメディアスポーツの可能性は、著しく後者に傾いている。スポーツ・ジャーナリズムの未成熟がそれを加速し、したがって、スポーツの文化的批評は無力なままである。

　こうした状況にテクノスポーツの未来予測が加わる。いま、コンピューターの能力は一二～一八か月で倍になり、遺伝子操作の技術は一六～二四か月で倍になるといわれる。だから、並行思考を可能とするマザー・コンピューターが出現し、テクノロジーが無限に自己成長するシンギュラーポイント（特異点）までは、あと一五～二〇年だといわれる（Smith, A. and Westerbeek, H., *The Sport Business Future*, Palgrave Macmillan, 2004.）。身体加工のハイ・テクノロジーは、病の治療から能力開発に発展し、平和な時代の戦士としての競技者に応用される。そこでは、ドーピングに代わって遺伝子操作が問題となり、視聴者は、小さなチップを通じて競技者の全体験を同時に体感し得る「感応者」となる。そのとき、スポーツの享受―身体的快楽は、意志的に獲得すべきものから求めずしても供給されうるものとなる。そこからマトリックスの世界が始まるのである。そのとき、「スポーツ」はどこへいくのか。

　だから、新しいスポーツ論が求められる。新しいスポーツ文化論が望まれる。それは、近代の理念で現在を断罪するためでなく、こうした恐るべき未来に対応するために、たとえその選択がいずれになろうとも、いまこそ「スポーツの思想」が必要だからである。それなくして、私たちのスポーツに関わる意志的な未来形成はない。だから、パッションとソウルを、エモーションとスピリッツを統合する体験としてのスポーツを、自立的な思想として確立することが急がれるのである。

# I

# 現代スポーツの問題系

## ――近代スポーツの現代化をどう考えるか

# 第1章　メディアスポーツのパースペクティブ

橋本純一

近年のオリンピックやＦＩＦＡワールドカップの視聴率に象徴されるように、メディアスポーツはそのポピュラリティからして間違いなく現代社会において一つの明確にして固有のジャンルを構成している。衛星デジタル放送、ケーブルテレビ、インターネットの普及などに示されるメディアテクノロジーの驚異的な発展に伴って、大衆の日常生活におけるバーチャルな体験は驚異的に増加し、スポーツ参与に関してもメディアを通じて新しい関係性を構築しつつあるといえる。そこでは、そのスポーツ情報の持つ重要性は増大するばかりであり、その意味を問うことが求められよう。

本稿では、メディアスポーツの全体像理解のため、その過程を、生産・流通・消費の三局面に分節化して捉え、メディアソフトとしての柔軟な操作可能性からくるさまざまな神話生成と流布のメカニズムをクリティカルに明らかにしていく。

# 1. メディアスポーツの生産過程

## ■スポーツ資源の評価・選択・編集・加工

メディアテクノクラート（メディア生産現場の専門家）は「実際の出来事」を視聴読者に正確かつ公正に伝達していると主張する。しかし、こうした認識論的自然主義は、メディアがどのようにスポーツを取り扱っているのかという議論に耐えられない。メディアは生のスポーツをそのまま伝えているのではない。ライブスポーツを文字に置き換える新聞・雑誌などの活字メディアの場合、その点は理解しやすいが、テレビなどの映像メディアでもそれは同様なのである。メディアスポーツは、メディアバリューの増大をねらってライブスポーツ資源から評価・選択・編集・加工されて提供されるものとして、理解されなければならない（佐伯聰夫「メディア・スポーツ論序説：メディア・スポーツの構造と機能―問題の所在と分析の視点のために」『体育の科学』第四七巻第一二号、一九九七年）。

その際には、さまざまな要素が絡んでくる。テレビスポーツ番組制作を例にとってみよう。まず、メディアテクノロジーである。最新のカメラや映像機器は、生の選手をズームイン／アウト、スロー再生、複数の映像の組み合わせなどにより、よりドラマチックに、あるいはヒューマニスティックなものに描き出す可能性を広げる。そしてそれを統御するのは、ディレクター、プロデューサー、エディターなどのメディアテクノクラートたちである。彼らには、それぞれの教育的・政治的・文化的背景があり、パーソナリティ特性がある。さらにはそれぞれが職業文化のなかで培ってきた経験や知識のストックがあり、それらに照らし合わせて、視聴者に受けそうな映像／シーンを選別しているのである。またコメンテーター、実況アナは、このような映像に「権威づけ」してメディアバリューを増大させ、一定の解釈の枠組み（見方・聞き方・読み方）を提供（しばしば特権的な意識からの押し付け）するのである。

では、以下にメディアスポーツ制作において影響を与えている価値／イデオロギー的ステレオタイプ、その際の評価・選択基準などに関して検討してみよう。

## ■法的秩序

スポーツ放送では、競技規則の番人（審判）は神聖であり、彼らに対しては疑問の余地なく黙従するよう構成されている。解説者や実況アナは審判の判定に関して、例外はある[(1)]がほとんどの場合、肯定こそすれ否定はしない。つまりハンドのゴールでも「神の手」等と礼賛はすれど、誤審に対する非難は回避され、同情的に解釈されるのが常である。

我が国では、甲子園の高校野球ではアウト／セーフをめぐるきわどい判定に対してインスタント・リプレイやスローでの再生はなされない。また、NHKにおけるJリーグの放映でもオフサイド判定に対して、確認のためのスローVTRを流さない。このようなメディアの制作スタンスは、彼ら審判の判定をたとえそれが誤りであったとしても正当かつ絶対なもので、再確認をしたりして疑問をはさむ余地のないものであるということを示しているのではないだろうか。

こうして、ことあるごとに規則の遵守と審判への服従の正しさと重要性が提供され、社会秩序における法の遵守や法の運用・執行者への服従が訴えられている。

■道徳性

あらゆる局面でグローバル化が進展するなか、我が国で最も幅広い層から支持されているスポーツイベントである高校野球とその報道は、日本というローカルな共同体でのみ通用するような「道徳劇」を提供し、禁欲的イデオロギーを教化する役割の一翼を担っている。「純真さ」「忍耐強さ」「下積みの大切さ」「諦めない敢闘精神」等のメディアにおける禁欲的言説は、「女の子にもてたい」「(プロになって)金儲けしたい」「テレビでいいかっこしたい」等の快楽的言説を凌駕している。

ある新聞社の新人記者が、高校野球にはびこる負の側面(監督の横暴なしごき、スカウト活動、暴力など)を記事にしようとすると、その上司は「キミ、そんなに難しく考えるな。高校野球は本当のことを書かなくていいんだ。ウソを書けばいい。友情、汗、涙、愛、など美しい言葉を並べてな」と叱咤したという。そしてこの上司は名支局長と言われていたという(中条一雄「日本の新聞と新聞記者」『現代スポーツ評論』第八号、創文企画、二〇〇三年)。ここまで極端でなくとも、記者や編集者は高校野球に関しては、類似した考え方を有していると考えられ、それはその人気と影響力を考えるとき、忌々しき問題といえる。しかし、一方で若者の間にはこのような言説に対する拒否反応もあり、彼らの抱くヒーロー像が脱規範的な思考や行動を有するアスリートへとシフトしているのも事実である(橋本純一「メディアスポーツヒーローの誕生と変容」『現代メディアスポーツ論』世界思想社、二〇〇二年)。

■ジェンダー

アメリカで最も権威のあるスポーツ専門誌『スポーツ・イラストレイテッド』における一九六四年から

一九八七年の間の特集記事に関する内容分析によると（Kane, M. J., "Media coverage of the female athlete before, during, and after Title IX: Sports Illustrated revisited", *Journal of Sport Management*, 2, 1988.）、この期間、女性競技者の記事の割合は増加したが、多くの特集記事は女性に不適切とされているスポーツ（バスケットボール、ソフトボール、重量挙げ）よりも女性に適切とされているスポーツ（テニス、ゴルフ、フィギュアスケート）について書かれており、期間中この傾向は変わらなかったという。

我が国のスポーツ報道においても同様の傾向がある。加えて、女性競技者の描かれ方はその競技パフォーマンスだけでなく、髪型やカラダの形などの容姿や「子持ちか、結婚しているか、彼氏はいるか」等の性的役割に関心が寄せられる傾向がある。これは単に女性スポーツに対するメディアテクノクラートの偏見ということではなく、「何を報道すべきか（すべきではないか）」という彼らの職業的経験に基づく信念もそうさせる要因なのである。

また、メディアスポーツ界における女性ジャーナリストやテクノクラートが極端に少ないことも影響しているであろう。加えていうなら、スポーツファンの多くが男性であり、彼らの多くが保守的な性役割・規範を保持している。それに対応する形で拡販戦略や視聴率本位の番組づくりがなされれば、メディアスポーツにおけるジェンダー差別は永久に存在し続けることになる。

近年、女性選手のメディアでの扱いは、確実に増えている。しかし、これを手放しでは喜べない。なぜなら、特に女性が男性向けといわれるスポーツで競争することが増加した場合、どうしても男性の記録と比較されるからである。人気のあるメディアスポーツは、男性のパフォーマンスを最大限引き出すよう構成されているので、それを報道する「機会の均等」は、男性優位のイデオロギーを補強する新しい手段となる可能性がある。要するに「報道の機会均等」が、男性の記録の「本質的な」優秀性の動かぬ証拠を提供し、メディアの男性スポーツ重視の報道を正当化していくことになるのである（Sage, G., *Power and ideology in American sport: a critical perspective*, Human Kinetics Book, 1990.）。

**■その他の価値／イデオロギー的要因について**

上記の価値／イデオロギー的要素のほか、メディアスポーツの生産者がライブスポーツを編集・加工する際に重要視するいくつかの価値／イデオロギー的ファクターを挙げておこう。

ワールドカップやオリンピックなどの国際試合においては、自国チームや選手の活躍映像を相手国のそれよりも多くすることは、自明のように世界中で行われている手法である。これは視聴者の「ナショナリズム」に訴えて、視聴率を上げようとするものであろう。しかし、ナチスドイツによるベルリン・オリンピック映画制作にみられたように、時に過度なパトリオティズム（愛国主義）やエスノセントリズム（自民族中心主義）に利用されることもある。同様に「ローカリズム」や「郷土愛」にアピールしようという試みが顕在化している。それは甲子園野球や大相撲の報道、さらにはそれぞれの地方を代表する選手やチームをめぐるローカル・メディアの報道にみられる。

また、読売ジャイアンツとNTV系テレビとの関連からジャイアンツ戦放映に際して、明らかに巨人選手偏重の傾向がみられる。また、スター選手、ヒーロー／ヒロインに偏向した放送も日常茶飯事である。場合によっては真のヒーローとはいえない選手でも、ヒーローに仕立て上げられる「ヒロイズムに基づく捏造」ともいえる記事や番組もみられる。

さらに海外では、レイシズム（人種差別主義）に基づくメディアスポーツ生産も多くみられる。

■メディアスポーツ制作の評価選択基準

ここまでみられた価値／イデオロギーのステレオタイプ的報道に加えて、それらを取り上げる際の重要な評価選択基準についても理解しておく必要がある。

メディアテクノクラートは、各種ライブスポーツからよい映像や記事ができそうなものを評価選択する。その基準は「スペクタクル性」「ドラマ性」「人格化の可能性」「速報性」の四つである（Clarke, A. and Clarke, J., "Highlights and action replays: ideology, sport and the media", Hargreaves, J. (ed.) *Sport, Culture and Ideology*, 1983.）。

「スペクタクル性」はイベントのステイタスと場所に関連する。例えば、ワールドカップ決勝、オリンピック開会式などで超満員のスタジアムであれば、大スペクタクルということである。

「ドラマ性」で重視されるのは、感情的に盛り上がる重大局面である。野球やサッカーのシーズン終盤の首位攻防戦や新記録達成のときに最高のものとなる。しかし、ルーティーン的報道においても、成功と失敗をめぐってつねにドラマが求められている。この点に関して、我が国のスポーツ実況中継では、時に「感動のドラマの押し売り」ともいえる番組づくりが行われているのは、検討を要するところであろう。

特定の個人に焦点を当て、その人間を「人格化」させられるかどうかも重要である。スター選手はもちろんであるが、その日のヒーロー／ヒロインなどに焦点を当て、希望、運、喜び、落胆などをその選手の技術、精神力、性格／気質に照らし合わせて洞察するのである。

「速報性」はテレビにおいては最重要要因である。衛星放送は、オリンピックの放映権料の急激な高騰に拍車をかけた。また、ゴルフをテレビ向けにしたのは、複数のカメラで異なった場所にいる複数のパーティーを同時に見ることができるようになったからである。

## ■パワー関係

ここまでメディアスポーツの生産過程では、さまざまな要因が関与していることを述べてきたが、この過程で最も重要なことは、そこでそれらを作動させているパワー関係について理解しておくことであろう。パワーには文化的なパワー、経済的なパワー、政治的なパワーがある。これらは互いにオーバーラップしていて、それぞれ単独で行使されることはまれである。しかし、分節化して検討するのが理解しやすい。スポーツ新聞の紙面構成において「一面を何にするか」という政策決定過程に関する事例を一つだけ取り上げて考えてみよう。二〇〇〇年シドニー・オリンピック女子マラソンにおいて高橋尚子が優勝した。ほとんどの大手スポーツ新聞各社では、夕方までに翌日の一面をこの出来事にすることをほぼ決めていた。ところが同夜に、読売ジャイアンツがセ・リーグ優勝を決めると、日本女子陸上界史上初めての金メダル獲得という歴史的快挙は、毎年の出来事であるプロ野球のリーグ優勝に翌日の一面を取って代わられたのである。これは、スポーツ紙面づくりという編集制作現場におけるパワー関係を象徴している。

我が国におけるスポーツ文化（文化的パワー）という側面からすれば、メジャーなのはプロ野球であり、マラソンはそれに比べればマイナーである。また、経済的パワーという面から購読者層を考えると、その大きな部分を占めるのが野球ファンといえよう。また、一面見出しは、大きな比重を占める駅売りの際の売れ行きを最も作用するものである。

編集部局におけるメディアテクノクラートの発言力という政治的パワーからすれば、最もパワーを持っているのは、デスクと呼ばれる編集責任者であり、それは多くの場合男性である。そこに従事するスタッフの数も圧倒的に男性が多い。このようなパワー関係において、高橋尚子の快挙はスポーツ紙において日の目を見ることがなかったのである。

しかし、パワー関係はまったく一方的であることはない。永続的な注意、調整、発展を必要としている（ハーグリーブス・J、佐伯聰夫ほか訳『スポーツ・権力・文化』不昧堂出版、一九九三年）。したがって、この関係性によっては、メディアテクノクラートの女性スポーツに対する価値観をはじめ、あらゆる要素が変化し、今後同様の出来事が起きたときに、紙面構成が違う形態に変容する可能性もあり得るといえよう。

## 2. メディアスポーツの流通過程と消費過程

### ■商品としてのメディアスポーツ

未来学者のアルビン・トフラーは、その著者においてこれからの社会の権力基盤には「情報力」が台頭するという（トフラー・A、徳岡孝夫訳『第三の波』日本放送出版協会、一九八一年）。衛星通信とインターネットでグローバルにネットワーク化された社会では、情報こそが最も大きな影響力を持つ資源だというのである。

この重要な意味を持つ情報のなかでも、メディアスポーツは、スポーツの無色透明性や脱意味性、さらには豊かなシンボリズムの展開可能性によって、近年特に隆盛している。つまり先にみたように、さまざまな価値、イデオロギー、物語、メッセージ等を付与しつつ、人々の強い興味関心を呼ぶことのできる情報商品として、もてはやされているのである。

人々のスポーツ情報に対する要求は、スポーツ情報需要を生み出す。そしてコミュニケーション・テクノロジーの発達が、この情報需要に対応する情報供給を可能にする。ここにスポーツに関するマス・コミュニケーション産業が生まれ、スポーツ情報をめぐる需要と供給の組織的関係、つまり「メディアスポーツ・マーケット」が成立する。メディアマーケットにおける情報は、基本的に売買される商品的性格を持ち、その情報の価値が「メディアバリュー」といわれ、スポーツはいまや最大級のメディアバリューを有するコンテンツとなっているのである。

## ■メディアソフトとしてのメディアスポーツの成立と動向

日本におけるメディアスポーツ・マーケットを振り返ってみると、高校野球における朝日新聞、毎日新聞、プロ野球における読売新聞がその魁《さきがけ》といえるだろう。これら大手新聞社は、野球というスポーツソフトを自社の新聞の拡販手段として利用、つまり間接的にではあるが市場に乗せたといえよう。

そして一九五三年にテレビ（NHK&NTV）が大相撲、およびプロ野球の中継を開始した。これ以降、放映権料（あるいはこれに類する権利金）という概念が本格化していく。大相撲やプロ野球のほか、「力道山のプロレス」「ボクシングの世界タイトルマッチ」等が優良コンテンツとしてもてはやされた。そして現在では、スポーツ新聞やテレビを巻き込んで系列グループ間のスポーツ・コンテンツ争奪戦の様相を呈してきている。しかし、プロレスやバレーボールの凋落、衰退に続き、近年はプロ野球（特に巨人戦）や大相撲も視聴率の低下に歯止めがかからないなど前途多難な状況もある。これらの競技に対して、地上波テレビ局は、プロレス中継や大相撲ダイジェストをマーケットから閉め出したり、バレーボールのように競技以外の過度な演出で興味関心を惹く努力をしたりして、メディアバリューを増大させ、対応している。

一方で、FIFAワールドカップ・サッカー、メジャーリーグ野球、K―1／プライド（格闘技）、F1等は視聴率が上昇傾向にある。メディア界におけるテクノロジカルな革新とグローバル化が進展し、視聴者も日本人がグローバル・スタンダードにおいて活躍しているメディアスポーツ・プログラムに関心を移行させつつあるように思われる。また、近年のスポーツ・コンテンツの争奪戦は、日本のみならずグローバルな現象となっている。特に、欧州諸国でも伝統的な地上波局ではなくCS局、あるいはBS局の躍進がみられ、高額な放映権料を餌にして、サッカーやオリンピックを中心とするキラー・スポーツ・コンテンツを買い占め、そしてそこからは倒産騒動（二〇〇二年および二〇〇六年のFIFAワールドカップ放映権を買い取ったドイツのキルヒグループのそれに象徴される）まで生起している。

市場の論理は、ジャーナリズムの論理と相容れない場合が多い。ジャーナリズムは「反権力、公正、中立」を思想的・倫理的基盤に据え、自らを正当化する必要性が生ずる。しかし、それを確立するためには、メディアは公権力（政府・自治体・スポーツ統括組織など）から独立しなければならない。その結果、メディアはその自主運営の基盤をメディア市場に依存することになる。はたして、現代社会においてマスメディアは、メディア市場での商品の生産、流通、販売という圧力から派生するメディアバリュー向上と、先のジャーナリズムとしての倫理的使命との二律背反的矛盾をつねに内包することになるのである。つまり、近年のバレーボール中継に象徴されるプログラムの過度のエンターテイメント化問題は、換言すればマーケティングというコマーシャリズムと、報道というジャーナリズム的使命感の狭間の問題なのである。

## ■メディアスポーツのマーケット――スポーツ放映の市場性と公共性

現在、我が国では一流のサッカー番組を日常的にテレビで視聴しようとすると、多数の有料契約が必要である。華やかなスターの揃うスペインリーグはWOWOW、また欧州クラブチャンピオンを決めるUEFAチャンピオンズリーグやイングランド・プレミアリーグ等は「スカパー」(スカイパーフェクTV!)のPPV特定チャンネル(PPV＝ペイ・パー・ビュー)と契約しなくてはならない。さらにJリーグの試合も一部の注目される試合を除き、基本的にはJスポーツという衛星デジタル有料チャンネルでの視聴を余儀なくされている。

日本だけでなくこのような人気スポーツの視聴有料化傾向は、近年、世界的に急速に拡大している。視聴有料化の原因は、スポーツのメディアバリューが増大し、メディア企業がスポーツプログラムを高値で買い取ることによる。つまりメディアバリューのあるスポーツは、メディア企業が放映権をめぐって争奪戦を繰り広げることによって高騰する。その放映権料の回収は、おおむね視聴者(受信契約者)と番組スポンサー(企業)に委ねられるからである。

このようにメディアスポーツをそのマーケットに委ねたままでは、徐々に、しかも確実に人気スポーツ視聴の有料化が進展する。そこで問題となるのは、「万人がこれまで同様に、今後も人気スポーツをテレビで楽しむことができるのか、あるいは限られた人々にしか見られなくなるのか」ということである。誰もが無料でチャンネルを合わせれば自由にプログラムに接近できる権利を「ユニバーサル・アクセス権」というが、すでにこれのスポーツプログラムへの適用を英国議会では法律によって保障している。この法律の根拠は「人気イベントが有料放送に独占されれば経済的に恵まれない人はスポーツに接することができず、スポーツの発展を妨げる」という考え方である。近年は国際オリンピック委員会（ＩＯＣ）やＦＩＦＡも同様の意向で、スポーツの公共性の視点からこの権利を重視している。つまりこの権利が確保できないとスポーツの公共性が崩壊しかねないということである。英国ではウィンブルドンテニス、オリンピック、ＦＩＦＡワールドカップ本選、ヘンリー・レガッタ、アスコット競馬等、十の人気スポーツイベントがこの法の対象となっている。

上記のようなユニバーサル・アクセスを保護する動きは、ＥＣ（欧州委員会）でも議論されている。そして「公共サービス放送には、特定の視聴者層ではなく、すべての人々を対象とする幅広い番組編成を提供し続ける使命がある」とし、国民的「重要イベント」のテレビ中継の排他的独占に制限を加える方針を明らかにした。「重要イベント」として想定されるものとして、「オリンピック」「サッカーの主要大会決勝」「闘牛」などが挙げられている。

一方で、スペインでは「サッカーの好カードをテレビで観戦するのは国民の基本的権利である」として、有料テレビでの放送を制限する法案が議会に提出されたが、「サッカーのテレビ観戦は国民の基本的人権とはいえない。サッカーのテレビ放送はビジネスであり、権利の問題ではない」という見解で否決されている。同様に、英国の独占禁止法問題裁判所も一九九九年七月に、BスカイBによるサッカーのプレミアリーグ独占放映権販売は適法という判決を下した。

以上のように、市場原理に任せておくと人気スポーツプログラムは有料かつ高騰する。そこで公共性の物差しによる線引きがなされるわけであるが、日本では「重要スポーツイベント」として「ユニバーサル・アクセス権」の対象になるスポーツは、オリンピック、FIFAワールドカップ本選、プロ野球日本シリーズ、夏の高校野球決勝あたりだろうか。この議論もまだ端緒についたばかりである。

## ■メディアスポーツの消費過程

生産過程で制作され、流通過程を経て我々が消費過程で受け取るメディアスポーツのテクストは、最終的にはオーディエンスのさまざまな解釈コードに晒される。読み手のデコーディングにおける立場は、①支配的＝ヘゲモニックな立場、②折衝的＝ネゴシエーティブな立場、③対抗的な立場、という三つに区別できる。支配的な読みとは、送り手が付与したテクストの意味をそのまま受け手も受け取るようなあり方であり、折衝的な読みとは大枠では支配的な読みの優越を認めながらも、テクストの個々の部分については固有の読みを促すあり方であり、さらに対抗的な読みとは支配的な読みとの矛盾や対立が明らさまになるあり方である（吉見俊哉『カルチュラル・スタディーズ』岩波書店、二〇〇〇年）。

つまり、メディアスポーツのメッセージは、オーディエンスに画一的に解釈されるわけではなく、多様な読み／意味生成が生じるのである。メディアテクノクラートの生産するイデオロギー的に偏向した、あるいはステレオタイプ化したメッセージは、実際の消費過程において受信者の保持している属性や教育的背景、文化資本などによって異なるデコーディングと意味づけがなされるのである。

ある北米における研究では、ナイキのスニーカーＣＦ（コマーシャルフィルム）を黒人集団と非黒人集団の若者に視聴させ、そのＣＦについての集団の解釈を比較した。黒人はスニーカーとそれを履く黒人有名選手の起用を大いに評価した。それは黒人の若者にとって、スニーカーの選択が彼らのライフスタイルを維持していくうえで非常に重要なものだからであった。一方、スニーカーにそれほどの価値を見出していない非黒人の若者たちのこのＣＦに対する評価は低かった（Wilson, B. and Sparks, R., "It's got be the shoes': Youth, Race, and Sneaker Commercials," *Sociology of Sport Journal*, 13-4, 1996.）。

また多くの研究が、攻撃性や暴力性のあるメディアテクストに肯定的な評価を下すのは、女性より男性、一般のオーディエンスよりコアなサポーターであるとしている。このように同じメディアスポーツであっても、オーディエンスの置かれた属性やコンテクストによって解釈の枠組み（デコーディング）が異なってくるということを理解しておく必要がある。

〔註〕

(1) 例外は審判が外国人の場合に起きやすい。国際試合で相手国有利の判定が下された場合である。ユーロ２００４（二〇〇四年サッカー欧州選手権）本選、準々決勝でイングランドがポルトガルに敗れた試合の報道に象徴される。イングランドの敗因を大衆紙「ザ・サン」「デイリー・ミラー」「デイリー・エクスプレス」では、担当したスイス人審判に対して勝利を「盗まれる！」（「デイリー・ミラー」「デイリー・エクスプレス」）、「騙される！」（「サン」）という文字が一面のタイトルに躍った。特に「サン」では、その後も連日スイス人審判に関する情報を、経歴のみならず私生活に至るまでヒステリックに提供し続けた。あたかも敗因はイングランドのＤＦ

ソル・キャンベルのゴールを無効にしたスイス人審判にあり、というメッセージであった。一方、同じ試合に関して高級紙といわれる「タイムズ」や「ガーディアン」はそれぞれ「イングランドに再び激痛」「イングランド：ＰＫ戦で散る」と比較的淡々としたタイトルであった（二〇〇四年六月二五日付 The Sun, The Daily express, Daily Mirror, The Times, The Guardian を参照）。これは、大衆紙においてナショナリズムが絡んでくると、その報道はしばしばその影響を受けることを示していよう。

# 第2章　メガ・イベントの諸問題

高橋豪仁

## 1．近代スポーツと超近代スポーツ

一九世紀のイギリスのパブリック・スクールにおいて、貴族とブルジョワの両階級が出会い、両者の身体的所作が融合することによって、暴力が抑制されルールが明文化されたゲームが成立した（亀山佳明「スポーツの現代化と身体性の社会学」井上俊ほか編『身体と間身体の社会学』岩波講座現代社会学第四巻、岩波書店、一九九六年）。そして、イギリスの安定した経済力を背景とした帝国主義的発展や植民地主義に伴い、英国産のさまざまなゲームが、ヨーロッパ諸国や北南米、アジアの各地などに伝播した。こうして誕生した近代スポーツは、フェアプレイやスポーツマンシップの規範に具現化される禁欲的・倫理的性格、競争社会で勝ち抜いていくのに必要な資質を育成するという教育的性格、近代合理主義的な考え方に基づく知的・技術的性格など、中産階級の価値観や行動様式を反映する性格を持つものだった（「近代ス

ポーツ」今村嘉雄編『新修体育大辞典』不昧堂出版、一九七六年)。

近代社会とともに成立し、発展してきた近代スポーツではあるが、現在私たちが目にするスポーツには、近代化の理念や枠組みを超えるものが存在している。スポーツは現在でもヨーロッパのブルジョワジーの生活倫理を保持しながらも、フーリガン、ドーピング、メディア化といったまったく異質な現象を発生させている。こうしたスポーツを多木は超近代スポーツと呼んだ(多木浩二「スポーツという症候群」多木浩二、内田隆三編『零の修辞学』リブリポート、一九九二年)。

また内田は、現代のスポーツは「広範な観客」「多様なメディア」「高度なテクノロジー」「膨大な資本」という四つの要素が複合しながら行われている、身体を表現媒体にした熾烈なゲームであるという(内田隆三「現代スポーツの社会性」井上俊、亀山佳明編『スポーツ文化を学ぶ人のために』世界思想社、一九九九年)。そこでは、観客の欲望と熱狂が舞台となり、メディアによる自己言及的な表現が溢れ、膨大な金が瞬時に動き、人間の身体とテクノロジーが融合して、「過剰な身体」が現れる。こうしたゲームの形式を推し進めたのは、アメリカを典型とする現代消費社会のスポーツであり、それはかつてイギリスのブルジョワジーが作り出した近代スポーツとは異なるものであり、いわば超近代スポーツの次元に属するものである。

二〇〇四年のアテネ五輪には、約一万一千人の競技者によって二八競技三〇一種目が実施され、チケット販売数は三六〇万枚、テレビ視聴者数は全世界で三九億人に上り(延べ視聴者は四〇〇億人)、前回シドニー五輪の三六億人を超えて史上最多だった。二〇〇二年の日韓共催サッカーワールドカップの観客動員数は二七〇万人、テレビ観戦者数は延べ約四二〇億人だった。二〇〇五年リーグ優勝した阪神タイガースの観客動員数は、約三一三万人（一試合平均四万二九〇七人）だった。だが、こうした国際的なスポーツ競技会やプロ・スポーツイベントは、大観衆を集めるという点において現代スポーツだけに特徴的なものではなく、例えば古代ローマにおいても円形闘技場やキルクスが建設され、何万人もの人々が剣闘士の競技を観戦した。確かに古代都市のスタジアムも集客装置やランドマークとしての役割を持ち、古代ローマのメガ・イベントと現代のメガ・スポーツイベントとは共通する部分もある（原田宗彦『スポーツイベントの経営学』平凡社、二〇〇二年）。しかし後者は、前述した超近代スポーツの文脈において、かつてのメガ・イベントにはない特徴を有しているのである。メガ・イベントを扱う本章では、最初に超近代スポーツ以前のスポーツにも共通するメガ・イベントのあり方について言及し、その後で超近代スポーツとしてのメガ・イベントの特徴について、特にメディアとの関係に注目して論じることとする。

## 2. スポーツとメガ・イベントの親和性

### ■スポーツのディスクールとメガ・イベント

現代スポーツのメガ・イベント化には、メディアの発達とスポーツのメディア化、スポーツの商品化とスポーツ市場の確立が不可欠である。しかし、もともとのスポーツの構成それ自体に、こうしたメガ・イベント化を可能とする要因を見出すことはできないだろうか。

多木は、スポーツのディスクールは、「0→＋／－→0」（平等→不平等→平等）の形式で表せるという（多木浩二、前掲書）。スポーツにおいて、ゲームが始まる前は、実際に当事者の力量が違っていても、競技者同士の関係は0対0の平等である。そして、「0→+／−」の過程において、プレイヤーは勝利を目指して競技に熱中する。さらに、競技が終了すると、後半の「+／−→0」になって、もはや敵も味方もないという平等のイデオロギーが再び表現されるのである。

広瀬は、この図式を利用してアマチュアリズムの衰退を説明している（広瀬一郎『メディアスポーツ』読売新聞社、一九九七年）。アマチュアリズムは、この事前の平等だけでなく、一度勝敗が決したら再び0（ノーサイド）という「報われない」特徴を持っており、これが政治や経済への親和性を遠ざけていた。しかし、スポーツの商業化路線にあって、アマチュアリズムは自らが内包している構造的矛盾を乗り越えることができず、オリンピックがメガ・イベント化する過程において、切り捨てられざるを得なかったのである。

確かに、広瀬が言うように、勝敗が決したゲーム後に再び両者は平等となり、その結果、金銭的な報酬は与えられるべきではないというアマチュアリズムの思想は、スポーツが商業化される過程において障害となる。しかしながら、スポーツがプレイの要素（遊技性）を持つかぎり、プレイの時空間が終了するゲーム後は再び「ノーサイド」になるという思想は生き続けているといえるだろう。逆に、「平等→不平等→平等」というスポーツのディスクールこそが、スポーツのメガ・イベント化を可能にしているのではないだろうか。

そもそもスポーツは、本質的に「遊び」の特徴を有しており、実生活では何の利益にもならない身体的能力の優越性を競うものである。それがゆえに、日常的な利害に関わる世俗的な政治との関連ではなく、より深層的で内発的な同意が人々の内に形成されるのである。この際、人々は所与の社会的カテゴリーに相当するところの、スポーツイベントにおける敵・味方に分割され、それぞれのカテゴリーへの同化とそれぞれのカテゴリー間の差異によってアイデンティティが再確認される。しかし、そのスポーツイベントに関わる人々が競技における分割のレベルに止まるのでは、メガ・イベントは成立し得ない。メガ・イベントでは、社会的地位と権威を有すると思われている人物が、開会式、閉会式、表彰式などにおいて、その競技会にお墨付きを与え、競技の過程の正当性が保障される。こうした儀礼において、勝者の栄光が讃えられると共に、敗者の健闘も讃えられる。競技における分割は、こうした儀礼を通して、より上位のカテゴリーへと再統合（＝ノーサイド）されるのである（佐伯聰夫「スポーツの政治的機能と権力作用の展開」森昭三編『スポーツの知と技』大修館書店、一九九八年）。

一九一〇（明治四三）年の日韓併合の五年後に全国中等学校優勝野球大会（現在の全国高等学校野球選手権大会）が開催され、その第七回大会（一九二一年）から朝鮮予選大会が開催された。一九二三（大正一二）年の朝鮮予選大会には、日本人の子弟が通う中学校七校と朝鮮人の子弟が通う徽文高等普通学校の計八校が参加し、徽文高等普通学校が優勝した。東亜日報がこのことを大きく報道したことにより、日本の占領下にあった朝鮮の民衆はその勝利に歓喜したと思われる。日本で開催された本大会に進んだ徽文高等普通学校は一回戦で勝利し、二回戦まで進んだ。確かにこの出来事には、日本の植民地政策下における「朝鮮人の学校」対「日本の学校」という分割をみることができるが、朝鮮大会の予選を勝ち抜いた学校が日本の本大会に進むという大会運営は、結局当時の内鮮融和政策に通じるものであったといえるだろう。これを可能とするものは、スポーツの構造に関わる分割と再統合、そして、それによる人々の所与の秩序への自発的な同意の形成であった。この事例は特異なものであるかもしれないが、スポーツのこうした分割・再統合の仕掛けがメガ・イベントの骨組みを支えているのである。

## ■イベント空間のユーフォリア

メガ・スポーツイベントでは、何千何万人もの観客がグラウンド上の選手の動きに一喜一憂し、観客の集合的な応援はスタジアムを華やかで派手やかなスポーツ空間へと演出する。こうした観戦者による応援行動は、「共通な集合的衝動、つまり社会的相互作用の結果生じるインパルスの影響下にある人々の行動」（塩原勉「集合行動」森岡清美ほか編『新社会学事典』有斐閣、一九九三年）である集合行動として見なされる。すなわち、応援するチームを勝利させたいという願望的信念に基づいて生起する、集合行動の一類型であるクレーズ（スメルサー・N、会田彰、木原孝訳『集合行動の理論』誠信書房、一九七三年）として、熱狂的な集合的応援を捉えることができるかもしれない。あるいは、ノバクの言うように（Novak, M., "The Natural Religion", Eitzen, D. S. (ed.) *Sport in Contemporary Society*, St. Martin's Press, 1979.）、スポーツを自然宗教と見なすならば、スタジアムにおけるスポーツ観戦者の応援はまさに宗教的な「集合的沸騰」（阿部美哉編『宗教学を学ぶ』日本放送出版協会、一九八八年）にたとえられるだろう。

こうした集合的な応援行動は、ゲーム状況に合わせてパターン化されているので、その場を秩序化するコードを肌で感じとり、そのノリに乗ることさえできれば、たとえ面識がない人であっても容易にこの群衆的行動に参加することができる。谷口は、日本のサッカーファンの一体感は、ノリでつながっているグループの薄い壁を強化することによって生じると述べている（谷口雅子「スポーツファンの一体感―日英のサッカーファンを比較して」杉本厚夫編『スポーツファンの社会学』世界思想社、一九九七年）。スタンドでの集合的な応援は、ゴッフマンが「人々が、互いに相手と身体的に直接的に居合わせる場合に起きあがるタイプの社会的配置」として提示した「焦点の定まった集まり」に相当するものである（ゴッフマン・E、佐藤毅、折橋徹彦訳『出会い─相互行為の社会学』誠信書房、一九八五年）。こうした「集まり」は、いわば膜に包まれたものであり、外部とは異なったルールが存在し、その場固有のリアリティが形成されている。人々が、関心の焦点に自発的に関与し、その世界に没入することができるならば、彼らはそのなかで維持されているリアリティについて、自然さ、気楽さ、確かさを感じ、そしてユーフォーリア（多幸状態）に至ることになるのである。

また、観戦者がスタジアムのスペクタクルの世界に没入する状況を、溶解体験として説明することもできる。溶解体験とは、自己と外界を隔てている境界が喪失し、自己と外界とが浸透し合う体験である（作田啓一『生成の社会学をめざして』有斐閣、一九九三年）。例えば、音楽に陶酔し、自分と音楽との間の壁がなくなり、音楽に溶け込んでいるとき、あるいは、ある風景を眺めているときにそれに吸い込まれるような気になるときなどの体験が、これに相当する。運動やスポーツにおける溶解体験を考える場合、個と全体との間に生じる身体性の問題として捉えることができる。その運動の過程のなかで、個は周囲の世界や対象と溶け合い一体化し、自らを全体的なものとして感じるのである。それは、全人的に行為に没入しているときに感じる包括的感覚であり、「フロー体験」と共通するものである。

そして、スポーツ観戦者には、この溶解体験だけでなく、拡大体験が同時に引き起こされると松田は言う（松田恵示「スポーツのファン体験と共同体の身体性─中間集団としての「スポーツファン」」杉本厚夫編、前掲書）。スポーツファンの体験は、身体性の求心化と遠心化の両義性に対応して、至高性の世界と有用性の世界とを往復運動しているのである。拡大体験とは、自己の領域が拡大していく体験である。通常、人は自分の意識は自分の身体の内に止まっていると考えている。しかし、例えば、スポーツの試合で観客が身振りや声を合わせて集合的な応援を行うとき、いわばその集団が一つの身体となっており、意識は個人の身体の水準から集団の水準まで拡大されている。この集団の範囲には、地域、国家、民族などがあり、スポーツの応援で得られる一体感によって、自分の属する集団の範囲が意識化されるのである。例えば、プロ・スポーツチームの多くは、本拠地（ホームタウン）を持っており、そこに住む人々にとってそのチームはホームタウンを象徴するものとして機能している。すなわちスポーツイベントは、ある地域や集団・組織への帰属意識を強化する社会的紐帯として社会的統合の機能を有するのである。こうした帰属意識、ひいてはナショナリズムの醸成にメガなスポーツイベントが寄与するのは、自己の境界が拡大する拡大体験をスポーツ観戦者が得るからである。

## 3．スポーツを通したマーケティング

### ■放映権料

前節で述べたメガ・イベントの特徴は、必ずしも超近代スポーツだけでなく、近代スポーツあるいはそれ以前のメガなスポーツにも当てはまるものである。では、前者と後者との大きな違いは何であろうか。現代のメガ・スポーツイベントを語るとき、メディアとの関係を看過することはできない。マスメディアの発達により、スタジアムの観戦者よりもはるかに多くの人々がテレビを介してスポーツイベントを見る

ようになった。この変化は、単にスポーツ観戦者数が増えたということだけを意味するものではない。マクルーハンは、メディアは単なる情報ではなく人間の器官や機能を人工的に延長あるいは拡張したものであり、特定の感覚を刺激・強化し、それまでの人間の感覚の比率を変え、さらには知覚や志向の様式までも変えるメッセージであるという（マクルーハン・M、栗原裕、河本仲聖訳『メディア論─人間拡張の諸相』みすず書房、一九八七年）。このように、メディアを単なる伝達手段というよりも、身体が世界に関わる仕方を構造化する制度であると捉えるならば、人々のスポーツへの関わり方は、スポーツメディアの発達によって大きく変化したといえるだろう。

こうした意味において、超近代スポーツとしてのメガ・イベントを検討するには、メディアとの関係を検討することは重要であるといえる。放映権料の高騰は、メガ・スポーツイベントの全体像を理解するときの手がかりとなる。一九六八年のメキシコ・オリンピックまでの放送権料は、番組制作費の分担として理解されており、例えば一九六〇年のローマ大会では、日本が五万ドル、アメリカCBSとヨーロッパ連合がそれぞれ六〇万ドル払ったが、それはイタリアのRAIという国営放送局の制作費の一部を出し合うという類のものだった（杉山茂ほか「スポーツ・イベントとメディア（座談会）」中村敏雄ほか編『現代スポーツ評論』第七号、創文企画、二〇〇二年）。一九六四年の東京五輪の放映権料はわずか一〇〇万ドルだったが、オリンピックの商業化が方向づけられた一九八四年のロス五輪の放映権料は二億八七〇〇万ドル、二〇〇〇年のシドニーでは一三億三一六〇万ドル（約一五九八億円）、二〇〇四年のアテネでは一四億九八〇〇万ドル（約一八〇〇億円）となっている。

図1は、放映権料をめぐるエージェントの関係を単純化して示したものである。「見るスポーツ」の供

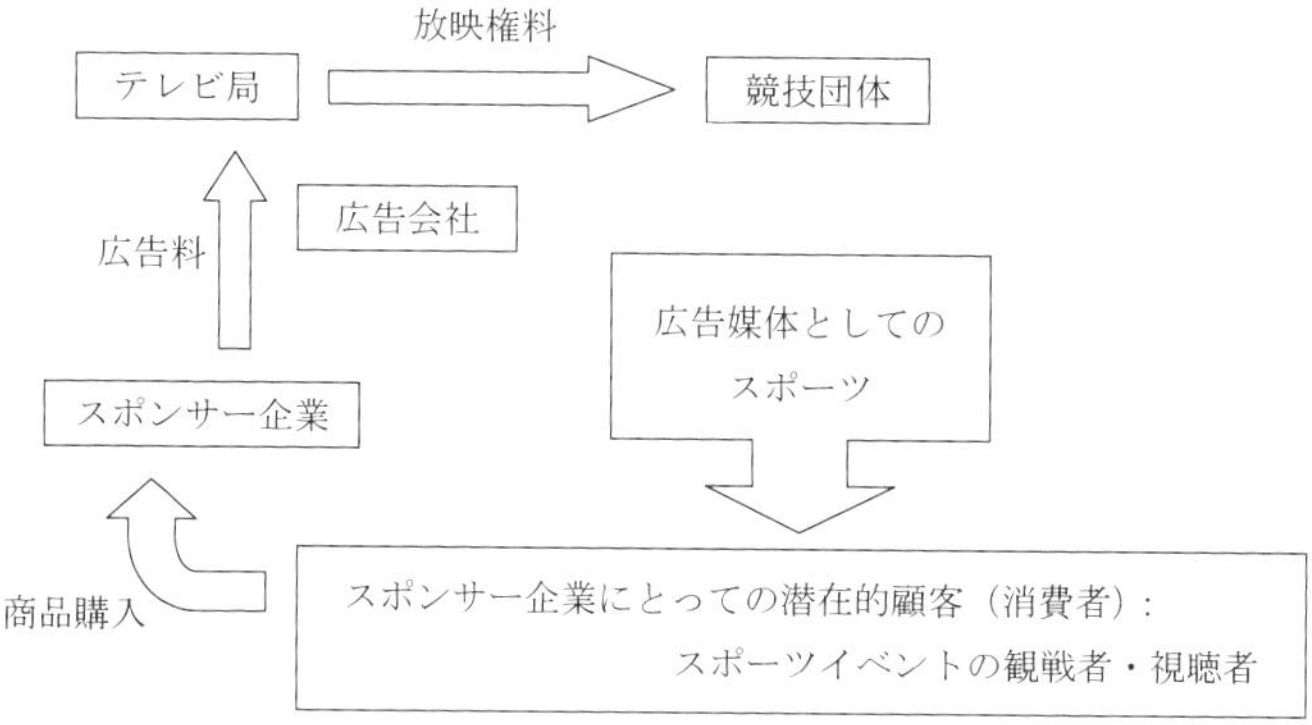


図１　放映権料をめぐるエージェントの関係

給体制は、広告会社を媒介に、競技団体・テレビ局・広告主（スポンサー企業）の四者によって構成されている（間宮聰夫「みるスポーツの供給構造の分析」文部省競技スポーツ研究会編『「みるスポーツ」の振興』ベースボール・マガジン社、一九九六年）。テレビ局は、放送のコンテンツであるスポーツイベントの放映権を競技会の主催者（例えば、オリンピックの場合はＩＯＣ、ワールドカップ・サッカーの場合はＦＩＦＡ、日本のプロ野球の場合はそれぞれの球団）から買う。民間のテレビ局は、その放映権料や番組制作費のための資金を主に広告主であるスポンサー企業から獲得し、その代価としてスポーツの番組にその企業のコマーシャルが挿入されることとなる（ただしＮＨＫの場合は異なる）。この場合、そのスポーツ番組の視聴者は、スポーツ視聴者であると共に、スポンサー企業にとっては潜在的な顧客として位置づけられる。つまり、広告主の潜在的顧客が広告媒体としてのスポーツを享受するという図式によって、メガ・イベントは成り立っているのである。

　スポーツイベントが大きくなればなるほど、競技会を運営するためにより多くの資金が必要となり、放映権料は競技団体にとって重要な収入源となる。IOCはテレビ放映権とマーケティング収益の一部を各国際競技連盟に配分している。二〇〇〇年のシドニー五輪の場合、四年間の配分総額は一億六一二〇万ドル（一九三億円）だった。一九九六年のアトランタ五輪のときは五〇三〇万ドルであり、配分金はテレビ放映権などの高騰化に伴い増額していることがわかる。また、アトランタ五輪のときの配分ランクは四段階評価であったが、シドニー五輪では五段階評価になった。そして、トップの陸上競技は二・七倍に増加し、さらに第一ランクと第五ランクの差も二・三倍の一四〇〇万ドルに広がった。このランクづけを決めるのは「オリンピック・ムーブメントへの貢献度」であり、具体的にいえば、五輪における競技別の視聴率と放送総時間、五輪での入場料収入、五輪以外の主要国際大会のテレビ放映と視聴率によって査定されているのである（須田泰明『37億人のテレビンピック』創文企画、二〇〇二年）。

## ■スポーツ中心主義による批判

こうなってくると、スポンサー企業の潜在的顧客である視聴者に迎合するように競技ルールが変更される。例えば、陸上競技一〇〇mのスタートにおいて、これまではある選手が二回フライングをするとその選手は失格となったのだが、新ルールでは、最初のスタートで誰かがフライングをすると、やり直しの二回目ではどの選手がフライングをしても、その選手が失格となるように改められた。それは、フライングの連続がショーアップした中継放送に水を差すことを防ぐためである。柔道では、対戦する両選手が共に白い柔道着では、どの選手がどちらなのかわからないというテレビ映りの問題を考慮して、青色の柔道着が導入された。国際バレーボール連盟会長のアコスタ氏は「挑発的なセックスアピールのないスポーツは、テレビに注目されなくなる。これは事実であり現実だ」と述べ、一九九六年アトランタ五輪から正式種目となったビーチバレーにおいて、「女子はセパレートの水着で、パンツサイドの幅は六センチ以内」という服装規定がシドニー五輪で採用された（須田泰明、前掲書）。確かに、パンツの両横を狭く制限すれば、肌の露出が強調されることになる。

シドニー五輪の二七年前にハワイで生まれたトライアスロンは、元来、水泳三・八km、自転車一八〇・二四km、マラソン四二・一九五km、総計約二二六kmとなる、まさに鉄人レースである。しかし、テレビ中継の時間的な制約があったのか、シドニー五輪で採用されたトライアスロンは、水泳一・五km、自転車四〇km、ラン一〇kmで合計五一・五kmとなった。バレーボールでは、一九九九年から五セットすべてがラリーポイント制になった。これは最長でも試合時間を一時間半から二時間に設定するためである。また、ビーチバレーでも、シドニー五輪後に全セットをラリーポイント制にすると共に、ラリーを続かせるために、コートを縦横二mずつ小さくした。卓球でも、ラリー時間が短すぎる欠点を克服するために、シドニー五輪後にボールの直径を三八mmから二mm大きくし、重さも二・五gから二・七gに変更した。

こうしたルール変更は、スポンサー企業が絡む放映権料という金の流れのなかにあって、競技団体が生き残っていくために必要な当然の営業努力として甘受しなくてはならないものなのだろうか。広瀬は、本来スポーツ・マーケットが成立する前提には、「スポーツ中心主義」という価値観の共有が必要であると指摘する（広瀬一郎、前掲書）。「『スポーツ中心主義』とは観念的にはアマチュアリズムに代表される一種のスポーツ純粋主義と、空間的および時間的な『臨場性』に中心的な価値を置き、そこから生ずる共有感の度合いを位置づけてゆく価値観のことを指す」と広瀬は言う。そして、このスポーツ中心主義という前提が崩れそうになっている例として二〇〇二年のワールドカップ日韓共催を挙げている。この場合、「サッカーのため」あるいは「ワールドカップのため」というよりも、「平和のためのスポーツ」というロジックが強調されすぎており、「スポーツ中心主義」が放棄されている。そして、それが「平和のため」だけでなく、「教育のためのスポーツ」「金儲けのためのスポーツ」「TV放送のためのスポーツ」であっても、「スポーツ中心主義」から逸脱することになると広瀬は言う。広瀬のスポーツの捉え方によると、ビジネス中心ではスポーツ・ビジネスは成立し得ず、あくまでもスポーツを中心に据えることによって、スポーツ市場が成り立つことになる。そこには、スポーツは手段的に捉えられるべきではなく、あくまでも目的的に捉えられるべきだという思想があるのだ。さらにいえば、スポーツはある独自の文化を持つ体制として社会において存在し、他のさまざまな社会的諸勢力と関係し合いつつ、例えば政治的に権力の正当化の機能、また経済的に消費の拡大の機能を果たしているが、あくまでも、スポーツは他の社会諸勢力に対して従属すべきものではなく、自立（自律）的でなくてはならないという理想像を広瀬の論述から敷衍できる。

## ■広告媒体としてのスポーツ

先に、二〇〇四年アテネ五輪の放映権料は一四億九八〇〇万ドル（約一八〇〇億円）だったと述べた。天文学的数字で見当もつかない数字である。何と比較すればよいのかわからないが、ちなみに、一九九七年に大阪で開催された国民体育大会における総支出は三一六八億円だった。二〇〇〇年のパチンコ店の貸玉料・貸メダル料は二四兆四四五〇億円だった。こうした数字に比べると、放映権料が高いのか安いのかわからなくなる。しかし、ここで注目しなくてはならないのは、放映権料の金額の大きさだけでなく、このお金の裏にある「スポーツとメディア」との関係である。現代社会において、スポーツは単にメディアに取り上げられて報道されているだけでなく、むしろスポーツそれ自体がメディアとして機能しているのである。スポーツマーケティングは「スポーツを通してのマーケティング（marketing through sport）」と「スポーツのマーケティング（marketing of sport）」の二つに分けられる。前者は「スポーツを利用して製品やサービスの広告価値を高めるマーケティング」であり、後者は「スポーツ用品やスポーツサービスの価値を高めるマーケティング」である（原田宗彦編『スポーツマーケティング』大修館書店、二〇〇四年）。ここで述べている放映権料をめぐる問題は、特に前者の過程に関わるものであり、この場合、スポーツが情報化され、スポーツ情報を媒介としてマーケティングが展開されている。例えば、カール・ルイスは自らの美しい技芸を資本に、さまざまなグローバル企業をスポンサーにしてスポーツ・ビジネスのなかを生きた。いわば彼自身の身体がロゴをまとっていたのである（清水諭「『ロゴ』の身体―カール・ルイスの登場とビジネスツールとしてのオリンピック」清水諭編『オリンピック・スタディーズ―複数の経験・複数の政治』せりか書房、二〇〇四年）。そこにはメディア化された彼の美しいフォームに惹きつけられる多数の消費者が不可欠であった。

こうしたスポーツイベントのあり方は、マスメディアがスポーツを広告媒体として利用するものであり、この原型は日本の野球の普及過程においてもみられる。明治中期まで多くの新聞は、論説中心の政治新聞であったが、報道中心の企業的新聞が形成されるなかで、新聞社が人為的に出来事を作り出し、他社に先駆けた速報を大衆に提供することが読者獲得の有効な手段となった（有山輝雄『甲子園野球と日本人―メディアのつくったイベント』吉川弘文館、一九九七年）。企業戦略によるイベント創出として、大阪朝日新聞が一九一五（大正四）年から全国高等学校野球選手権大会を主催し、それに対抗する形で一九二四（大正一三）年に大阪毎日新聞主催による全国選抜中等学校野球大会が始められた。また読売新聞社は、自社の宣伝のために一九三一（昭和六）年に第一回日米野球大会、一九三四（昭和九）年に第二回大会を実施した（菊幸一『「近代プロスポーツ」の歴史社会学』不昧堂出版、一九九三年）。そして戦後、読売新聞社は、日本テレビ放送網株式会社を設立し、スポーツ中継に力を入れた。日本ではこのようなメディアによるスポーツの利用を端緒として、「スポーツを通してのマーケティング」が展開されるようになったのである。

## 4．スポーツのマーケティング

前節では、マスメディア時代のスポーツを通してのマーケティングについて述べたが、マスメディア時代からマルチメディア時代への移行に伴い、「スポーツを通してのマーケティング」のみならず、「スポーツのマーケティング（marketing of sport）」の新たな局面がみられるようになった。本章の冒頭で現代スポーツ（超近代スポーツ）の特徴として、「広範な観客」「多様なメディア」「高度なテクノロジー」「膨大な資本」の四つを挙げたが、特に近年の「多様なメディア」の発達によって、スポーツがメディアコンテンツとしての商品価値を高め、スポーツのマーケティングが展開されるようになった。

須藤は、「マルチメディア時代は、衛星放送、地上波テレビ、ケーブルテレビ、新聞、雑誌、映画、インターネット・アクセス・プロバイダー、コンピュータソフトなど多種類のメディア企業の統合所有を図るメディアコングロマリットが一般的な形となる」とし、メディアコングロマリットがスポーツコンテンツを重要視する理由として、オリジナルのコンテンツをブロードバンドメディアに適合するように多面的に再編集・加工し販売することで新たな市場が獲得できることや、人気の高いプロチームの独占中継放送によって有料放送視聴者の獲得ができることを挙げている（須藤春夫「スポーツとメディアの融合―スポーツコンテンツの問題性」『スポーツ社会学研究』第一三巻、二〇〇五年）。

例えば、複合メディア企業のニューズ・コーポレーションの代表取締役を務めるルパード・マードックは、一九九二年にサッカーのイングランド・リーグに所属していた有力二〇チームからなるプレミアリーグを発足させた。そして衛星放送BスカイB社に放映権を独占させ、カメラ台数を増やすなどしてテレビ中継を面白くし、有料放送契約数を一五〇万から五〇〇万世帯まで増加させた。こうした動向に対して、一九九七年EU欧州委員会は「国境のないテレビ放送に関する指令」を発し、このなかで、オリンピック大会のような主要なイベントの放送に視聴者が自由にアクセスできるようにするとの内容が盛り込まれた（早川武彦「テレビの放映権料高騰と放送・通信業界の再編」一橋大学スポーツ科学研究室『研究年報２０００』二〇〇〇年）。またイギリスでは、BスカイBのスポーツ放送権獲得の動きがオリンピックにまで及んだことを契機に、フリーツーエア（free to air：誰もが重要なスポーツを視聴する権利）を守ろうという議論が高まり、一九九六年の放送法によって、重要なスポーツのライブ放送が保障されることとなった。

アメリカでは、ケーブルテレビが地元と密着した関係を保ちつつ、全国ネットからの再配信を行うことで多様なスポーツ・コンテンツを視聴者に提供している。地上波のネットワークが広告収入だけに依存しているのに対して、ケーブルテレビはシステムからの送信料を収入とすることができる。表１に示すよう

表1　アメリカのネットワーク・スポーツ収入（1997年）

単位：100万ドル

| ネットワーク | | 送信料収入 | 広告収入 | 総収入 |
|---|---|---|---|---|
| 地上波 | ABC | - | 784.7 | 784.7 |
| | CBS | - | 587.5 | 587.5 |
| | NBC | - | 1,1446.5 | 1,146.5 |
| | Fox | - | 836.8 | 836.8 |
| ケーブルテレビ | ESPN ＊ | 536.9 | 517.4 | 1,054.3 |
| | TNT | 435.0 | 155.0 | 590.0 |
| | USA | 300.0 | 50.0 | 350.0 |
| | ESPN 2 ＊ | 70.7 | 61.2 | 131.9 |
| | FSN ＊ | 70.0 | 24.7 | 94.7 |

注）＊スポーツ専門、出典：霜鳥秀雄、前掲書

に、ケーブルテレビのＥＳＰＮ（Entertainment and Sports Programming Network）は、四大ネットに匹敵するスポーツ放送からの収入を得ている。アメリカでは、ケーブルテレビの普及率が七〇％に迫り、ペイチャンネルやＰＰＶサービスを含めて、視聴者が好みのスポーツ番組を視聴する時期にきている（霜鳥秀雄「アメリカ―寡占化進む巨大メディア」『放送研究と調査』第四九巻第一号、一九九九年）。

　マスメディアの時代におけるスポーツは、メディアにとっての宣伝的シンボル利用あるいは事業拡大のための戦略として位置づけられていたが、マルチメディア時代におけるスポーツは、そのメディアコンテンツとしての価値ゆえに、メディアがスポーツ情報そのものを視聴者に売ることになった。マスメディア時代まではスポンサー企業の潜在的顧客としてスポーツ中継を無料で視聴することができたが、マルチメディア時代になると有料契約をした視聴者しかスポーツの生中継を見ることができなくなり、誰もがスポーツを視聴できる機会が制限されるという状況が生じることとなるのである。

## 5．情報資本主義のなかのメガ・イベント

本章では、スポーツのメガ・イベントを扱うにあたり、スポーツの何がメガ・イベント化を可能とするのかについて確認した後、超近代スポーツとしてのメガ・イベントの特徴について特にメディアとの関係に注目して論じてきた。メディアとしてのスポーツ（スポーツ情報、スポーツメッセージ）を通してマーケティングが展開され、さらには、メディアコンテンツとしてのスポーツ情報そのものがプロダクトとなってマーケティングが展開される現代社会はどのように説明されるのだろうか。佐伯は、以下のように説明している（佐伯啓思『欲望と資本主義』講談社現代新書、一九九三年）。資本主義は、新しいものをめぐって競争しつつ拡張し、発展していく経済である。資本主義的な企業活動にとって、消費者の欲望を察知し、また欲望を開拓すること、すなわちマーケティングがきわめて重要な要素となっている。産業革命以来今日まで、資本主義は産業と結び付いており、消費者の欲望のフロンティアは、産業化を進めるなかで拡大し、工業的生産物を通して形を与えられていった。しかし、現代の資本主義は、欲望（好奇心）を刺激するメディア・情報装置に大きく依存している。人々はモノを消費して欲望を満たすのではなく、情報を消費し、いつのまにか欲望を植え付けられているのである。このように佐伯が提示する「情報資本主義」において、スポーツ情報は人々の欲望（好奇心）を刺激する絶好のメディアとなっている。スポーツのメガ・イベントは情報資本主義の消費者によって支えられて存在しているのである。

# 第3章　スポーツのグローバリゼーション、ナショナリズム

海老島　均

## 1．スポーツの国際化（コスモポリタニズム）とグローバリゼーション

二〇〇五年九月に行われた大相撲秋場所の千秋楽、優勝決定戦は、横綱の朝青龍と関脇の琴欧州という二人の外国人力士の争いとなった。この場所の幕内力士四二人のうち外国人力士は、六人のモンゴル出身力士をはじめ一二人に及び、三〇%弱の割合に上る。さらに遡って二〇〇三年初場所の優勝力士を見てみると、序二段の闘鵬以外は全員外国人であった（表1）。

外国人力士の増加は、ここ数年で加速し、曙が一九九三年に外国人として初めて横綱になったのをはじめ、武蔵丸、朝青龍と次々に外国人横

表1　2003（平成15）年初場所優勝力士

| | |
|---|---|
| 幕内 | 朝青龍（モンゴル） |
| 十両 | 朝赤龍（モンゴル） |
| 幕下 | 黒海（グルジア） |
| 三段目 | 時天海（モンゴル） |
| 序二段 | 闘鵬（日本） |
| 序の口 | 琴欧州（ブルガリア） |

注）（　）内は出身地

綱が誕生し、日本の伝統芸とも表現される大相撲は席巻された形となっている。日本の国技のウィンブルドン化現象(1)と揶揄する報道も現れる始末である。一九八七（昭和六二）年に小錦が外国人として初めて大関に昇進し、横綱への階段を上がり始めたとき、「外国人横綱不要論」なる人種主義的排他論が横行した。これは日本の伝統文化への外国人の進出に対する国民感情の一端を示しているものと思われる。しかし、その後、外国人力士の進出が加速し、新弟子として相撲界を目指す日本人の減少と相俟って、幕内にも外国人力士が多数名を連ねるのが常となってきた。二〇〇五年二月からは、賛否両論あるものの、各相撲部屋に外国人一名の人数制限さえ設けられるようになった。しかし、通訳を介してしか話のできないことが多いプロ野球やJリーグの外国人選手とは違って、大相撲の外国人力士たちは、流暢に日本語を操り、現代の日本社会からみても保守的な相撲部屋のしきたりに多少の不協和音が聞かれるものの、馴染みながら生活している。『外国人力士はなぜ日本語がうまいのか』（宮崎里司、日本語学研究所、二〇〇一年）という本が出版されるほど、「日本人」として社会に同化している。それにもかかわらず、上記のような外国人力士に対する排他的感情が起きるのは、伝統文化の変容が視覚化していることへの畏怖なのか、それとも社会的に議論されている多文化主義に対する世代的格差の表れであるのか、議論の分かれるところであろう。いずれにしろ、この大相撲の例でもわかるように、国際的連鎖がどんどん広がり、情報網が発達する前は相撲がめったに紹介されたこともないような国々（グルジアやブルガリア）の若者でさえ、はるか離れたアジアの一国の伝統的スポーツと関係を持つ結果をもたらした。ギデンスが表現しているように「ローカルな出来事が、何マイルも離れた出来事によって形作られるように、異なった地域同士のリンクが強化されている」（Giddens, A., *The Consequences of Modernity*, Polity Press, 1990.拙訳）のが、グローバリゼーションの実態であり、これはスポーツの世界でも同様である。さまざまなスポーツの世界における人的交流の面で顕著である「国際化（コスモポリタニズム）」は、「友好」というキーワードによって、オプティミスティックに捉えられることが多々ある。大相撲の例にしても、初めての外国人力士が誕生した当時は、温かい眼差しで迎えられた。それは日本の伝統文化が外国によって認知されたという局面を積極的に評価した「喜び」の証でもあった。しかし、その外国人が国技という伝統文化における日本人の優位性を脅かす存在になったとき、人々は初めて国技という位置づけに潜む序列感覚を認識し、自文化という心地よく慣れ親しんだ空間から、異文化との境界線という緊張感を持つ空間のなかに放り出されたのであろう。

他の文化的現象と同様に、スポーツにおけるグローバリゼーションは、さまざまな局面から構成される複合的現象であるが、往々にして競技の普及、人的交流といった表面的なコスモポリタニズムにばかり焦点が当てられている。本章は、複合現象としてのスポーツのグローバリゼーションのダイナミズムをより掘り下げてみていくことを目的とする。そのケーススタディとして、近年グローバル化が急速に進行するＮＢＡを取り上げた。

## 2. ＮＢＡをケーススタディに

### ■ＮＢＡのグローバル戦略

アメリカのプロバスケットボール・リーグであるＮＢＡ（National Basketball Association）は、いまや世界中から集められたスター選手が一堂に会するグローバル・リーグの様相を呈する。その発展のプロセスは、まさしくグローバリゼーションの過程の証左といえよう。始まりは、一九九〇年代初頭であった。アメリカ国内のビジネスとしての収益で伸び悩んでいたNBAはコミッショナー、デビッド・バーンの指揮の下、マーケットを地球規模に拡大することに着手した。その第一歩となったのが一九九二年のバルセロナ・オリンピックへのNBAオールスターチーム（通称ドリームチーム）の派遣であった。(2) プロ選手の出場を制限していた当時のルールを変えさせてまで出場させた背景には、NBAの思惑とIOCのオリンピックの商品価値を高めようとした方向性が一致して実現したことが推測される。ドリーム・チームは圧倒的な強さを発揮し、一試合平均の得点差、じつに五〇・四点で優勝した。NBAの視覚的商品価値は一気に高まり、世界各地の放送局は有料コンテンツとしてのNBAの放映権を購入していった。この放映権販売に絡んだNBAの商法は、新たな展開をした。アジアやアフリカからも選手を獲得し、こうした地域での放映権の販売を加速させようという方法である。二〇〇二年にアメリカの大学を出ていない外国人として初めてNBAのドラフトで1位指名を受けた中国の姚明選手やナイジェリアのオラジュアン選手は、そうした思惑のなかで獲得された選手といっても過言ではなかろう。NBAの一九八四〜八五年のシーズンでは八人の外国人がプレイした

表2　2004〜2005シーズンのNBA外国人選手の出身地域

| 地域 | 人数 |
|---|---|
| ヨーロッパ | 47人 |
| アメリカ以外の北米 | 12人 |
| アフリカ | 9人 |
| 南米 | 7人 |
| アジア | 3人 |
| オーストラリアおよびオセアニア諸国 | 2人 |

注）『バスケットボール・マガジン』ベースボール・マガジン社を参照し海老島が作成

表3　オリンピックでのアメリカチームの成績（1992年以降）

| 年 | 開催地 | 結果 | 1試合平均得点差 |
|---|---|---|---|
| 1992 | バルセロナ | 優勝 | 50.5 |
| 1996 | アトランタ | 優勝 | 45.2 |
| 2000 | シドニー | 優勝 | 10 |
| 2004 | アテネ | 3位 | 4.5 |

注）http://www.nbahoopsonline.com/Articles/2004-05/change.html のデータをもとに海老島が作成

が、この八人ともアメリカの大学を卒業しており、いわばアメリカ育ちの準アメリカ人であった。それが、二〇〇二年に入団した姚明選手を皮切りに、二〇〇四〜〇五年のシーズンには三六か国、七九人の外国人がプレイしている（表2）。

近年こうした外国人がＮＢＡへ大量に流入している背景には、姚明選手らを例に挙げたように、アイコンを利用した放映権販売戦略はあるものの、ＮＢＡのスタンダードに達する実力を持つ外国人が、すでに多数存在していたという見方もできる。そして、姚明選手の成功により、こうしたＮＢＡスタンダードの外国人流入に弾みがついたとも考えられる。実際ＮＢＡのオールスターチームを配して望んだバルセロナ以後のオリンピックにおけるアメリカチームと他の出場国の実力差は、年々縮まっていった。そして二〇〇四年のアテネ・オリンピックでは、予選リーグにおいて二〇点差でプエルトリコに負けたのをはじめ、準決勝でアルゼンチンに敗れ、決勝にも進めない有様であった（表3）。何名かの主力選手が出場していないという内幕もあるが、他国の実力の向上が根底にあるというのも事実であろう。

現在地域別にみてＮＢＡに最多の選手を送り出しているヨーロッパでは、すでに三〇か国で選手とプロ契約している地域クラブが存在する。イタリア、スペインなどではレアル・マドリッドに代表されるプロのサッカーチームを持つビッグクラブが、バスケットチームを所有している例もある。ヨーロッパの選手たちは、長い歴史を持つ地域クラブのシステムによって、子どもの時からの効率的な一貫指導を受けて成長する。アメリカでは選手をスカウトするプロセスがきわめて限定されていて、高校を卒業してドラフトを経て、初めて選手と接触したり、交渉したりすることが可能になる。よってプロチーム側は、若いエリート選手を探し出すのにしがらみのないヨーロッパのクラブの方が、容易に選手をリクルートできるわけである。NBAに所属するチームのエージェントのなかには、アメリカの高校・大学に留学させることを条件に、ヨーロッパの一二歳のエリート選手と契約を結ぶところもある。

## ■ヨーロッパでのバスケットボールの流行

バスケットボールは、もともとルールがわかりやすく、サッカーやラグビーに比べても小さなスペースで行うことができるため、比較的早い段階から世界中に普及したスポーツだといえる。そして近年のテレビ放映の影響を受けて、NBAを頂点としたプロスポーツとしての人気が加速したというプロセスが存在する。また人気のもう一つの要素として、バスケットボールの持つファッション性が挙げられる。NBA選手の80%を占めるアフリカ系の選手たちの言動、ファッションはラップを中心とするヒップホップ系のミュージシャンのものとオーバーラップしてきた。例えば、バルセロナ・オリンピックのドリームチームでも活躍したチャーリー・バークリーは、その荒々しいプレイぶりと、相手のサポーターに唾をかけるといった傍若無人な態度が物議を醸した。しかし、ヒップホップがアートとして成熟した時期に選手としてもピークを迎えつつあったバークリーは、既成文化に対する「反抗」というキーワードがマッチした形となり、実際ラップのミュージシャンのなかには、歌詞にバークレイのことを織り込む者もいた。九〇年代が進むと共にヒップホップ文化とバスケットボールの親和性は加速し、一九九五年にはオーランドマジック所属の三人の選手、デニス・スコッド、ブライアン・ジョー、シャキール・オニールがそれぞれ制作したラップミュージックを発表するまでになった（N・ジョージ、高見展訳『ヒップホップ・アメリカ』ロッキング・オン社、二〇〇二年）。

ラップはもともとアフリカ系アメリカ人の間に生まれ、それが海を渡りヨーロッパに到達し、ヨーロッパでも若者の間で支持される音楽のジャンルとなった。そして近年では、ヨーロッパのヒップホップ・ミュージシャンの曲が、アメリカに逆輸入され人気を博するという現象まで起きている。考えてみれば、やはりもともとアフリカ系アメリカ人の間ではやったリズム&ブルースが、エルビス・プレスリーをはじめとする白人系のアメリカ人の間でロックとして形を変え普及し、さらに海を渡り、ビートルズ、ローリング・ストーンズによって世界的な流行に火をつけたわけである。こうしたローカル文化がグローバル化した典型的な例は、さまざまなジャンルの音楽の世界的流行のなかにみることができる。

同様のことが、バスケットボールでも起きている。アメリカ生まれのこのスポーツは、ヨーロッパではクラブ文化の影響により、よりチームプレイに指向したプレイスタイルに変更されていった。そのプレイスタイルに馴染んで育ってきた選手たちが本家アメリカに渡り、本家のプレイスタイル、競技環境まで変えようとしている。

ヨーロッパでのNBA人気は、テレビ放映の影響もあるが、ヒップホップ文化との親和性に代表されるような、体制に対するカウンター・カルチャー的性質、ラップ・ミュージシャンとオーバーラップするようなファッションやライフスタイルがヨーロッパでも人気を獲得していた背景があると思われる。一九九〇年代後半に「ユーロスポーツ」と呼ばれるヨーロッパのスポーツ専門ＴＶ局のアディダス社のＣＭでは、アメリカのストリート・バスケットボールがモチーフに用いられていた。ヨーロッパのさまざまな都市の公共の公園の一部にはバスケットボール・コートを有しているところも多数見受けられ、そこで組織されていない、アメリカのストリート・バスケットボールに類するゲームが展開されていることもある。オーストリアのウィーンの市民生活を紹介したVIENNA "CÜRTEL" (Austrian Airline Group, *Skylines*, Juli / August 2004.拙訳) には、以下のような記事が掲載されていた。

センギズ・テュラン (CENGIZ TURAN)、バスケットボール選手

「聖ポルテンあたり」のクルド人の家庭に生まれテュランはシェフをしている。彼は、ウィーンのメイドリング地区のキュルテル (Cürtel) に何年も住んでおり、ストリートが彼の第二のリビング・ルームである。キュルテルの二つのサイドの中間に位置するグリーン・ゾーンに三年前に建てられたバスケットボール・コートで、天気が良ければ、この二一歳の青年は一日中汗を流す。時には日に一二時間もこのコートで過ごすことがある。(中略) ルールは簡単で、勝ったチームが残って、アジア人のチームあり、トルコ人のチームあり、オーストリア人のチームありの次のチームと試合をする。「時にはクラブでプレイをしている選手も来るんだ」。彼のＴシャツには、「ケビン・ガーネット」と書いてあり、アメリカのプロ選手は彼のあこがれの的である。彼の友だちのゴランは、キュルテルの町の真ん中のこの鶏小屋のようなコートでかつてプレイしていたが、いまやイタリアのプロリーグでプレイしている。

このようにストリートが、ヨーロッパ各国のプロ選手を有するスポーツクラブのスカウトの場となり、その先にはNBAへという経路がみえてくる。ただ、これはあくまでも副次的な産物という見方が妥当であろう。公園という公共圏でメディアによってグローバルな人気のイメージが確立されているスポーツに、人種、階級の垣根がない若者たちが集う。その空間の延長としてヨーロッパのプロリーグ、そしてNBAが予期せぬ結果として結び付いてきたと理解するのが自然であろう。この経路がより定着したものとなり、集まってくる若者たちも、バスケットボールを介した社会的上昇を指向してくるようであれば、NBAを頂点としたグローバルな構造へローカルな空間が吸い上げられたという異なった見方が可能となってくる。しかし、ローカルな若者をバスケットボールというグローバルなスポーツに惹きつけているのは、そのスポーツがメディアを通して持つイメージ、ファッション性、そしてNBAのアフリカ系の選手が持つ、ヒップホップ系アーティストとの共通項的・反体制的イメージや攻撃的なまでのインフォーマル性、既成概念を打ち破る行動様式にあるのではなかろうか。

エリアス派の社会学者メネルは、二〇世紀後半にヨーロッパ社会が経験した変化を「寛容な社会（permissive society）到来」というキーワードで表現している（Mennell, S., *Norbert Elias: An Introduction*, Blackwell, 1992.）。エリアスは『文明化の過程』のなかで、ヨーロッパ社会の近代化のプロセスにおいて、宮廷社会のマナーに関する実証的事例を用い、「外的強制」から「自己抑制」へと社会的規制が内面化していく局面を論証した。情感を抑制できることが社会的に尊重され、生理的欲求（排泄や唾を吐くなどの行動）や性的欲求を満たす行動は、次第に公共的空間から追いやられ、人前につかないところで行われる行動との共通認識が生まれた。しかし、近年のヨーロッパでは、この流れに反する行動が、若者の間で随所にみられる。性に対する表現がよりオープンになったり、中流階級の人々と労働者階級の人々がファーストネームで呼び合ったり、以前では見られない現象が多く見られるようになってきた。奥村はこうした現象を「あるコントロールされた枠内で、コントロールの存在を条件として可能になる、コントロールの弛緩。あるいは、コントロールを脱コントロールするやり方自体をコントロールすること」であると説明している（奥村隆『エリアス・暴力への問い』勁草書房、二〇〇一年）。つまり、親子関係、政府と市民の関係、雇用者と労働者の関係などがより民主化され、権力バランスが縮小化されるにつれて、「外的権威」がない分、より深くビルドインされた自己抑制が必要となってくる（同前書）。高度に産業化された社会においては、複雑な編み合わせのなかで、中間階級も労働者階級も相互依存しており、頻繁に出会うことになる。エリアスはこのような状態の社会を「長く複雑化した相互依存の編み合わせ」（Elias, N., *Norbert Elias on Civilization, Power and Knowledge: Selected Writings (Heritage of Sociology)*, University of Chicago Press, 1998.）と表現する。フォーマルな振る舞いというのは、他の階級と自分の階級を区別するための装置として働いたが、より複雑な関係態のなかでは、状況によって使い分けられる「インフォーマル化」した行動を制御できることが重要となってくる。機能的民主化が実現した社会で、さまざまな社会的集団は、自己抑制、自己判断によってより自由な行動選択の幅を持つわけである。必然的に、保守主義的価値観を押し付ける年齢を基盤としたヒエラルキーも弱体化し、若い世代の力が増大する傾向を社会が有してきた。このような背景から、ファッションとしての「インフォーマル化」した行動という選択肢も、ヨーロッパの若者の間に生じたのである。

既述したように、ヨーロッパでのバスケットボールの人気の背景の一つに、バスケットボールがアメリカでヒップホップ・ミュージシャンと親和性を示すように、そのファッション性、そしてプレイヤーの持つ体制に対しての反発を標榜する、攻撃的なまでのインフォーマル性、ストリート空間に広げられる自由性などが、キーワードとして挙げられることは、この時代的ハビトゥスの変化とシンクロしている。

以上のように、アメリカで生まれたバスケットボールというスポーツが、NBAという巨大プロ組織によって一大エンターテイメントに仕立て上げられ、その付加価値のついた商品的イメージは、世界市場において異なる文化圏の若者の支持も取り付けたわけである。しかし、NBAを介してアメリカとヨーロッパを結び付けた要因は、単にNBAという商品価値として力を持つその経済性だけでなく、ヨーロッパの人々のハビトゥスの変化、ヨーロッパで育まれた地域スポーツクラブという優れた選手育成システムなど、さまざまな要素の絡み合いなくしては語れない。要約するならば、大西洋を境にした異なる文化圏のNBAを介した融合という、新たなハイブリッド・スポーツ文化の誕生といえよう。

ヨーロッパの地域クラブの選手育成システム以外にも、NBAにこのヨーロッパ選手の流入が影響を与えたことがある。それはメディアを介したイメージである。NBAは恒常的にアフリカ系アメリカ人の選手が多いことで知られる。その比率はつねに八〇〜九〇%を保っていた（Cashomore, E., *Making Sense of Sports*, Routledge, 1990.）。しかし、南フロリダ大学の多様性・民族研究所（Institute of Diversity and Ethnics）の調査によると、二〇〇二年にNBAの選手全体に占めるアフリカ系アメリカ人の比率が七八%となり、八〇%を割った。これは言うまでもなく、ヨーロッパをはじめとする外国からの選手の流入によって、比率が押し下げられたのである。この変化によって思わぬ影響が出ている。白人選手が一人増えることによって視聴率が（ホームチームの場合）〇・五四%上昇している（*Economic Inquiry*, 2004.）。N

BAの選手の八割以上を占めてきたアフリカ系アメリカ人であるが、アメリカ人全体の人口比率からすると一二%程度に過ぎない。彼らの活躍を快く思っていない人種層や、アウトロー的イメージの強い選手のメディア露出に不快感を示す視聴者も少なからず存在しているといわれている。こうした人々にとって、ヨーロッパ選手の流入は逆に好ましい変化として映っているという推測が成り立つ。また視聴率の上昇という商業的効果に触発されて、戦術や組織ディフェンスに対する適応性が高いヨーロッパ育ちの選手に向いているオールコートのゲームに変革する動きがあるともいわれている。アメリカのストリート育ちの選手は、1対1の状況には強いが、オールコートのスピードを重視したプレイには明らかに向いていないという背景があるため、こうした変革は、より多くのヨーロッパ選手の流入を招く下地となる可能性がある。

## 3. 複合現象としてのスポーツのグローバル化

マグワイアーは、グローバルなスポーツに関連する社会的紐帯（figuration）は、人、テクノロジー、資本、メディア、イデオロギーなどのさまざまな要素の国境を越えた流れにより形作られていることを示した（図1）。NBAをケーススタディとした議論で示したように、最初にNBAというプロスポーツ組織の商業的戦略から始まり、オリンピックでの「ドリームチーム」の活躍、そしてNBAのレギュラーシーズンでのマイケル・ジョーダンをはじめとするスーパースターの活躍が衛星放送を通して世界中に伝わっていった。こうしたメディアを通したイメージがきっかけとなり、世界中の多くの若者をバスケットボールへと惹きつけていった。しかし、NBAとヨーロッパの関係は、商業的戦略によって結び付けられたのではなく、ヨーロッパで育まれた地域スポーツという文化、若年層からの一貫指導というシステムが、今までのNBAにない選手を作り出し、逆に「輸出」する形となった。ヨーロッパの多くの若者をバスケットへと惹きつけたのは、バスケットボール自体の人気もさることながら、NBAのプレイヤーたちの既成概念を打ち破るイメージや、ヒップホップという若者特有の文化との結び付きというゲームに付随するイメージの影響も少なくない。というのは、ヨーロッパでのヒップホップ人気の土台となったのは、若者のハビトゥスの変化、より寛容な社会での自由度の大きい振る舞いが可能なインフォーマル化した社会的な諸状況が存在するからである。

一方、これまで圧倒的にアフリカ系アメリカ人の比率が高かったNBAに外国人選手が増えたことにより、そのイメージが変化してテレビ視聴率にも影響が出るという結果までは、NBAのグローバル戦略で予測されていなかったものと思われる。マグワイアーが言及したよう

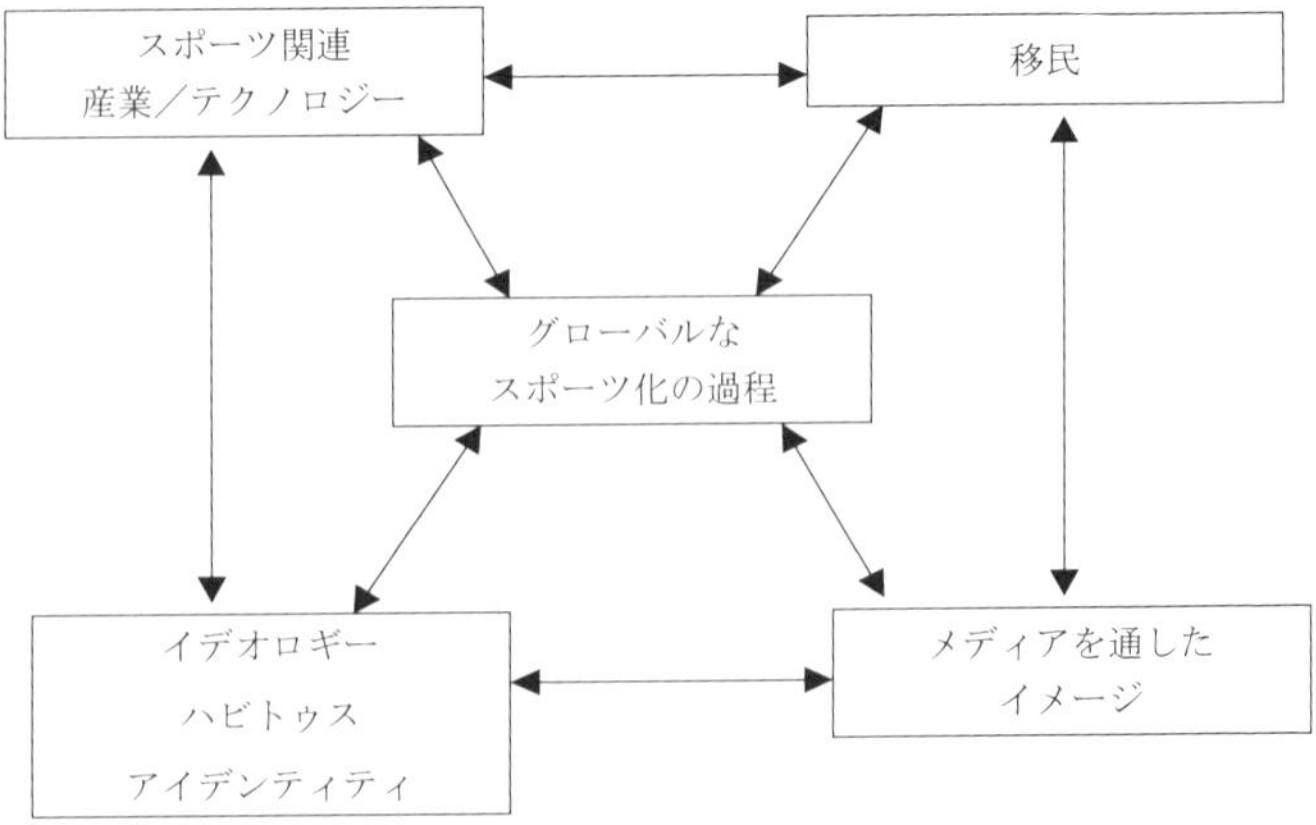


図1　グローバルスポーツの流れ
注）J. Maguire, *Global Sport*, Polity, 1999.より海老島が作成

に、国境を越えた資本の流れやエージェントは、短期的な結果の鍵を握っているものの、比較的長期間を経て現れる予期せぬ結果に関しては、よりオートノミーのある国境を越えたスポーツ実践が主権を握っているのである（Maguire, J., ibid.）。

また、アディダスやナイキなどの多国籍企業のグローバル・マーケットでの戦略展開も、グローバルなスポーツの流れに強い関係性を持ってくる。バスケットボールシューズの世界的な売り上げ、NBAプレイヤーをモデルとしたカジュアルウエアの流行は、世界中の若者のライフスタイルに影響を与え、バスケットボールへの関心を喚起する端緒としての役割を担っているわけである。

ベックは、グローバル化はいたるところでローカルなものに新しい意味を与えてきたと主張する（ベック・U、木前利秋ほか監訳『グローバル化の社会学　グローバリズムの誤謬―グローバル化への応答』国文社、二〇〇五年）。直線的にグローバルなスポーツ文化へと収束していくという考え方は、現象をあまりにも単純化しており誤解を招きやすい。トランスナショナルで、トランスローカルな現象が、ますます拡大化し複雑化する社会的紐帯のなかで起きている「風景」、これこそが複合現象としてのスポーツのグローバリゼーションの的確な描写であると思われる。

## 4．グローバル化社会のなかのナショナリズム

### ■国家主体の観点におけるナショナリズム

経済に始まり、政治、文化など、さまざまな局面でのグローバル化が進行するなか、ナショナリズムの

様相も今までのパラダイムでは捉えきれない性質が出現している。近代に確立されたネーションという枠組みを超えての民族、または異文化の交流・融合、経済的利便性・能率性に煽動される形での、異なった文化圏に所属する利害を共有する人々の連携など、従来の人々が持つアイデンティティを揺さぶる新しい社会的流れが起こりつつある。地政学的中心性と周辺性が、グローバリズムによって新たな関係性を創出されるという意味で、ポストコロニアリズムとの同義語としてグローバリズムが語られることもある。ネーションとしての枠組みが形骸化し、そこから自発的にまた自分の意思に反して放り出された人々が、旧来のヒエラルキーから解き放たれた文化圏のせめぎ合いのなかで、ますます複雑化し拡大した社会的紐帯のなかに取り組まれていくという現象が起きている。当然、人々が有するアイデンティティも、従来の国家、民族という枠組みで包括し得ない、より複雑な重層的な組み合わせを生み出している。個人のアイデンティティを考えた場合、かつてはネーションが、個人のアイデンティティと我々という集団のアイデンティティを強力に結び付けるサバイバルのユニットであり、アイデンティティを形成するうえで、絶対的な位置にあった。なぜなら個人は国家という庇護のもと、日常生活を送っていたからである。それがグローバル化の波が押し寄せ、国家と個人の関係性が揺らぎ、個人がより大きなグローバルな荒波のなかに放り出され、国家が唯一のサバイバル・ユニットとしての機能を果たさなくなってきた現在、個人の持つアイデンティティは、いくつもの層から成り立つ重層化した構造を有しているのではなかろうか。

一九三六年のベルリン・オリンピックで、帝国としての拡大を目論んでいた国家の国威発揚と、イデオロギーや社会階級によって分裂しつつあった国民を一つにまとめようとして、ヒットラーがスポーツを利用したと論じられている（伊藤守「規律化した身体の誘惑―ベルリン・オリンピックとオリンピア」清水論編『オリンピック・スタディーズ―複数の経験・複数の政治』せりか書房、二〇〇四年）。国家的な秩序への同意を強化し、国家との一体化を推し進める装置という観点からのスポーツの捉え方、いわゆるマルクス主義的アプローチがこうした分析を可能にしてきた。我が国においても、明治以降の帝国日本の国家戦略として、「国家権力の意志を肉体化する装置」としての役割、「思想善導」と総括される、国民の社会生活に対する不平や鬱憤から逃避させ忘却させる「安全弁」としての役割（坂上康博『権力装置としてのスポーツ』講談社、一九九八年）を担うものとして、国家戦略の一翼として矮小化されたスポーツの姿が浮き彫りにされている。しかし、吉見はこうした統制＝動員的アプローチが、スポーツとナショナリズムの持つより複雑な関係を過度に単純化してしまっていると批判している。つまり、スポーツが最初からナショナルに囲い込まれた空間にあったと考えるのではなく、ネーションなるものを所与のものとしないところから出発してみることを彼は提唱している。例えばナショナリズムときわめて結び付きの強いとされるオリンピックに対して、吉見は「単に国家による大衆動員という観点からだけではなく、様々なドラマが複合しつつナショナリズムのイデオロギーが重層的、相互的に機能していく場」（吉見俊哉「ナショナリズムとスポーツ」井上俊、亀山佳明編『スポーツ文化を学ぶ人のために』世界思想社、一九九九年）であるという見方をとる。国家を主体として考えるだけでなく、そこに参加する人々の文化的背景、参加形態やコミットメントの度合いによって、さまざまな物語が生成されているわけである。さらに、物語を作り上げるための基盤となる「国家」というコンテクストが、グローバリゼーションという波によって揺らぎつつあるのが事実である。このような過渡期にあるナショナリズムを、視点を変えて、よりスポーツ実践者を主体にしてみていくことはさらに意義のあるものであると考える。

## ■ナショナリズムの相対化と商品化

言うまでもなく、オリンピックやさまざまな種目のワールドカップがナショナリズムの競演の場となるのは、あるネーション（または地域）を代表する選手たちが、他のネーション（地域）の代表選手と栄光や名誉を賭けて対峙するという、非常に明白な図式があるからであろう。選手またはサポーターのメンタリティには、はっきりとした「我々」と「彼ら」の線引きがされるのである。メネルは、「我々イメージ（We-image）は対立する彼らのイメージ（They-image）とつねに関わってくる。自分のグループに所属しない他のグループからの脅威に接し敵愾心を持つことで、自分のグループに対する忠誠の度合いがより高くなる」（Mennell, S., *Civilization and Decivilization, Civil Society and Violence*, An Inaugural Lecture delivered at University College Dublin on 6 April 1995.拙訳）と、このプロセスを説明している。しかし、既述したグローバリゼーションの諸局面の影響により、ネーションを基盤としている「我々」と「彼ら」のイメージは曖昧にされ、より相対化しているといえよう。政治的、経済的またはスポーツに代表される文化的理由による移民の増加は、きわめて単層的であったネーションを基盤とした「我々イメージ」をより複雑で重層的な「我々イメージ」へと変化させている。個人のメンタリティには文化的に異なるさまざまな層が組み込まれており、これを単純にナショナル・アイデンティティで結び付けるのが難しい多文化主義、多民族主義が各国で進行している。例えば、一九九九年ウェールズで開かれたラグビー・ワールドカップに出場した日本チームのキャプテンは、ニュージーランド国籍を持つマコーミック選手であった。この他にもニュージーランド代表の経験もあるバショップ選手をはじめ、他国籍を持つ数名の「日本代表選手」がいた。国際ラグビー機構（ＩＲＢ）の規定では、プレイする以前に三年以上継続して在住している者であれば、当該国の代表選手になることができる。(3) このときの日本代表チームはニュージーランドとたまたま対戦しなかったが、もし対戦していたら、マコーミック選手たちにとって、また日本人である我々にとって、どこからどこまでが「我々」で、どこからどこまでが「彼ら」であるのか、その識別は非常に混沌としてくる。

国を代表して競技に参加することは、競技者として最大限の名誉を得ることに等しい。しかし、スポーツが完全に商品化（commoditized）されている現在、代表選手としてプレイする名誉も、究極的には選手自身の商品価値を高める一つのスパイスに過ぎないといった現象が起きつつある。前述したように、IRBは国の代表選手となるために国籍を絶対条件として課していない。また、国際サッカーを統括するFIFAのように国籍（パスポート所持）を代表選考基準の条件としている場合でも、たとえ国籍を変えてでも、ある国の代表選手になることを目指す選手は少なくない。マグワイアーは彼らを「金銭目当ての移民労働者（Mercenary Migrant of Labour）」（Maguire, J., ibid.）とカテゴライズしている。これを証明する興味深い研究例を示すと、タックは一九九五年と一九九九年のラグビー・ワールドカップに出場したイングランドとアイルランドの代表選手のなかで、複数のパスポートを所持している選手が最終的に代表国を選択するプロセスについてインタビューした。そのなかで、あるアイルランド代表選手は、「自分はイングランドで生まれたけど、アイルランド人だと思っている。（中略）自分がイングランド人であろうとアイルランド人であろうとあまり関係はないが、（ラグビーをプレイする代表チームとして）アイルランドを選んだ理由は、イングランドの現在のチームはあまりにも完成されている。そして自分と同じポジションに二人の主力選手がいるからである」（Tuck, J., "How's that for a Conversion? Rugby Union, Dual

Nationality and National Identity", ISSA the second world congress held in Köln Sport University in 2003. 発表原稿、拙訳）と語っている。パスポートを複数所持することを認めている国があるため、この選手のようにたとえ「他国」で生まれ育っても、当該国の代表選手としてプレイする資格を持つ選手が多数存在するわけである。その際にこうした選手たちは、二か国以上のどの代表チームでプレイするかの選択時に、実際に選ばれる可能性があるのかどうかというレベルの問題、プレイした場合、それに付随する経済的メリット、その後の生活に及ぼす影響などを考慮して天秤にかけることができるわけである。

ナショナルチームがオールブラックスの愛称で親しまれているニュージーランドは、つねに世界ランキングの一、二位を争っているラグビーの強豪国として知られている。ナショナルスポーツであるラグビーに親しむ若者の多くは、将来のオールブラックスを夢見て精進する。当然、優秀なプレイヤーが数多く育ってくる。現在問題となっているのが、こうした優秀な若者が、海外で他国の代表選手としてプレイすることが多くなってきていることである。二〇〇二年には一一九人のニュージーランドのトップレベルでプレイしていた選手たちが、じつに二三か国でプレイしていることが報告されている（*Rugby Almanac*, 2002）。ニュージーランドは明らかにラグビー選手の「ドナー国」になっているわけである。選手だけでなく、コーチや運営スタッフも含めると、数え切れないほど多くのニュージーランド人が海外に「輸出」されている。そこにはナショナルスポーツとしての価値以上のものがあり、グローバリゼーションとプロ化によって違った観点からラグビーを見る必要が生じたと指摘する声も国内では多い。USワールドペーパー紙は「ラグビーの最強国であるニュージーランドのオールブラックスは、今までの最強の敵と戦わなくてはならない。それは世界的資本主義である。新しく導入されたプロ化のため、トップ選手やコーチたちはよりお金の稼げるところを求めてニュージーランドから離れていっているからである」（Miller, T., Lawrence, G., MacKay, J. and Rowe, D., *Globalization and Sport: Playing the World*, Sage, 2001.拙訳）と報じている。

こうした流れは、明らかにネーションを基盤とした選手育成制度、つまりその国のイデオロギーを反映するシステムと異なったイデオロギーにより選手を作り出したシステムとのぶつかり合い（特に冷戦時代は如実だった）が、ナショナリズムを喚起するコンテクストとなっていた前提をまったく覆すことである。同様のシステム、広く共有されているスポーツ科学に裏打ちされた知識的体系によって作られたクローン化した選手の世界的広がりがあらゆる種目で表面化している。

相対化・商品化したナショナリズムの問題をさらに深く追求する紙幅はここには残されていない。グローバル化した資本に淘汰されるローカル文化を守るためにネーションとしての枠組みの見直しと強化を主張する新保守主義的な流れに、スポーツのグローバリゼーション、そしてそれによって変化を来しているナショナリズムの問題も呼応するのであろうか。それとも新しい地平が表れるのであろうか。今後のスポーツのグローバリゼーションとナショナリズムをめぐる動きに注目していく必要がある。

［註］

(1) ウィンブルドンの愛称で親しまれている全英オープンテニスは、イギリスで開催されているにもかかわらず、近年の優勝者はほとんど外国人であり、一九三六年にフレッド・ペリーが優勝して以来イギリス人のチャンピオンは出ていない。

(2) 二〇〇三年一一月三〇日に放送されたＮＨＫスペシャル「富の攻防―第九回」において、ＮＢＡコミッショナー、デビッド・バーン氏へのインタビューも交えて、ＮＢＡのグローバル戦略が紹介された（http://www.nhk.or.jp/special/schedule/top-021222xxhtml 参照）。

(3) ＩＲＢの規則第八条一項には、出生地以外に国の代表となれる他の条件として、両親のどちらかまたは祖父母の一人でもその国で生まれていれば、当該国の代表になる権利があることを明記している。ただし第二項には、ある国の代表（アンダーエイジの代表は除く）として一試合でも出場したら、他の国の代表選手になることはできないとしている。一九九九年のワールドカップでバショップ選手（日本代表）が登録された時点では、この規則改正はなかった。

［参考文献］


- 姜尚中、吉見俊哉『グローバル化の遠近法―新しい公共空間を求めて』岩波書店、二〇〇一年
- 佐伯聰夫編『スポーツイベントの展開と地域社会形成』不昧堂出版、二〇〇〇年
- モーリス＝スズキ・T、吉見俊哉編『グローバリゼーションの文化政治』平凡社、二〇〇四年
- 吉野耕作『文化ナショナリズムの社会学―現代日本のアイデンティティの行方』名古屋大学出版会、一九九七年
- Ebishima, H. and Yamashita, R., "FIFA 2002 World Cup in Japan: The Japanese football phenomenon in cultural contexts", Maguire, J. and Nakayama, M. (ed.) *Japan, Sport and Society: Tradition and Change in a Globalizing World*, Routledge, 2006.

# 第4章 「健康神話」とフィットネス信仰

上杉正幸

## 1. スポーツをすれば健康になれるのか

内閣府が行ってきた世論調査から、人々がスポーツや運動を行う理由をさぐってみると、二〇〇〇年の調査では「楽しみ・気晴らしとして」が五六・九％でトップであり、次いで「健康・体力つくりのため」が五五・〇％、「運動不足を感じるから」が三九・七％であった（複数回答）。この傾向は一九八〇年代から続いてきたことであり、人々は健康を目的とするよりも、まず楽しみを目的としてスポーツや運動を行っていた。ところが、二〇〇四年の調査では「健康・体力つくりのため」が五五・二％でトップになり、次いで「楽しみ・気晴らしとして」が五四・五％となった。スポーツや運動を行う現代人のなかで、プレイの価値よりも健康の価値が重視されるようになったのである（内閣府「スポーツに関する世論調査」一九七二年、一九七六年、「体力・スポーツに関する世論調査」一九七九年、一九八二年、一九八五年、一九八八

八年、一九九一年、一九九四年、一九九七年、二〇〇〇年、二〇〇四年)。

これまでもスポーツと健康は一体的に捉えられ、「スポーツをすれば健康になれる」と語られてきた。そしてその言説の根拠が問われることはほとんどなく、信仰的に語られてきたのである。はたして、スポーツをすれば本当に健康になれるのだろうか。「楽しみ・気晴らしとして」よりも「健康・体力つくりのため」にスポーツをする人が多くなっている現在、改めてこの問題を考えてみなければならない。それは、スポーツの価値を再考することでもある。

そのためには、スポーツを行って手に入れようとする健康とは何かを考えてみなければならない。目標とする健康の正体を知らなければ、健康のために行うスポーツの意味を語ることができない。結論的にいえば、慢性疾患が主流となっている現代において、病気のない状態としての健康は決して手に入れられないものであり、それゆえに「スポーツをしても健康になれることはない」のである。本論ではこの逆説を明らかにするために、現代社会における健康神話と、それを生み出す状況を分析する。そして、「スポーツをすれば健康になれる」というフィットネス信仰が素朴な目的論であることを読み解き、健康呪縛から解き放たれたスポーツのあり方について考えてみる。

なお本論では、スポーツを広く捉えることにする。スポーツは、狭義には明文化されたルールに則って競技として行われる身体活動として理解され、広義には余暇として行われるさまざまな身体活動を包含して使われる。いわゆる「健康のために行うスポーツ」は広義に捉えられており、先の世論調査でもバドミントンやテニスなどの他に、「ウオーキング(歩け歩け運動、散歩などを含む)」や「体操(ラジオ体操、職場体操、美容体操、エアロビクス体操、縄跳びを含む)」などもスポーツ・運動のカテゴリーに含まれている。したがって、スポーツと健康の関わりを考えるにあたっては、スポーツを広義に理解して論を進めることにする。

## 2. 健康不安と健康神話

まずはじめに、現代日本人の健康観を分析し、現代という時代が生み出した健康神話の正体を明らかにしてみる。

### ■健康欲求の高まり

人は誰しも、病気に伴う苦痛や、病気の先に訪れるかもしれない死を避けたいと思い、それゆえ、病気になりたくないと願っている。そしてこのかぎりにおいて、病気のない状態としての健康を願っている。しかし、この欲求の発現は生活状況によって大きく左右されるのであり、そのことは我が国の戦中・戦後から今日までの歴史のなかでも如実に現れている。

第二次大戦中から戦後の混乱期にかけて、人々は健康を気にする状況ではなかった。例えば水野は「(戦争中の頃を)思い返してみて、健康という意識はまったくなかった。…(終戦後も)健康への関心が国民の中に起きるどころではなかった。人々はその日の糧を得るのに精一杯だった」と述べている(水野肇『日本医療のゆくえ』紀伊國屋書店、一九九九年)。また筆者が学生に、家族の年長者の若い頃の生活状況を聞き取らせたレポートのなかにも、「皆生きていくことに精一杯で、健康なんて考える暇がなかった」

「健康に気を使ったことなどなく、食べるため、子どもを育てるために懸命に働いた」などの報告が多くみられた。これらはいずれも戦中・戦後の混乱した状況のなかで生活していた人々の生き方を表しているのであり、当時は食べること、働くこと、子どもを育てることに精一杯で、健康を気にする余裕も、健康になろうという気持ちもなかったのである。したがって、現代人のように賞味期限を気にすることも、トイレの臭いを気にすることもなかった。また、肥満や運動不足、ストレス、飲酒、喫煙なども問題にならなかった。

そして、戦後の混乱が収まり始めた一九五〇年代後半以降、我が国が経済的な成長を目指すなかで、人々はまず衣食住の欲求を満たし、物質的に豊かな生活を実現するために努力をしたのである。一九五八（昭和三三）年の世論調査をみると、生活を続けていくうえで不安のある人が三一%いたが、その内容は「経済的不安」が一二%でトップであり、次いで「失業その他の職業上の不安」が七%であり、「病気の不安」はわずか四%となっている（内閣府「国民生活における世論調査」一九五八年）。当時の人々は、病気の心配をするよりも家計を心配していたのであり、それを乗り越えるために、日本人全体が健康を気にせず働いていていた。

その結果、我が国は七〇年代後半に高度経済成長を成し遂げ、豊かな社会といわれるようになった。そして衣食住の基本的欲求を満たした人々は、自分の健康を気にするようになり、健康の価値を重視するようになったのである。その状況について、一九七五（昭和五〇）年の厚生白書では「人間活動の基本的要件としての『健康』に関する価値観が、国民全般の意識の中に涵養され、高揚しつつある」と述べられている（厚生省監修『昭和50年版厚生白書』ぎょうせい、一九七五年）。そして七九（同五四）年の世論調査をみると、生活のなかで大切なこととして「健康」を挙げる人が八六％と最も多く、次いで「家族」六一％、「仕事」三〇％になっている（複数回答）（内閣府「家庭基盤の充実に関する世論調査」一九八〇年）。またNHKが八〇（同五五）年に行った調査でも、生活のなかで「健康」が大切と答えた人は六一％であり、「家族のまとまり」四九％、「子どものしつけと教育」二三％、「仕事」二二％などを抑えてトップになっている（複数回答）（NHK放送世論調査所編『日本人の健康観』日本放送出版協会、一九八一年）。このように、日本人が健康を重視する価値観を持つようになったのは七〇年代後半からであり、戦後の経済成長によって生活が豊かになるなかで、人々は健康への欲求を高めていった。

ところが、現代人が健康になりたいという欲求を高めたのは、健康状態が悪化したからではない。先のNHKの調査をみると、「非常に健康だ」と答えた人が二三％、「まあ健康だ」と答えた人が六〇％であり、合わせて八〇％以上の人が健康な状態であることがわかる。つまり、現代人の大多数は健康であるにもかかわらず、なお健康を重視し、健康を欲しているのである。このことは現代人の健康欲求が、「健康状態が悪化しているから健康を回復したい」と願うがゆえの欲求ではなく、「いまも健康だがもっと健康になりたい」と願うがゆえの欲求であることを示している。

この欲求を生み出しているのが健康不安である。一九八一（昭和五六）年の世論調査をみると、生活上の不安として「自分の健康についての不安」を挙げている人が三七％に上り、トップとなった。以後の調査においても、「自分の健康についての不安」は四〇％台まで高まり、一九九七（平成九）年までトップであり続けた。二〇〇〇年には「老後の生活設計」が四八％でトップになり、「自分の健康についての不安」は四四％で二位となったが、老後の生活不安のなかには健康不安も含まれていると考えられるのであり、現代人にとって健康不安が大きな不安であることに変わりはない（内閣府「国民生活に関する世論調査」一九八一年）。

人々の間で健康を重視する意識と健康不安が表裏一体となって高まってきたのである。そしてこの健康不安は、慢性疾患を中心とする現代の疾病構造と深く関わっていた。

## ■慢性疾患の特徴

明治時代の我が国では、コレラや腸チフス、ジフテリアなどの伝染病が猛威をふるい、死因のトップを占めていた。そして明治の後半から大正、昭和にかけては、結核が日本人の死因のトップとなっていた。これらの病気は感染症といわれるものであり、その特徴は単一要因性と外在性にある。コレラはコレラ菌、結核は結核菌が病因であるように、感染症は単一の細菌やウイルスなどの病原体によって引き起こされる病気である。しかも、それらの病原体は人体の外部に存在するのであり、病原体が体内に侵入することによって発病する。したがって、感染症が主流の時代には、病原体が蔓延する不衛生な環境を改善することと、病人を隔離することが主要な対策となった。人々にとっても、病原体に近づかなければ発病することはないのであり、それが健康でいられる最大の対処であった。また、何かの病原体に感染すればその症状が確実に現れるのであり、人々は自分が健康であるかどうかを明確に自覚できていた。その意味で感染症の時代には、人々は発病していなければ健康であると考え、流行時以外は健康を気にせず生活を送っていたのである。

しかし、一九五〇（昭和二五）年から五五（同三〇）年の間に、我が国は感染症の時代から慢性疾患の時代へと大きく変化した。五一（同二六）年には脳血管疾患による死亡者が結核による死亡者を上回り、五三（同二八）年にはがんが、五五（同三〇）年には心疾患が結核を上回るようになった。これらの病気は、単一の要因によって引き起こされるのではなく、さまざまな要因が複合して発症する病気である。そして、この複合要因性こそが現代人の健康問題に大きな影響を及ぼしている。

ある病気が複合要因によって発症する病気だとすると、その病気の発症を抑えるためには、発症要因とその要因間の関連性を特定しなければならない。それが特定されないと、原因と発症メカニズムが解明されたことにならない。そこで医学は、慢性疾患を引き起こす要因を見つけ出す努力を続けてきた。現在、慢性疾患の要因としてさまざまな化学物質や放射線、また肥満やストレス、不規則な食事や睡眠、喫煙、飲酒などの生活習慣が挙げられ、さらには遺伝子の変異も論議されている。しかし、これらの要因間の関連性は依然として解明されていないのであり、そのかぎりにおいて、現在指摘されているさまざまな要因は病気を引き起こす恐れのある要因（危険因子）の範囲に止まっている。ところが、医学の努力によって危険因子が増えれば増えるほど、因子間の関連性は複雑さを増していくのであり、原因の解明が困難になる。今後も新たな危険因子が発見されることになるだろうが、それによってますます原因解明から遠ざかっていく。

慢性疾患が複合要因によって引き起こされる病気であるかぎり、その原因とメカニズムを完全に解明することは不可能と言わざるを得ない。そのために、「慢性疾患は本人が気づかないうちに密かに進行する病気です」と言われるようになった。それによって、慢性疾患の時代には健康な人は誰もいなくなる。自分は健康と思っていても、本人が気づかないうちに密かに症状が進行しているかもしれないのである。したがって、医学が慢性疾患の怖さを強調するたびに、人々は自分の健康に自信を失い、自分が健康であるかどうかわからないという不安に怯えることになる。

また、原因とメカニズムが解明されないと、根本的な治療をすることができない。そのために、「慢性疾患は気づいたときは手遅れです」と言われるようになった。そして、死を避けたいと願う人々は、医学からのこの警告に怯え、手遅れにならないための対策に取り組み始めた。その対策が健康づくりである。根本的治療が難しいとなると、あとは発病を予防するための努力をするしかないのであり、人々は予防のために健康づくりに励むようになった。その健康づくりの焦点の一つが、医学が危険因子として指摘する運動不足を解消することであり、体力づくりである。

## ■健康神話の誕生

慢性疾患が主流となった一九六〇年代以降、政府は人々に早期発見・早期治療の必要性を訴えると共に、予防のための健康づくりの重要性を呼びかけてきた。そして、人々の間で高まってきた健康重視の価値観と呼応して、医療費の削減を目指す政府は、一九七八（昭和五三）年から第一次国民健康づくり運動を開始した。そのなかで、栄養、運動、休養が健康づくりの三大要素と位置づけられ、栄養のバランスに気をつけて規則正しい食事をする、定期的に運動をする、ストレスを避け規則正しい睡眠をとることが健康づくりの基本とされるようになった。また八八（同六三）年からは、生涯を通じた健康づくりの推進を目指して第二次国民健康づくり運動が始まった。そして一九九六（平成八）年には、これまで「成人病」といわれてきた慢性疾患が「生活習慣病」と呼ばれるようになり、慢性疾患を予防するための運動が大人のみならず子どもをも含めた運動へと拡大した。健康に悪い習慣は、子どもの頃に身につくと考えられ、子どもまでもが健康づくり運動に組み込まれるようになったのである。さらに二〇〇〇年からは、第三次国民健康づくり運動「健康日本21」が始まった。この運動では健康づくりのための数値目標が設定され、十年後の目標達成を目指して健康づくりが推進されるようになった。

　政治や医学の側から健康づくりの重要性が宣伝され、健康づくりのための国民運動が展開される状況のなかで、健康神話が国民の間に広く浸透するようになった。慢性疾患を予防するためには、絶えず危険因子を避けた生活を送る努力をしなければならないのであり、努力すれば健康になれるというのがその神話の核心である。そしてこの神話の誕生によって、健康概念は状態概念から目標概念へと大きく変質し、健康はあるものではなくつくるものになった。本人が気づかないうちに密かに慢性疾患が進行するとなると、人々は病気でない状態としての健康を確かなものとして手に入れることはできない。人々の身体はつねに、すでに病気の進行が始まっているかもしれないという状態に置かれるのである。そこに残された道は、病気が進行しない状態を目指して努力し続けることである。健康を目標にして努力し続ける生活のなかに健康な自分を見つけ、自分が健康であるという安心を得ることができる。

　ところが、健康づくりに励んだとしても、目標としての健康に到達することはできない。なぜなら、医学の進歩によって次々と新しい危険因子が見つけ出されるからであり、そのたびに人々に対して「健康のためにあれをしなさい、これをしてはいけません」という目標が次々と出されることになる。現代において、健康は到達することのできない目標なのであり、人々はいつまでたっても目標に到達した安心感を得ることができない。それでも人々は、健康神話を信じ、健康づくりのための努力をし続けなければならない。その努力を怠ると、慢性疾患が密かに進行し始めるかもしれないという不安が襲ってくる。

## 3．スポーツと健康の結び付き

スポーツが健康との関連で論じられるようになったのは、最近のことではない。我が国が近代産業社会として歩み始めた明治以降、スポーツはつねに健康との結び付きのなかで論じられてきた。そこには、身体のあり方をめぐるスポーツと健康との密接なつながりがある。

### ■国民の健康とスポーツ

明治政府は一八七四（明治七）年に、「人民の健康を保護し疾病を療治し及びその学を興隆する」ことを目的として「医制」を発布した。富国強兵を推進するためには国民一人ひとりが健康でなければならないのであり、そのために政府は国民の身体を管理し、健康を守る施策を展開し始めた。しかし、当時はコレラなどの伝染病対策が急務であり、生活環境の衛生化と病人の隔離に焦点が当てられた。そのなかで、七八（同一一）年に体操教師の養成を目的に設置された体操伝習所で、体操を行った後の効果を測るために学生の体格・体力測定が行われるようになった。また八七（同二〇）年に出された「小学校教則大綱」では、「身体の成長を均斉にして健康ならしめ精神を快活にして剛毅ならしめ兼ねて規律を守るの習慣を養う」ことが小学校体操科の目標として示された。近代日本の始まりにおいては、児童・生徒・学生の体格・体力を向上させるために体操などの運動が活用されるようになったのである。

その後、戦時体制が強化されるにつれ、運動を通して国民の体力強化を図ろうとする動きが盛んになってきた。一九二四（大正一三）年には戦時体制下の国民の体力育成を目的として明治神宮体育大会が始まった。また一九三九（昭和一四）年には体力章検定が行われるようになり、一五歳から二五歳の男子（四三年からは一五歳から二一歳の女子にも拡大）を対象にして、走（一〇〇m、二〇〇〇m）、跳（走幅跳）、投（手榴弾投）、運搬（五〇m）の検定が行われた。さらに四〇（同一五）年には、戦争遂行のために兵力・労働力を強化することを目的として「国民体力法」が制定され、体操、登山、水泳などの運動によって国民の体力を錬成する健民運動が行われるようになった。このように第二次大戦終了時までは、国民の健康は富国強兵のための体格・体力の向上という観点から捉えられ、そのために運動が奨励されてきた。

戦後になって強兵の視点はなくなったが、国民の健康は経済発展を支える基盤と考えられ、健康増進のためにスポーツや運動が活用されてきた。一九六四（昭和三九）年に閣議決定された「国民の健康・体力増強対策について」では、「労働の生産性を高め、経済発展の原動力を培い、国際社会における日本の躍進の礎を築くため、健康の増進、体力の増強についての国民の自覚を高め、その積極的な実践を図る必要がある」と述べられている。その趣旨に沿って、「健康は、他から与えられるものではなく、自らつくり出すものであるので、国民の健康を増進し、その体力の増強を図るためには、国民の自主的実践活動を促進しなければならない」という基本方針が述べられ、重点施策の一つとして体育・スポーツ・レクリエーションの普及が打ち出された。この対策にはすでに、健康神話とフィットネス信仰の姿が現れている。そしてその頃から、歩け歩け運動やママさんバレーが盛んに行われるようになった。

## ■「楽しみのためのスポーツ」から「健康のためのスポーツ」へ

我が国におけるスポーツ人口の推移をみると、一九五七(昭和三二)年にはわずか一四%であったが、六二(同三七)年には四二%になり、六五(同四〇)年には四五%、七二(同四七)年には六〇%、そして七六(同五一)年には六五%にまで増加した。その後は大きな変動がなく、二〇〇四年には六八%になっている(内閣府「スポーツ問題に関する世論調査」一九五七年、「スポーツに関する世論調査」一九六二年、一九六五年、以後前掲書)。この変化は、経済発展によって生活が豊かになるにつれ、人々が余暇を楽しむ余裕を持ち始め、スポーツを行う人も増加したことを示している。

次に、スポーツを行うようになった人々がどのような目的を持っていたのかをみると、一九七二(昭和四七)年には「楽しみ、気晴らしとして」が四八%でトップであり、次いで「からだを丈夫にするため」が二五%、「運動不足を感じるから」が二一%となっている(複数回答)。七六(同五一)年の調査でも、「楽しみ・気晴らしとして、好きだから」が五四%を占め、次いで「からだを丈夫にするため、運動不足を感じるから」が四八%となっている(複数回答)。政府は国民の健康づくりの一環としてスポーツの普及を目指したのであるが、人々はまずスポーツそれ自体の楽しさを味わうことを重視し、それに加えて身体を動かすことによって健康づくりをしようという意識を持っていたといえる。

ところが八〇年代に入ると、健康のためにスポーツを行う人が増加し始めた。一九八二(昭和五七)年の調査では、「楽しみ、気晴らしとして」が三三%でトップであるが、「からだを丈夫にするため」が二二%、「運動不足を感じるから」が一七%で、合わせると三九%となり、「楽しみ、気晴らしとして」を上回るようになった(単数回答)。その後も同じ傾向が続き、冒頭に述べたように、二〇〇四年についに「健康・体力つくりのため」という目的が「楽しみ・気晴らしとして」を上回るようになった。

## ■健康ブームとフィットネス信仰

我が国の状況をみると、経済成長を成し遂げた一九七〇年代後半から人々が健康を重視し始め、また健康のためにスポーツを行う人々が増加し始めた。健康ブームとフィットネス信仰が一体となって人々の間に広がり始めたのである。紅茶キノコが爆発的ブームとなったのが一九七五（昭和五〇）年であり、ジョギングがブームとなったのは七六（同五一）年であり、この時代的符合が現代の健康ブームとフィットネス信仰の結び付きを象徴している。

「スポーツをすれば健康になれる」というフィットネス信仰は、健康を重視する人々にとって実感として抵抗なく受け入れられる信仰である。それは、スポーツと健康が共に身体に関わる概念であるからである。その定義がどうであれ、健康は身体に関わる概念であり、人々は身体に苦痛を感じることもなく、普段通り日常の生活を送っているとき、自分が健康であると実感する。スポーツもまた身体に関わる概念であり、人々はスポーツを行っているとき、自分の身体が思いどおりに動いていることを実感する。この二つの身体実感こそがフィットネス信仰を生み出す基盤であり、人々はスポーツができる身体はどこにも異常がない身体であり、健康な身体だと実感するのである。

二〇〇〇年に東京都が行った調査をみると、人々が考える健康のイメージとして、一位が「食事がおいしく食べられる」で五五％、二位が「年齢に応じた体力がある」で四九％になっている。また七位には「ある程度激しい運動ができる体力がある」が挙げられ一九％となっている（東京都「健康に関する世論調査」二〇〇一年)。人々の意識のなかでスポーツ実感が健康のイメージと重なり、身体が動くことと健康とが一体化しているのである。

そして、国民健康づくり運動のなかで栄養、休養と並んで運動が健康づくりの基本であると訴える政治と医学の宣伝を通して、七〇年代後半からフィットネス信仰が人々のなかに浸透していった。健康を重視する人々がスポーツをすることによって自分の健康を実感し、その実感を味わうためにスポーツをするようになったのである。その際、健康不安に駆られた人々は、「スポーツをすれば健康になれる」という言説の科学的根拠を必要としない。なぜなら、人々にとっては不安を解消することが重要であり、科学的根拠がなくても、スポーツを行って健康を実感することによって不安を解消することができるからである。

## 4. 健康神話からの解放

現代日本人はフィットネス信仰を信じ、健康のためにスポーツをしようとする傾向を強めているが、目標とする健康が幻想であることを理解し、スポーツの価値を再考してみなければならない。

### ■健康づくりの限界

二〇〇四年の「体力・スポーツに関する世論調査」をみると、人々が日頃自分の健康や体力の維持のために心がけていることは、「食生活に気をつける」がトップで六八%、次いで「睡眠や休養をよくとる」が五七%、「規則正しい生活をする」が四〇%、「運動やスポーツをする」が三六%となっている(複数回答）（内閣府、前掲書）。そして東京都が行った先の調査をみると、人々が病気の予防や健康のために改善が必要と思っていることは、「運動」がトップで四二％、次いで「食習慣」が二六％、「睡眠」が二三％となっている（複数回答）。また二〇〇〇年の世論調査をみると、人々が生活習慣病予防のために自ら進んで改善しようと思うことは、「食生活に十分気をつける」七九％、「積極的な運動を心がける」四九％、「休養を十分にとる」四四％の順となっている（複数回答）（内閣府「生活習慣病に関する世論調査」二〇〇〇年）。これらの調査から明らかなように、現在多くの人々は健康づくりの基本である栄養、運動、休養を実行しているのみならず、今後もより一層栄養、運動、休養に気をつけた健康づくりを行いたいと考えているのである。

そのことは、現代の健康づくりが終着点のない運動であることを明確に示している。慢性疾患はいつ発症するかわからないのであり、それを予防するためには絶えず健康づくりを続けるしかない。止まれば倒れるのであり、倒れないためには走り続けるしかない。そして、医学が次々と発見する危険因子は、走り続ける人々の目の前にぶら下げられた目標となり、人々はその目標を目指して走り続けることになる。この健康づくり運動に終着点があるとすれば、それは慢性疾患が発症したときである。それは決して人々が望む終着点ではないが、果てしなく続く健康づくりの先にはこのパラドキシカルな結果が待っている。

現代の健康づくりに潜むこのパラドックスを理解すると、「スポーツをすれば健康になれる」というフィットネス信仰がきわめて素朴な目的論でしかないことに気がつく。運動不足は危険因子の一つといわれているが、運動をしたからといって、それは危険因子の一つを排除したに過ぎない。放射線やウイルス、有害物質、不規則な食事や睡眠、喫煙、飲酒など、運動と関係のない危険因子は多数あり、運動をしてもそれらの危険因子を排除することはできない。したがって、「スポーツをしても健康にはなれない」のである。スポーツをして手に入れられるものがあるとすれば、それは健康によいといわれるスポーツをしているという安心感である。しかし、ひとたびこの安心感を求めると、スポーツをやめた後に襲ってくる不安を振り払うために、「スポーツをすれば健康になれる」と信じ、スポーツをやり続けるしか道は残されていない。

## ■スポーツの意味への問いかけ

我が国で健康ブームとスポーツ人口の増加が起こった一九七〇年代後半に、佐伯はすでに健康ブームに潜む危険性を指摘し、スポーツを行う者が健康の強迫観念から自らを解放しなければならないと述べている（佐伯聰夫「健康ブームにひそむ危険」『エコノミスト』毎日新聞社、一九七七年六月）。この自己解放を行うためには、すべての危険因子を排除した生活は不可能であり、健康が幻想的目標であることを認識しなければならない。それによって人は健康への不安を取り除き、強迫観念を振り払うことができる。そのとき人は、なぜスポーツをするのかを問い直し、スポーツ本来の価値を見つめ直すことができる。

人は一つのボールを追いかけることに夢中になる。人は相手より速く走ることに全力を傾ける。人は危険を顧みず厳しい自然に挑戦しようとする。そしてスポーツに打ち込んでいる人は、汗や土埃を気にすることもない。時に人は、障害や死をも恐れずスポーツにのめり込む。そこにあるのは、夢中になって何かに打ち込もうとする人間のひたむきさであり、自己を実現しようとする人間の欲求である。この熱中や自己実現こそがスポーツ本来の価値であり、そこに無類の充実感を感じることがスポーツの楽しさであり、喜びである。

肥満を解消するためにどれくらいの運動をすればよいか、血圧を正常にするためにどのような運動をすればよいかを気にすると、人は決してスポーツに夢中になることができず、スポーツの楽しさを味わうこともできない。肥満や血圧が気にならないほど夢中になることこそがスポーツの魅力であり、そこからスポーツの豊かな文化的価値が生まれてくる。

一九八四年にジョギングブームの生みの親ともいわれたジェームス・フィックスが、ジョギング中に心筋梗塞で死亡するという出来事が起きた。彼が健康のためにジョギングをしていたかどうかは定かではない。しかし、確かなことは、心筋梗塞の予防にジョギングは有効かもしれないが、ジョギングだけで心筋梗塞を予防することはできない、ということである。

〔参考文献〕

・今道友信「健康への懐疑」向坊隆ほか『健康と生活』東京大学出版会、一九七七年
・厚生省医務局編『医制百年史』ぎょうせい、一九七六年
・佐藤純一ほか『健康論の誘惑』文化書房博文社、二〇〇〇年
・柴田二郎『患者に言えないホントの話』新潮社、一九九七年
・デュボス・R、田多井吉之介訳『健康という幻想』紀伊國屋書店、一九七七年

# 第5章　スポーツ行政施策からスポーツプロモーション政策へ

菊　幸一

## 1．我が国にスポーツ政策はあったのか

### ■体育政策とスポーツ政策 ―― 政治と政策の枠組みから

「我が国にスポーツ政策はあったのか」と問われれば、大半の人々は「あった」と答えるであろう。戦後日本のスポーツの歩みを振り返ってみただけでも、一九四九（昭和二四）年にはすでに社会教育法によって、「スポーツ」という用語は使われていないものの体育およびレクリエーション活動が奨励されているし、六一（同三六）年にはその名の通りに「スポーツ振興法」が制定され、スポーツの振興や普及のためのさまざまな施策が具体的に謳われているからである。しかし、その法律によって規定されたスポーツの定義、すなわち法に基づく政策の対象となるスポーツとは、例えば社会教育法では「学校の教育課程として行われる教育活動を除き、主として青少年及び成人に対して行われる組織的な教育活動（体育及びレ

クリエーション）」（注：傍点は筆者による。以下同様）となっており、スポーツ振興法では「運動競技及び身体活動（キャンプ活動その他の野外活動を含む。）であって、心身の健全な発達を図るためにされるもの」となっている。この二つの法律に基づくスポーツとは、組織的な教育活動であり、心身の健全な発達を図る目的、すなわち「体育」としてのスポーツにおいてのみ政策の対象となっていることが明らかなのである。

また、二〇〇〇年九月に文部省（当時）から告示された「スポーツ振興基本計画」では、スポーツとは「人生をより豊かにし、充実したものとするとともに、人間の身体的・精神的な欲求にこたえる世界共通の人類の文化の一つである」と述べ、文化としてのスポーツを第一に強調している点で先の定義とは異なるが、その力点はあくまでその後の文言である「体を動かすという人間の本源的欲求」に向けられており、スポーツ＝身体活動としての意味がより重要であることが示されている。これは、文脈からすると先の体育的発想と類似しており、基本的にその定義の趣旨や目的に変化がみられないと判断することができよう。

これに対して、国際共通語としての「スポーツ」の定義は、すでに一九六八（昭和四三）年のメキシコ・オリンピック・スポーツ科学会議において「スポーツ宣言（Declaration on Sport）」として採択されている。そこでは、スポーツを「遊戯の性格を持ち、自己または他人との競争、あるいは自然の障害との対決を含む運動」と定義され、スポーツが第一にプレイ（遊戯）の性格を持つことを明らかにしている。このような遊戯性の強調は、これまでスポーツを身体に対する訓練重視で禁欲的な精神の教育的対象（＝体育）として捉えてきた我が国のスポーツ観に大きな影響を与え、楽しみや喜びを重視するスポーツの捉え方への変化を促すことに貢献したという（佐伯年詩雄「スポーツの概念と歴史」財団法人日本体育協会編・発行『公認スポーツ指導者養成テキスト共通科目Ⅰ』二〇〇五年)。しかし、少なくとも政策レベルでスポーツの法的解釈の対象となる定義は、このスポーツ宣言が出された以前のスポーツ振興法制定以来、前述した二〇〇〇年のスポーツ振興基本計画による定義まで出されておらず、その定義を構成する概念の内包は、依然として体育的性格を強く感じさせるものであった。そして、我が国におけるスポーツ政策の実質は、文部省(当時)の審議機関である「保健体育」審議会に委ねられてきたのである。

このように、我が国においてスポーツ政策の対象となるスポーツの法的解釈は、たとえその対象がスポーツという現象に向けられているとしても体育的性格が強く、その意味で「体育政策」としてつねに存在していたといえるであろう。それでは、なぜ我が国においては、半ば常識的にスポーツ政策が体育政策に読み替えられ、いわば行政主導の「上からの施策」が体育的に展開されるのであろうか。そこで、ここではそれをスポーツと政治/政策との関係や、政治と政策の枠組みから考えてみることにしよう。

## ■スポーツと政治/政策の枠組み

「政治」という言葉はさまざまな意味で用いられるが、その中核にある捉え方は「集団や社会には一般に、その成員全体を拘束する統一的な決定をつくりだす機能が存在しているという認識であり、その機能あるいはそれに付随するさまざまな現象を指して、政治あるいは政治的」(高畠通敏「政治」『平凡社大百科事典』第八巻、平凡社、一九八五年)という言い方がなされていると考えることができる。端的にいえば、政治とはバラバラな個々人を「まとめる」ことによって一つのまとまった意見や考え方を対象となるすべての個々人に強制する働きのことであり、このまとめ方をめぐってさまざまな方法や現象が現れることを指すというのである。現代政治においては、国家を形成するある年齢以上のすべての国民による選挙に基づいて彼らの代表となる者が彼らの利害を反映しているものと見なされ、議会における多数決によってその一般意思が具体的な法や規則に表明されると仮定している。そして、現代政治における三権分立は、そのような法の立案・制定と執行およびその妥当性の判断をそれぞれ立法、行政、司法の独立した権限に委ねると共に三者の関係をつねに拮抗した権力関係に保つよう導くことを目指しているのである。

一方、「一定の意図を実現するために用意される行動案もしくは活動方針を広く政策」（今村都南雄「政策」『平凡社大百科事典』第八巻、平凡社、一九八五年）というが、先の政治の概念との関係でいえば、「何を」根拠として「誰が」「どのように」行動案や活動方針を立てるのか、ということが問題となる。ある政策を打ち出すための「一定の意図」に対する正当性を与えるのは、政治において立案された法や規則であり、その解釈である。しかし、現代政治においては、この法や規則の策定や施行にあたってそれらが作られ、解釈されていく道筋、いわば「政策形成過程」と、これらが具体的に実施されていく道筋、いわば「政策実施過程」とが完全に分離することなく、むしろ癒着しているところに大きな課題がある。具体的には、本来、政策形成の意思を法に反映させる形で決定すべき機能を持った立法＝議会に代わって、これを執行する立場の行政側が政策形成を主導し、これを立法的手続きによって形式的に承認させることによって政策を実施するという過程に内在する課題である。いわば、本来、政策を実施する主体が、政策形成をも担うことによって実施や執行の論理を優先させて政策形成を主導することにより、政策の享受者である市民や国民の要求やニーズから離れた政策が立てられ、実施されやすい構図が浮かび上がってくるのである（図1）。これが、いわば「裁量行政」の弊害として、今日、批判の対象となっている課題である。

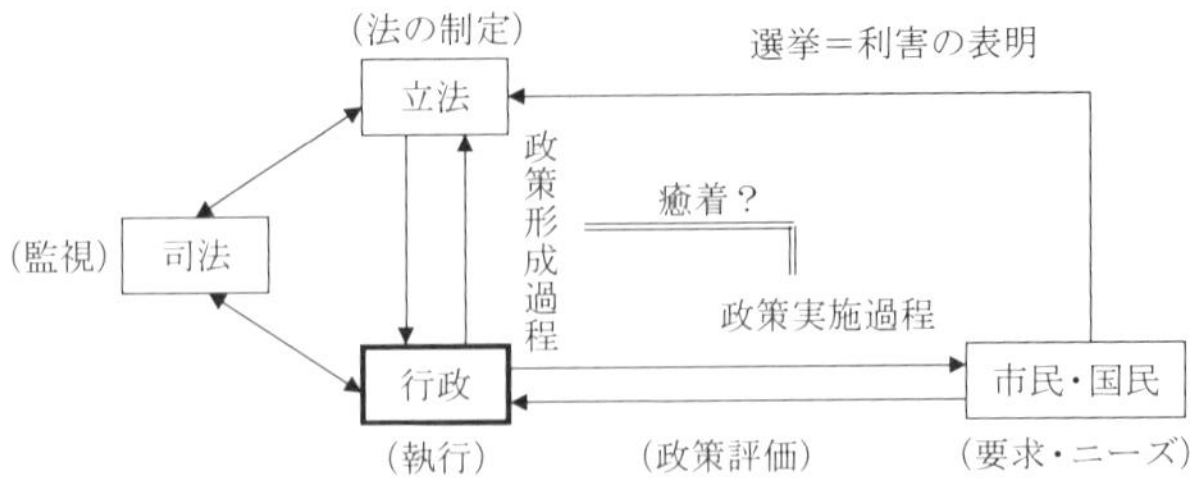


図１　政治と政策の枠組み

むしろこのような政策過程は、現代政治において常識化している感すらあるのが現状であろう。マックス・ウェーバーは、近代政治における合理的支配が、複雑で大規模な組織の目的を能率的に達成するための活動として、一般的に分業化された管理運営の体系をとらざるを得ず、そこにみられる特徴を「官僚制」（ビューロクラシー）と呼んだ（向井守ほか『ウェーバー支配の社会学』有斐閣、一九七九年）。特に近代以降の政治機構は、その政治目的の達成のために能率の論理を貫徹した合理的な技術手段（テクノロジー）を用いる。それゆえに、この技術手段が制度や権限を自己目的化し、本来の政治目的と手段が転倒して手段の論理が先行する状況が生まれるのだ。官僚制とは、往々にして官僚制が持つこのような特徴に対する認識を欠くことによって、逆に最も非能率的な組織に転化するという意味での「官僚主義」に陥る（間場寿一「官僚主義」森岡清美ほか編『新社会学辞典』有斐閣、一九九三年）。したがって、このような官僚制は近代以降のあらゆる巨大組織の特徴としてみられるが、特に政治組織においては、行政における執行の論理の最優先が政治課題として意識され、それに適合する多様な資源が合理的に動員されることによって、「誰のための」「何のための」政策なのかが見失われてしまう傾向が出てくるということなのである。それは、政策目標とその意思決定を形成する政策形成過程が政策実施の合理性を優先し、これを担保する意味で導かれること、そして政策を享受する側の市民や国民の立場から正当な政策評価を実施するチャンスを極力避けようとするゆえに、政策評価（のしやすさ）のために政策目標を設定するという逆転現象が引き起こされるところにみられる。

ところで、スポーツ政策とは一般的に「政府や地方自治体などの政治的公権力が、スポーツを普及・発展あるいは禁止・抑制するスポーツにかかわる政治的統制の基本的な目的・内容・方法」（佐伯聰夫「スポーツ政策」岸野雄三ほか編『最新スポーツ大事典』大修館書店、一九八七年）を意味するものと考えられている。ここでは、先に示した政治と政策の枠組みから、スポーツが「何のために」政治的統制の対象となり、「どのような」内容と方法によってその目的を達成しようとしているのかが課題となろう。我が国の場合、スポーツ政策を正当化する法的根拠は、先にみたように政策対象であるスポーツを体育的に定義しているところにみられる。そして、これを執行する行政はこの政策目的、いわば体育政策の目的に沿った内容をあらかじめ規定しておくことによって、ある一定の刺激を補助金による助成作用という方法によって与えることで、その条件を整備するというパターンを確立する。これが、いわば「スポーツ行政施策」と呼ばれるスポーツに対する間接的なコントロールを政策実施過程において実現していくことになる。ここでいう「間接的」とは、スポーツが本来人間にとって自由な活動であるという近代スポーツ誕生以来の伝統的な捉え方を遵守し、スポーツ実施それ自体を強制することなく、その条件整備に徹するという意味である。しかし、もう一方では、「ハコモノ」行政と批判されるように、それが政策実施の短絡的で達成的な評価につながりやすいという政治課題に応えるという意味で、スポーツにかかわる政策目標が正当化されてきたという官僚主義的な側面を持っていることを忘れてはならない。

## ■スポーツ行政施策の特徴と課題 —— スポーツ振興法からスポーツ振興基本計画まで

以上のように考えてくると、我々が今日、スポーツと政治／政策との関係において政策実施過程のなかにみているのは、スポーツ行政による政策の形成と実施の一体化であり、それを可能にする体育的な法的根拠および執行の論理の優先である。近代スポーツのアマチュアリズムは、スポーツの個人主義や経済的自由を正当化することによってスポーツに対する政治的干渉を嫌う伝統を形成してきた。それゆえに、政治的中立を誇張するスポーツそれ自体を政策目標として法的に根拠づける営みは、自由主義体制を保持する先進諸国では避けられる傾向にあり、体育的な規定によってその目的を限定してきたことが考えられよう。

しかし、前述したように、現代スポーツは一九六八（昭和四三）年、すでに国際競技大会の開催をはじめとしたグローバル化の着実な進展のなかでその基本的性格を遊戯（プレイ）として定義され、現代社会で現実に受け入れられているスポーツの原点がそこにあることを承認されたのである。また、ヨーロッパにおいては一九七五（昭和五〇）年に「ヨーロッパ・みんなのスポーツ憲章」が採択され、スポーツを「楽しみや健康を求めて、自発的に行われる運動」と定義するとともに、スポーツをすることがすべての人々にとって権利であることを高らかに宣言した。確かに我が国でも、後者の「権利としてのスポーツ」が大々的に取り上げられ、一九八〇年代に「みんなのスポーツ（Sport for All）」をキャッチフレーズとして一つのムーブメントが展開された。しかし、それは雰囲気としては盛り上がったものの、ヨーロッパのような法的措置をスポーツ振興法に代わって講じるまでには至らなかった。

ここに、我が国におけるスポーツ政策が法的には体育政策の枠を出ないこと、しかも政策形成と政策実施の過程が一体化して執行の論理による行政施策にしかなり得ていないことの限界と課題が垣間見える。また、ヨーロッパのスポーツ憲章には、現代ヨーロッパに共通の政治課題である労働力不足に伴う移民の受け入れ問題と派生する治安や生活の不安定、あるいは民族問題等々の生活課題が背景にあったことを忘れてはならない。このような政治課題と生活課題のせめぎ合いのなかで、法的措置を伴う政策が打ち出されるのであり、そこにグローバルなスポーツパワーの活用が意識されたのである。それだけスポーツと人々との関わりにおいて、スポーツの内発的な統合に向けて発揮されるパワーは大きな社会的機能を果たすものと考えられたのであろう。

翻って、我が国の政治課題と生活課題は、スポーツをめぐってどのような内発的パワーの発揮が期待されてきたのであろうか。少なくとも、一九六一（昭和三六）年にスポーツ振興法が制定されて以来、その最も重要な条文の一つである「文部大臣は、スポーツの振興に関する基本計画を定めるものとする」（第四条）ことが、ようやく約四〇年を経た二〇〇〇年九月に「スポーツ振興基本計画」として告示された状況である。しかも、この間、保健体育審議会を中心とした行政施策レベルの「振興」が、高度経済成長の、いわば「自然成長」を背景として主に量的な達成課題に向けた官主導によるスポーツへの動員施策を展開してきた。しかし、このような状況を支えてきた外的条件はすでに崩壊しつつあり、現代スポーツは国家的財政難を背景とする「小さな政府」への志向と民間活力の導入によって、新たなエネルギーの活性化を求められ、その対応に苦慮している。例えば、「スポーツ振興投票の実施等に関する法律」（一九九八年）による通称「toto（トト）」資金は、スポーツ振興基本計画の実施を支える重要な財政的基盤として期待されたが、その売り上げは年々減少し、現在のところまったく期待はずれに終わっていることは周知の通りである。したがって、現代スポーツをめぐる需要の量的増大を目指してきた従来のスポーツ行政施策は、スポーツ「振興」というコンセプトをめぐってその質的内容が問われていると共に、従来のスポーツ行政施策のあり方やそのコンセプトを転換するスポーツ政策それ自体のあり方をどのように考えるべきかの課題を残したままなのである。そこで、現代スポーツ需要の質的課題を意識しつつ、その需要にみられる生活課題を政治課題に引きつけ、現代スポーツの内発的な、自立的で自律的なエネルギーを引き出すスポーツ政策の可能性として「スポーツプロモーション」の発想が必要になってくるのである。

## 2. 現代スポーツ需要とスポーツプロモーション政策の必要性

### ■現代スポーツ需要の特性と課題 ―― 必要性と可能性の論理

スポーツ需要は「スポーツに対する要求や期待の総体」(佐伯年詩雄「社会の中のスポーツ」財団法人日本体育協会編・発行『公認スポーツ指導者養成テキスト共通科目II』二〇〇五年)と考えることができるが、現代スポーツに対する需要は現代社会の諸特徴から導き出すことが可能である。

現代社会の諸特徴は一般に、①都市化・産業化等による自然環境の破壊、②生活の機械化等による身体的運動不足の蔓延、③合理化・効率化等による精神的ストレスの増大、④それらを総合した健康不安の増大と遍在化、等々にみられる。このような主に健康問題を中心とする現代社会の諸特徴に対する捉え方は、その認識の前提に「健康」という絶対的基準を設定し、その基準を満たすことが健全な社会を形成していくうえで「必要」であるという論理を構成する。このような、いわば「必要性の論理」を強調すれば、スポーツを「行う」ことによって期待される運動「量」の確保は、スポーツを振興させるストレートな課題と結び付き、従来のスポーツ行政施策によって数量的なスポーツ行動目標を掲げることで正当化されることになる。また、このことが高齢社会における慢性疾患や生活習慣病による医療費高騰という社会問題を解決していく予防措置として推進されていることも確かであろう。しかし、健康問題でやっかいなのは、「健康とは何か」という絶対的基準が不明確なうえに、それ自体をどのように受け止め、考えるのかはきわめて個々人の生活課題に寄り添った問題であるという点である。すなわち、必要の論理を見誤れば「健康のために死んでもいい」とか、皆がなりふり構わず一斉に走り出さなければならないといった強迫観念に陥るか、それとはまったく逆に最初から諦めてしまう諦念あるいは面倒くささに陥るか、のいずれかに二極化する危険性も出てくるのである（菊幸一「健康の政治学―２所謂『健康』を超えて」『体育の科学』第五四巻第九号、二〇〇四年）。

これに対し現代社会は、人々の暮らしを次のような生活条件のもとに変化させてきた。すなわち、それらは、①経済発展等による生活水準の向上、②労働の合理化等による自由時間の増大、③民主生活等による生活享受の確立、④レジャー欲求の拡張、等々である。このような生活条件の変化は、少なくとも人々が余暇として所有する時間資源を豊かにし、自らの楽しみと生きがいを求めてスポーツそれ自体を楽しむ「可能性」を広げてくれている。しかし、このような、いわば「可能性の論理」は、これまでのスポーツ行政施策においてはあまり意識されてこなかったし、どちらかといえば個々人のライフスタイルの自由性の問題として、施策の対象から排除されてきた。

ところが、一方で中高年の登山が従来の頂点を目指すものから自然との共生や交流に変化してきているように、あるいは地域とのつながりや交流の再生を求めているように、スポーツ「参加」それ自体の質的変容はますます進展し、多様化している状況がみられる（菊幸一「スポーツ行動論としてのフロー理論の可能性」今村浩明ほか編『フロー理論の展開』世界思想社、二〇〇三年）。他方、現代スポーツへの参加は「すること」だけに限らず、「見る」「支える」「調べる」等々、これも多様に広がっており、人々によるスポーツの文化的享受の広がりと深まりは自然成長的に現前化しているのである。だから、この自然成長的なスポーツへの関わり方に潜む諸問題をスポーツ側と参加者側の双方から明らかにしながら、それらの諸問題を適切に解決していく方策が必要になってこよう。このような人々の生活課題とスポーツの可能性をどのように結び付け、生涯学習社会をどのように整備し、モデル化して、そのための政策ビジョンを描いていくのかは、スポーツ行政施策に代わるスポーツプロモーション政策の大きな課題となるのである。したがって、その担い手は、従来のような官レベルの組織だけではなく、むしろスポーツ界に関わる法人レベルや民間レベルの組織、学界、あるいはスポーツに参加するすべての人々に求められているといえるだろう。

## ■スポーツの大衆化とスポーツプロモーション政策

さて、主に高度経済の自然的成長によって引き起こされたスポーツ参加者の量的増大は、「スポーツの大衆化」と呼ばれる現象を現前化させているのは周知の通りである。スポーツの大衆化現象は、一方でさまざまなレベルでのスポーツ愛好者を増大させ、経済的・政治的な次元でスポーツに対する利用価値を高めるが、他方ではこれまでのスポーツの担い手であった階級による自律性を失い、限りなく情緒化、ファッション化、画一化、あるいはその質の低下すら招くような概念として捉えられる（佐伯年詩雄「スポーツの概念と歴史」前掲書）。そして、この二つの側面、すなわち経済的・政治的利用の側面と人々のスポーツに対する捉え方の側面とは、共に現代スポーツに対する社会的存在の意義や価値をおとしめるように働く共軛関係を結ぶ可能性がある。例えば、経済的なスポーツ利用は短期的消費を煽りがちになるため人々の情緒に訴え、ファッション化を促すであろうし、政治的なスポーツ利用は人々の健康問題に対する対処ばかりでなく多様なスポーツへの関わりをナショナリズムの高揚や統治の道具として画一化していくパワーを発揮するであろう。いずれのパワーやエネルギーも、スポーツ界の外から発信されるものであり、スポーツ界からの内発的なものではない。そこに、スポーツ参加の質が問われる現代スポーツの社会的存在論に関わる課題が潜んでいるのである。

スポーツプロモーション政策は、現代スポーツの大衆化に関わる現象の質的課題を的確に捉えると共に、スポーツを好きになることが情緒的、ファッション的なレベルに止まらないような文化的教養としてのスポーツ享受モデルを描いていく必要がある。それは、当然のことながら現代社会における人々の暮らし方や生き方のあり様から出てこざるを得ないさまざまな生活課題とスポーツがどのように結び付くことによって、その課題の克服につながっていくのかを明らかにすることである。換言すれば、それはライフスタイルとしてのスポーツの価値を高めていく政策のビジョンを描く、ということになるであろう。また、そこでは、具体的なレベルで各ライフステージのスポーツライフスタイルのあり方が質的な政策目標として問われることになるのである。

## ■スポーツの高度化とスポーツプロモーション政策

スポーツの大衆化とは別に、あるいはそれと並行してトップアスリートによるチャンピオンシップ・スポーツの社会的重要性がますます高まってきている。このようなスポーツの高度化は、人間の限界の可能性にチャレンジするトップアスリートを育成するための専門家による組織化を必要とし、いわゆる「エリートスポーツ」の世界を作り出す。そのための資金は膨大であり、ここに政治的・経済的な利用価値を高める対価として高額な財政援助やスポンサー料が発生してくるわけである。政治的な利用価値とは、スポーツの大衆化をベースとして主に「見るスポーツ」によって引き起こされるナショナリズムの高揚や国家レベルの政治的威信を増大させることにある。また、経済的な利用価値も同様な背景から、スポーツイメージやアスリート個人のタレント性をベースにしたブランドの生成や新しい購買層を開拓していく市場化(マーケティング)の対象としていくことにある。

しかし、スポーツの高度化の促進もまた大衆化のそれと同様に、スポーツを利用しようとする政治的・経済的なエネルギーによるものであり、スポーツそれ自体の内発的なエネルギーによるものではない。我々は、すでに一九七六年のモントリオール・オリンピックで米国を凌ぐ四三個の金メダルを獲得した当時の東ドイツが、国家の総力を挙げてアスリート養成を政策的に展開した結果、アスリートの肉体を人工的に改造するドーピングにも手を染めていたことを知っている。この教訓は、スポーツの高度化における政治課題の暴走が招く悲劇を物語っているが、その背景には高度化されたスポーツに対する政治的・経済的な課題を誰もコントロールできなかったという二重の意味での政策的な課題が潜んでいるのである。このような外発的なエネルギーの影響は、大衆化されたスポーツ愛好者のエネルギーによっても増幅される。

したがって、スポーツ界がスポーツ愛好者をも含めて、非人間的な行為にまで堕落する危険性のある高度化されたスポーツをいかにコントロールし、つねに現代社会のモデルとして人々から高い支持を得ていくのかに関する課題を克服するスポーツプロモーション政策が求められているのである。

そのためには、当然のことながら高度化されたスポーツのイメージを操作し、政治と経済の外発的エネルギーをスポーツに呼び込み、そのことによってスポーツの高度化や大衆化を促進しているメディアとそこから発信されるメディア特性に注目する必要がある。すでに、現代社会においてはスポーツそれ自体がメディアなのであり、「メディアスポーツ」なのである。メディアスポーツを操るメディアそれ自体は、スポーツをますます多様化させ、そのアイデンティティを希薄化させて、我々人間にとって「スポーツとは何か」という問いを後景に退かせていく。したがって、スポーツプロモーション政策は、まず「スポーツとは何か」を現代社会の状況に適応させながら明らかにし、今後のビジョンを描くために必要なスポーツの文化的意味の探求とその確立に向けた思想を鍛えていかねばならないであろう。

## 3. スポーツプロモーション政策の確立に向けて

我が国におけるスポーツ行政施策は、二一世紀に入って新たな国家レベルの具体的な目標を明示しながら展開されている。大きくは、旧文部省による「スポーツ振興基本計画」と旧厚生省による「健康日本21」に分けられる。前者はスポーツの大衆化と高度化のより一層の推進を求め、後者は健康づくりの手段としての運動という見方からスポーツプロモーションと関連を持つものである。その特徴は、明確な目標や数値を掲げ、その達成期限を設けて評価しようとしているところにあり、そこに両者の共通点がある。それ自体は、行政が掲げる施策の政治的責任を明確にしているという点で特筆すべきことであろう。

しかし、このような動向をスポーツプロモーション政策という視点から歴史的に振り返ってみたとき、これまで述べてきたように、そのような施策がスポーツを行わせる側の体育的な論理ではなく、日々の生活のなかで行う側のスポーツへの文化的な論理（＝スポーツに対する欲求と必要）にどれだけ基盤を置いて構想されているのかは未だに明らかではないように思われる。人々のスポーツに対する文化的自立と自律を促す態度や価値観をどのように育成し、生活のなかの重要な課題としてスポーツへの関わりを深める学習をどのように行っていくのかは、スポーツからのプロモーションを政策的に展開していくための大きな課題であろう。例えば、スポーツ振興基本計画では、総合型地域スポーツクラブの育成が定期的スポーツ参加者を増加させていく対策の中心になっている。しかし、週一回以上定期的にスポーツを行っている人のなかには、クラブ加入者より未加入者の方が二倍以上存在しているというデータもある（笹川スポーツ財団編・発行『スポーツ白書２０１０』二〇〇一年）。このような、クラブに加入しないで定期的にスポーツを行っている人たちの動向こそが、スポーツからのプロモーションを政策的に展開していく重要な出発点となるはずである。従来通りの「上からの」振興施策では、定期的スポーツ参加人口の量的拡大とその量的達成のみが目標となってしまうために、数値化されやすいスポーツ参加のための組織化＝クラブ化のみがクローズアップされてしまいがちになる。しかし、人々の現実の生活条件や生活課題に即した定期的スポーツ参加の現状は、これとは異なる次元にあるのだ。

また、これと同様の指摘は、「健康日本21」に掲げる七〇項目の数値目標のうち、約二〇項目で計画を作成したときよりも悪化していたという事実（「遠のく『健康日本』」朝日新聞朝刊一四版、二〇〇六年二月三日）にも当てはまるであろう。政治課題の優先は、人々の生活課題から発信される必要性や可能性を反映しないかぎり、どうしても数字の一人歩きを許してしまうということなのであろう。

いずれにしても、スポーツプロモーションに添う形で行政施策が明確に打ち出されていく傾向は、それ自体大変大切なことであると考えられる。しかし一方で、本来自由な活動として自己の欲求を充足させる文化的な身体活動であるスポーツが、行政施策の積極的な対象となることは、半面スポーツがどのような意味であれ、政治的課題の対象として一方的にコントロールされることをも意味している。だから、いくら明確なビジョンや目標を行政的な立場で立案しても、それが人々の生活の課題として受け止められないかぎり、自ら多少の金銭を払ってでも継続的に活動しようとする対象にはならないということであろう。

したがって、今後のスポーツプロモーション政策確立のためには、行政施策の目標やその根拠について、地域の人々の生活や暮らしのあり様から十分に検討すると共に、これまで述べてきたような我が国における「スポーツ政策」と呼ばれる内容の実態に対する歴史社会的特徴を踏まえて、それぞれの立場から現場のきめ細かな視点に基づいたスポーツプロモーションのビジョンを展望していくことが重要になってこよう（菊幸一「我が国のスポーツプロモーション」財団法人日本体育協会編・発行『公認スポーツ指導者養成テキスト共通科目II』二〇〇五年）。また、それと同時に、官・民・学それぞれの立場からスポーツプロモーションのコンセプトをめぐる思想を鍛え、これを具現化していく新たな政策システムが必要なのである。スポーツプロモーション政策立案に向けた歩みは、まだ始まったばかりである。

〔参考文献〕
・菊幸一「健康の政治学―1　その見方・考え方」『体育の科学』第五四巻第八号、二〇〇四年
・佐伯年詩雄ほか編『スポーツプロモーション論』明和出版、二〇〇六年
・スポーツ関係六法編集委員会編『必携スポーツ関係六法』道和書院、二〇〇五年

# スポーツ・ノンフィクションの現在

麻生征宏

スポーツの読み物は、時に「現場」以上にスポーツの風景を作り上げてきた。丹念な取材と精緻な文章によって、ある瞬間を再構築したり、スポーツを取り巻く大きな構造を提示したりすることで、スポーツに対する「視線」を作るのに一役も二役も買ってきた。

現在、スポーツ・ライティングの世界は拡大し、ノンフィクション、ルポ、ジャーナリズム、エッセイなどの境界は曖昧になっている。見方を変えれば、それだけスポーツを見て語る（書く）文化が発展してきたのだといえるかもしれない。

ここでは、スポーツをめぐる読み物の変化を手がかりに、時代を区切りつつ振り返ってみることで、スポーツ・ノンフィクションについて考えてみることにしたい。読み物の変化の内容、時代の区切り、取り上げる作品など、読者の方々には違和感や物足りなさがあるかもしれないが、筆者なりの切り口の提示ということでご容赦願いたい。

## ■スポーツが対象になった時代
## ——一九七〇年代～八〇年代はじめ

スポーツが読み物としての遡上に上った時代は、雄弁な書き手たちが、その手をスポーツに広げてきた時代である。虫明亜呂無（『野を駆ける光』『時さえ忘れて』など）は、スポーツを端緒として、そこから広がる豊饒な世界を美しいエッセイで展開した。寺山修司（『スポーツ版裏町人生』『書を捨てよ、街へ出よう』など）は、競馬やボクシングを通して社会の影を立ち上らせた。この二人の『対談競馬論』は、スポーツを見る視線の多様性を明らかにしていて面白い。

その後に登場した沢木耕太郎（『敗れざる者たち』『一瞬の夏』など）は、スポーツを通して「人」を書き綴った。沢木の作品は、スポーツがメディアに載ることで魅力を増幅させる好例だ。現在のスポーツ・ノンフィクションの多くが、この沢木のスタイルをどこかに匂わせていると感ずるのは、筆者だけではないはずだ。それはスポーツの世界の魅力が、記録よりも記憶によって語られることとの証であると言ってよいだろう。人への焦点化は、そのスポーツを知っているかどうかにかかわらず、醍醐味を感じさせてくれ、いつのまにか、そのスポーツの世界へ引き込んでくれる。佐瀬稔（『狼は帰らず』など）も同様の書き手として挙げられる。

この頃の読み物は、スポーツを見る文化が形作られていく時代にあって、スポーツと私たちの生活との位置関係を提示してくれていた。この立ち位置の提示があったからこそ、現在の読み物が生まれていると考えることができる。

## ■スポーツがコンテンツとなった時代
## ―一九八〇年代はじめ～一九九〇年代半ば

一九八〇年の『Number』創刊号で世に出された山際淳司「江夏の21球」（『スローカーブを、もう一球』所収）は、現在のスポーツ・ノンフィクションのプロトタイプと言ってよいだろう。山際は、スポーツを見ることが生活の一端となった時代に、ファンの息づかいとアスリートの拍動を一つの嶺にせり上げてみせた。その形式は、善くも悪くも、テレビや新聞が伝える「現実」がまさしく現実なのだと実感する（してしまう）ような時代の必然だったといえるかもしれない。

この時代のスポーツ・ノンフィクションは、自ら進んで物語をまとうことで、コンテンツとしての地位を獲得した。人物をクローズアップしつつも、スポーツのルールや特殊性を織り交ぜながら、スポーツ・ノンフィクションというスタイルを形作り始めていた。物語をまとうことは、ようやくスポーツがスポーツだけで価値あるものとして認識され始めた時代にあって、足固めとして重要な作業だったのかもしれない。この頃の作品は、『Number』の作品集をあたることで振り返ることができる。

## ■スポーツを大衆が語る時代
## ――一九九〇年代はじめ～

「ドーハの悲劇」の時期を越えて、私たちはスポーツを語る楽しみを手に入れた。一つ前の時代とは違い、テレビや新聞とは違う「視線」を持ち始めた。読み手の成熟の時代と言ってもいい。その時代に登場した金子達仁（『28年目のハーフタイム』『決戦前夜』など）は、タイトルの「断層」の通り、伝えられた「事実」と、自分の「視線」が捉えた「真実」とのズレを問い質した。同様の書き手として、小松成美（『中田語録』など）、増島みどり（『6月の軌跡』など）がいる。

これ以降、書き手独自の語りにスポットが当てられた。村上龍（『フィジカル・インテンシティ』）や陣野俊史（『フットボール・エクスプロージョン！』）のような作家や文学者が、スポーツの読み物の世界に登場する。これは、読み手が生きている世界にスポーツが完全に息づいたことを証明している。このことは、吉沢康一（『ぼくたちのW杯』）やニック・ホーンビィ（『ぼくのプレミアライフ』）のようなファンの「視線」が登場することからも明らかだ。すでに読み手としての私たちは、競技場／観客席（テレビの前）のように分断された場所にいる存在ではなくて、私たちの生活そのものがスポーツの世界の一部であることを実感している。ただし、語り優位の状況は読んでいて楽しいが、スポーツや種目独自の語り口が展開されるという点で、スポーツをあまりよく知らない者を置き去りにしてしまっているということを忘れずにおく必要があるだろう。

なお、この時代にあっても、前の時代の流れを受けるノンフィクションは、確実に存在している。ナンバー・スポーツノンフィクション新人賞を受賞した増田晶文の「果てなき渇望」は、身体を取り巻く社会構造が見事に表されている点で出色だった。また、サイモン・クーパーの『サッカーの敵』は、スポーツと政治や宗教、経済が切っても切り離せないことをジャーナリスティックにではなく描写した。

■スポーツ・ノンフィクションの現在

スポーツが読み物として昇華したのは、『Number』誌をはじめとする雑誌によるところが大きい。だがそれは同時に、速報性を問われる状況を生み出した。そこでは、丹念な裏付けは難しくなってしまう。限定された数の証言や、書き手の「目」を頼りに書き上げなければならない。スポーツ・ノンフィクションが、スポーツの、というより主として作品が発表されるメディアの変遷に合わせて変化してきたことを考えると、これからもさまざまな表現手法や語り口が生まれてくることも考えられる。矢継ぎ早にイベントが繰り返されるスポーツの世界には速報性が重要であることは確かだが、そろそろ多方向から光を当てて、中心に美しい像を結ぶような、じっくりと味わう作品を手にしたいと思う。

# II

# スポーツプロモーションの諸相

# 第6章　総合型地域スポーツクラブの理念と現実

黒須　充

日本の総人口が二〇〇五年を境に減り始めていることが、厚生労働省の調査により明らかとなった。これまで高度経済成長を成し遂げ、拡大、繁栄路線を辿ってきた日本社会は、人口のみならず税収予算などあらゆる面において縮小路線へと方向転換せざるを得ない時期に差しかかっているといえよう。市町村合併、行財政改革、民間活力の導入など、あらゆる分野において改革が進んでいる。スポーツも例外ではあるまい。発想を切り換え、仕組みそのものを新たな視点で見直していく必要があるのではないだろうか。

本稿で取り上げる総合型地域スポーツクラブ（以下「総合型クラブ」と略す）とは、地域の共有財産である学校や企業も含め、地域にある既存の施設や人材を有効活用することによって、新たな活力を生み出し、地域のスポーツ環境をより良く改善することを目的に構想されたものである。言い換えれば、これまでの学校や企業、行政に大きく依存したシステムを見直し、広く地域全体でスポーツを支えていこうというのが総合型クラブの基本コンセプトである。

いずれにせよ、歴史的な転換期を迎えているいま、私たち自身の価値観や考え方も一八〇度転換し、スポーツの自立について考える絶好の機会を迎えていることは間違いない。

## 1．総合型地域スポーツクラブとは何か

総合型クラブのモデルとなったのが、一九九四年五月にスポーツ議員連盟プロジェクトチームから発表された「スポーツ振興政策（スポーツの構造改革～生活に潤い、メダルに挑戦）」（スポーツ議員連盟プロジェクトチーム『スポーツ振興政策（スポーツの構造改革～生活に潤い、メダルに挑戦）』一九九四年）である。

要約すれば、日本のスポーツ環境は、恒常的なスポーツ振興予算の不足、施設整備の立ち遅れ、スポーツ医科学など選手強化方策の一貫した指導体制の不備、指導者の不足など、国、地方レベルを通じて不十分な状況にある。スポーツの構造を時代の要請に合ったものに改革していくためには、①誰もが気軽にスポーツに親しめる環境を創造し、生活に潤いを持たせ、地域を活性化すること、②トップレベルのスポーツ選手の活躍のための条件を整備し、メダルへの挑戦を支援すること、③オリンピック大会に象徴されるような、スポーツ団体の自発的な国際的スポーツ活動の積極的な推進が必要であることが強調されている。

また、今後推進すべき重点施策の一つとして、誰もが参加できる地域スポーツクラブを中学校区程度を単位として全国に一万か所程度設置すること、地域のスポーツ活動を総合的に支援する広域スポーツセンターを広域市町村圏を単位として全国に三〇〇か所程度設置することが盛り込まれており、現在の総合型クラブ構想の原点となっている。

こうしたビジョンをもとに、文部科学省（当時文部省）では、地域において子どもから高齢者、障害者までさまざまなスポーツを愛好する人々が参加する地域スポーツクラブの育成、定着化が重要な課題であるとして、一九九五年度から「総合型地域スポーツクラブ育成モデル事業」をスタートさせた。

以下、従来の単一種目、同年代型のクラブにはない総合型クラブの特徴についてまとめてみよう。

・種目が多く、それぞれに専門の指導者がいるため、自分に適したスポーツに出会うことができる。
・子どもの時から高齢になるまで長期にわたって同じクラブに所属することができるため、地域住民のコミュニケーションの拠点としての役割を果たすことができる。
・他の学校やさまざまな学年の子どもたち、または大人たちと一緒にスポーツを楽しむことができるため、自然に社会性やマナーを身につけることができる。
・長期的な視野に立ち、一貫した指導を行うことができるため、バーンアウト（燃え尽き症候群）を防ぐことができる。
・地元で生活する往年の名選手や現役のトップアスリートと同じグラウンドでプレイすることもできるため、自分たちのクラブに対する誇りや愛着心が育つ。
・あくまでも受益者負担が基本であるが、公共性の高いクラブとして、低料金システムを導入することができる。
・クラブを総合型化することによって、施設使用の調整が比較的容易となり、公共スポーツ施設を効率的、有効に利用することができる。
・総合型クラブと学校運動部が連携・協力することにより、子どもたちの多様なスポーツ環境を提供することが可能となる。

## 2. なぜ総合型地域スポーツクラブが構想されたのか

総合型クラブの使命は、生涯にわたってスポーツに親しむことができる社会を作ることにある。しかし、これまでの既存の団体や組織の活動状況をみてみると、現在スポーツを行っている人だけを対象とした活動に止まっており、閉じたシステムのイメージが強い。いわば、それぞれが自分の島に閉じこもり、つながりがない。組織や団体間の横のつながりと年代間の縦のつながりに欠けているといった構造的な問題を持っている。ふだんスポーツとは無縁の生活を送っている人のなかにも、潜在的にスポーツをしたいと思っている人は意外に多く、その大部分はなかなかきっかけがつかめずにいるようだ。

また、スポーツを取り巻く社会状況が大きく変化するなかで、旧来型の仕組みでは十分に対応することができない状況が生まれてきている。

具体例を示せば、

・長引く経済不況の影響を受け、企業スポーツの休廃部が急増している。
・少子化に伴う部員数の減少により、学校運動部の活動が停滞している。
・世代交代が進まず、地域のスポーツクラブのメンバーが高齢化している。
・財源不足に悩む行政は、多様化する住民のニーズに応えられなくなっている。

ほんの一例に過ぎないが、こうした状況を改善し、誰もが生涯にわたってスポーツに親しむことができる社会を作るためには、時代の変化に対応した新たなスポーツ振興の考え方や仕組みづくりが求められている。言い換えれば、これまでの学校や企業への依存体質、団体や組織の閉鎖性、行政主導の画一的な手法を見直し、地域が一体となってスポーツの自立したシステムを作り出す、その具現化したものが「総合型地域スポーツクラブ」であり、それは時代の要請と言ってもよいだろう（黒須充、水上博司編『ジグソーパズルで考える総合型地域スポーツクラブ』大修館書店、二〇〇二年）（図1参照）。

## 3．実際の総合型地域スポーツクラブとはどんなイメージか

### ■地域住民運営型のスポーツクラブ

我が国のスポーツは、とかく種目や団体、学校といった限られた枠のなかで活動するといったスタイルが主流を占めているが、総合型クラブの場合、種目やチーム、年代の枠を超えた一つのクラブとして、

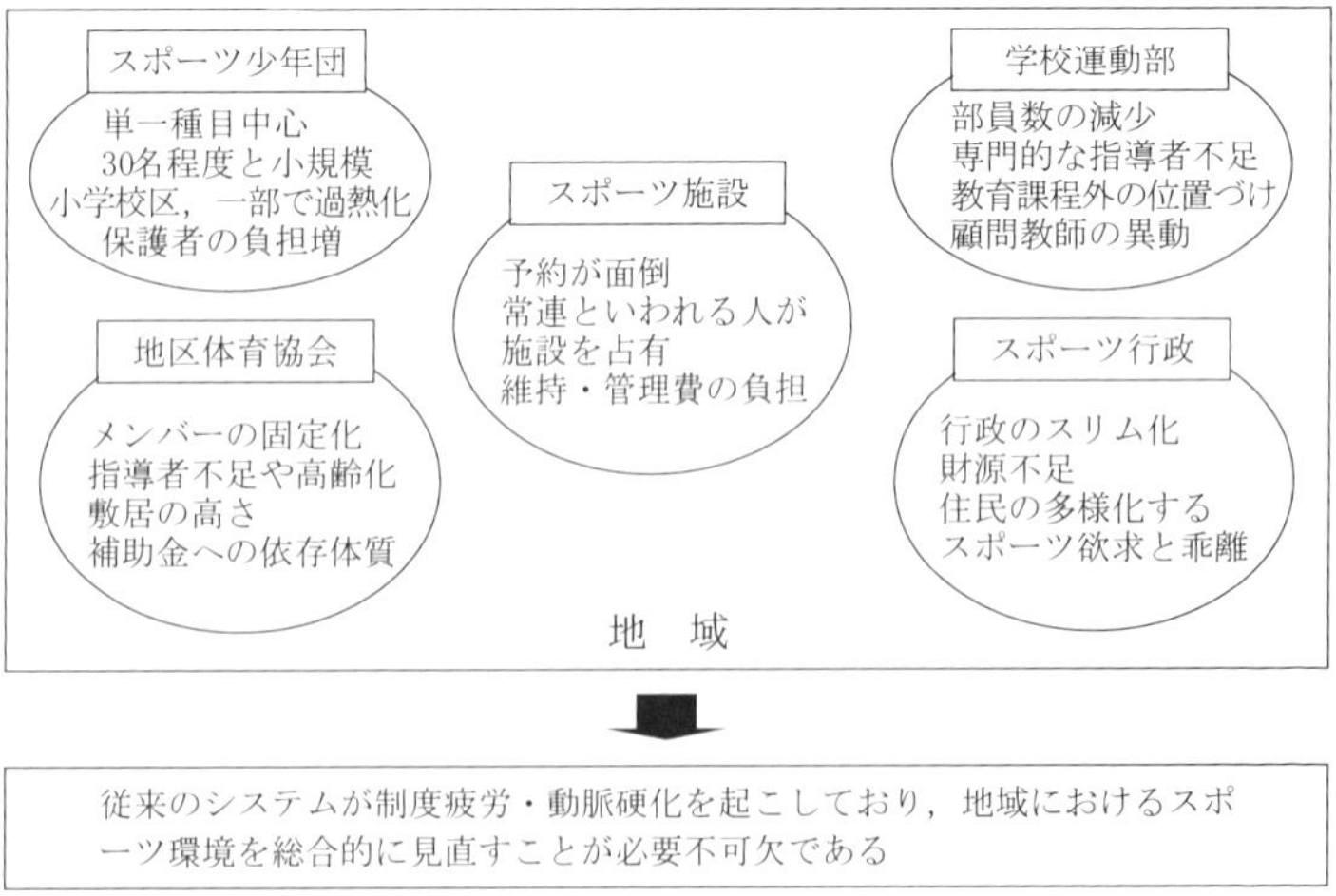


図1　我が国のスポーツが抱える構造的な問題

子どもから高齢者、障害者も含め、誰もが生涯にわたってスポーツに親しむことができる仕組みとなっている。自分たちの住んでいる地域のスポーツは、学校も含め、地域のみんなで力を合わせて支えていこうという、住民主体のスポーツクラブと言い換えてもよいだろう。

では、実際の総合型クラブはどのように立ち上がり、どんな人たちが運営しているのだろうか。ケーススタディとして、ある町（人口二〇、九三四人）のクラブを訪ねてみよう。

**NPO法人ごうどスポーツクラブ（岐阜県神戸（ごうど）町）**　二〇〇三年二月、「ごうどスポーツクラブ」は誕生した。コンセプトは「オール神戸」。既存の団体の枠組みを取り払い、総合型クラブとして一つになることによって、スポーツを超えた新たなコミュニティづくりを目指している。

しかし、設立までの道のりは決して平坦ではなかったようだ。設立のきっかけは一九九九年四月まで遡る。体育指導委員を中心にクラブ設立を呼びかけたものの、住民の反応は冷たかった。「現状のままで不満がないのに、なぜ変える必要があるのか」「今まで無料でいろいろなことに参加できたのに、なぜ有料化するのか」など反発も強く、理解を得るために開催した説明会は年七〇回を超えることもあった。なかでも会費負担については相当な抵抗にあった。ここでも、「地方財政がスリム化を余儀なくされる状況のなかでは、もはや受益者による負担増は不可欠」との説得を続け、ようやくスタートラインに辿り着いた。

会員数は現在二、六六二名、世帯入会率二六％、町外会員一一％と近隣の市町村も羨むクラブに成長している。活動プログラムは、スポーツ少年団（一〇種目）、中学生サークル（一〇種目）、小中一貫指導（六種目）、一般スポーツ教室（三八教室）、サークル（三一登録団体）と年間を通して活発な活動を展開している。指導者は三五四名が登録し、スポーツの振興のみならず地域の教育力向上にも大きな役割を果たしている（図2）。

　ごうどスポーツクラブの特徴は、社会人指導者と学校教員指導者とが連携した質の高いプログラムの実施とオープンなマネジメントにあると言っても過言ではない。「ごうどスポーツクラブは営利を目的としない株式会社」―これが小倉会長のモットーであり、二名の専従クラブマネジャーをはじめ、運営スタッフ一同が経営感覚をつねに意識し、会員の満足度を高めるためにさまざまな工夫を行っている。二〇〇五年には自主財源率も八〇・四％にアップした。

## ■地域全体でスポーツを支える開かれたシステムへの転換

　二〇世紀のスポーツは、学校、企業、スポーツ団体、行政等がそれぞれに役割を分担し、うまく機能してきた。しかし二一世紀に入り、それぞれが役割にとらわれるあまり、必ずしも多様なニーズに応えられなくなってきているのではないだろうか。そうした意味で、ごうどスポーツクラブがそれぞれの組織や団体の「垣根」を取り外し、地域全体でスポーツを支える開かれたシステムへと方向転換したことには先見の明があったといえよう。

　もちろん、スポーツは個人の自主性、自発性を尊重するものであり、すべての人々がこうしたクラブに

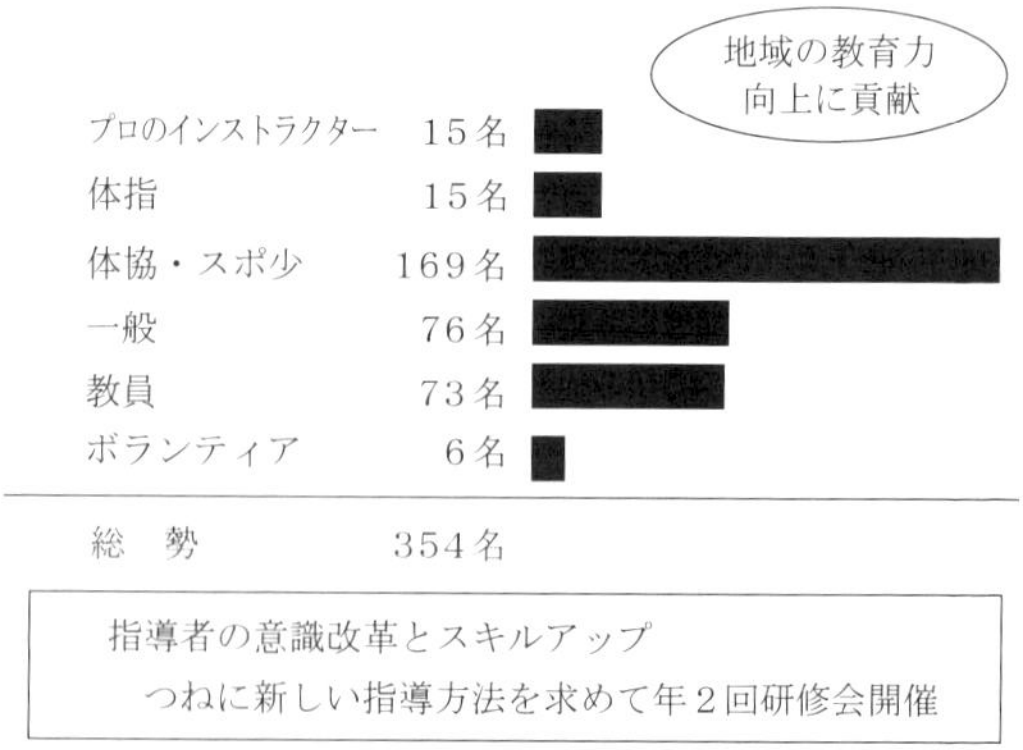

図2　NPO法人ごうどスポーツクラブの登録指導者数

所属してスポーツをしなければならないということでは決してない。しかし、グローバリゼーションの時代を迎えたいま、従来の学校中心、行政主導、単発的な一日行事型のシステムを見直し、地域に根差した多種目型の公共性を伴ったスポーツクラブを育成することは、クオリティ・オブ・ライフを求める個人のみならず、少子高齢化へと加速する我が国全体にとっても必要不可欠であり、何よりもスポーツを文化として育てていくための重要な基盤づくりとなるであろう。

## 4. 総合型地域スポーツクラブの育成状況

では実際に、こうした新しいタイプのスポーツクラブの育成状況は、どのようになっているのだろうか。各都道府県の教育委員会や広域スポーツセンターを通して総合型クラブの育成状況（計画中も含む）に関する情報を収集したところ、表1に示したように、二〇〇五年一〇月現在、二、一八七のクラブが育成、または準備中であることがわかった。

二〇〇〇年九月、文部科学省によって策定された「スポーツ振興基本計画」のなかで、二〇一〇年までに、各市区町村に少なくとも一つは総合型クラブを設立するといった具体的な目標が示されたこと、各都道府県や市区町村単位での「スポーツ振興計画」の作成も進んでいること、総合型クラブの育成を支援する広域スポーツセンターが四〇都道府県に設置されていること、そして㈶日本体育協会が二〇〇四年度から「クラブ育成プロジェクト」（文部科学省委嘱事業[1]）をスタートさせたことなどが、総合型クラブの全国展開を推進・加速する大きな要因となっている。

表1　総合型地域スポーツクラブの育成状況

| | | |
|---|---|---|
| 北海道・・・45 | 石川県・・・16 | 岡山県・・・27 |
| 青森県・・・10 | 福井県・・・12 | 広島県・・・23 |
| 岩手県・・・44 | 山梨県・・・7 | 山口県・・・24 |
| 宮城県・・・18 | 長野県・・・25 | 徳島県・・・17 |
| 秋田県・・・34 | 岐阜県・・・42 | 香川県・・・19 |
| 山形県・・・31 | 静岡県・・・26 | 愛媛県・・・23 |
| 福島県・・・49 | 愛知県・・・140 | 高知県・・・19 |
| 茨城県・・・16 | 三重県・・・53 | 福岡県・・・30 |
| 栃木県・・・26 | 滋賀県・・・35 | 佐賀県・・・18 |
| 群馬県・・・13 | 京都府・・・25 | 長崎県・・・10 |
| 埼玉県・・・31 | 大阪府・・・40 | 熊本県・・・37 |
| 千葉県・・・42 | 兵庫県・・・832 | 大分県・・・16 |
| 東京都・・・75 | 奈良県・・・12 | 宮崎県・・・18 |
| 神奈川県・・・31 | 和歌山県・・・18 | 鹿児島県・・・28 |
| 新潟県・・・27 | 鳥取県・・・23 | 沖縄県・・・8 |
| 富山県・・・51 | 島根県・・・21 | **合計　2,187** |

注）2005年10月，黒須作成

表2　総合型地域スポーツクラブ育成への取り組み状況

2005年8月1日現在

| | |
|---|---|
| 0％～30％未満<br>（8道県） | 北海道，青森県，群馬県，福井県，奈良県，和歌山県，島根県，長崎県 |
| 30％～50％未満<br>（18県） | 岩手県，宮城県，茨城県，埼玉県，千葉県，神奈川県，山梨県，長野県，静岡県，愛知県，香川県，徳島県，高知県，福岡県，佐賀県，宮崎県，鹿児島県，沖縄県 |
| 50％～70％未満<br>（15都府県） | 秋田県，福島県，栃木県，東京都，新潟県，石川県，三重県，滋賀県，京都府，大阪府，岡山県，広島県，山口県，熊本県，大分県 |
| 70％以上<br>（6県） | 山形県，富山県，岐阜県，兵庫県，鳥取県，愛媛県 |

注）㈶日本体育協会クラブ育成課では，2005年8月，都道府県体育協会を通じて，全国2,300市区町村にある体育協会または教育委員会より総合型クラブの育成状況に関する情報を収集した。有効標本数2,269（有効回収率98.6％）

次に、㈶日本体育協会が二〇〇五年八月に実施した「総合型地域スポーツクラブに関する実態調査」（㈶日本体育協会生涯スポーツ推進部クラブ育成課『総合型地域スポーツクラブに関する実態調査報告書』二〇〇五年）の結果をみてみよう。調査は全国二三〇〇市区町村にある体育協会または教育委員会を対象に行われ、二二六九の市区町村から回答が得られた（回答率九八・六％）。「設立済みの総合型クラブがある」「設立準備中の団体がある」「新たな設立計画を検討している」と答えた、いわゆる「設置市区町村率」は全体の四四・六％であり、一方「設立済み総合型クラブ」「設立準備中団体」のいずれもなく、かつ今後の設立計画も検討していないと答えた、いわゆる「未設置市区町村率」は全体の五四・一％であることがわかった（未回答一・三％）。表2は、設置市区町村の割合を四つの段階に分けて示したものであるが、都道府県間において、総合型クラブ育成への取り組みとその進み具合に格差が生じていることがわかる。

ただし、この数字は市町村合併の進捗状況(2)に左右されてしまうことを付記したい。つまり、総合型クラブの育成に前向きではなかった市町村がすでに設立済みの市町村と合併した場合、「設置市区町村」にカウントされてしまう点である。そもそも市区町村に一つでよいのかという議論が必要である。合併前の旧市区町村に少なくとも一つのモデルクラブを設立し、将来的には中学校区程度（自転車で一五分程度の日常生活圏）をエリアとするクラブを全国に一万か所作るという当初の目標を忘れてはなるまい。

## 5．総合型地域スポーツクラブの施策は順調に進んでいるのか

もちろん、いま全国で展開されている総合型クラブ育成の動きは、単なるクラブ数を増やすことに終わってしまっては何もならない。繰り返しになるが、総合型クラブとは「すべての世代の人が、身近な場所でスポーツに親しむことができるクラブ」であり、その実現のためにはこれまでの地域スポーツの関係性を見直すことが必要不可欠である。そこで本節では、現場の混乱や戸惑いも含め、これまでの総合型クラブ施策が抱える問題点について検証してみたい。

### ⑴ 総合型クラブの創設を前提に話し合いを続けてきたものの、団体間の意見の食い違いや温度差から、合意形成に至らないケースもある。

これまでの地域スポーツ振興の中核を担ってきた体育協会、スポーツ少年団、種目別のスポーツ団体、体育指導委員のなかには、総合型クラブという新しい仕組みに対して抵抗感があって消極的な人も少なくない。ときには誤解が生じてしまい、利害の対立や軋轢が生じたりする場合もある。しかし、総合型クラブとは、まったく新しい組織を一から作ることではなく、既存の団体や組織の良いところを最大限に活かしつつ住民の多様なニーズに即した仕組みに組み替えていこうとするものであり、むしろ硬直化が進んでいる組織や団体の活性化につながる有効な方策といえるだろう。

### ⑵ 総合型クラブという聞き慣れない言葉に加え、これまで単一種目、同年代型で活動してきた既存の団体にとっては、総合型クラブのメリットやイメージを描くことが難しい。

総合型クラブとは、本来下から作り上げていくといったボトムアップ型のクラブづくりを目指そうとした構想であるにもかかわらず、行政用語の限界からか、上から下にお願いするといったトップダウンのイメージが強い。そのため、なぜ総合型クラブを設立するのか、総合型クラブをどのようなクラブに育てていくのかといった目的や将来ビジョンの話し合いよりも、「総合型地域スポーツクラブ」とは何か、いまやっている活動とはどこが違うのかといった説明に時間を要してしまい、なかなか前に進まない。また、多種目、多世代、多志向、自主運営、受益者負担という単語を並べただけでは、かえって総合型クラブはよくわからないという印象を与えてしまうようだ。

### (3)「総合型クラブとは、競技スポーツを除いたみんなのスポーツを推進する組織である」といった誤った説明やニュースポーツを集めて「多種目、多世代」のクラブを作って満足してしまっているケースも少なくない。

一九七〇年代以降世界的なうねりとなったスポーツ・フォア・オール（みんなのスポーツ）の特徴は、既存の活動とは分離する形でスポーツ参加人口を広げていこうとする施策であり、ニュースポーツの開発や「スポーツ教室からクラブへ」を合い言葉に進められてきた。総合型クラブの取り組みが、もしこの当時と変わらない内容であるとすれば、インパクトが弱い。生涯スポーツとは、文字通り〇歳から一〇〇歳までのスポーツ振興であり、ある時は可能性を追求して競技に専念する時期もあれば、ある時はレクリエーションや健康・体力づくりとして、というようにさまざまな目的や楽しみ方がある。すなわち、生涯スポーツと競技スポーツは決して相対立する概念ではなく、総合型クラブのなかでうまく溶け合うといった広い意味での生涯スポーツの捉え方が、今後のクラブ発展にとって欠かせない視点となる。

**(4) 運営段階に入ってもなお、地域住民の積極的なクラブ運営への参加がみられず、行政に依存している状態から抜け出せないでいるケースも少なくない。他力依存型の強いクラブほど長続きせず、尻すぼみに終わってしまっているようだ。**

文部科学省の調査（文部科学省スポーツ・青少年局生涯スポーツ課『平成17年度総合型地域スポーツクラブに関する実態調査結果概要』二〇〇六年）によれば、住民が自主的に作ったクラブは一七・〇％に止まっているのに対し、自治体主導型は四七・一％を占めている。設立後も自治体の職員が運営の中心になるケースも多く、住民による運営委員会があったとしても多くが事務局任せになっているのが現状である。

「初めに総合型クラブありき」ではなく、少子化で運動部の維持が困難になっている、高齢化率が三〇％を超えた、合併を控えているなど、地域が抱える問題や課題を出し合い、危機意識を共有することが住民主導の運営に移行する鍵を握っている。我が街に総合型クラブが本当に必要かどうかについて検討する、その話し合いのプロセスこそがクラブづくりに他ならない。

**(5) 補助金が切れた後に有名無実化してしまうクラブや、会費を低く設定してしまい運営が立ちゆかなくなるクラブも少なくない。**

多額の補助金を受け、事業をどう進めるかよりもお金をどう使うかに神経を使い、会費を無料にしたり華やかなイベントや講演会を開催したり、指導者への謝金を必要以上に支払ったりして、モデル事業終了後に財源確保の見通しが立たずに解散してしまったクラブもある。また、補助金や助成金を頼りに低すぎる会費を設定してしまうことは、かえって永続的なクラブ運営に支障を来す恐れがある。収支バランスを保つためにも、適正な会費設定と会費以外の多様な財源確保に努めると共に、会員を増やすための広報活動や魅力的なプログラム、施設の確保にお金を投資することが、クラブの安定した持続的発展につながるだろう。

ちなみに、文部科学省の調査によれば、全国の総合型クラブの平均会費額は二八五円／月、徴収額別にみると、「一〇〇円／月以下」のクラブが四二・八％、「一〇一～二〇〇円／月」のクラブが一九・九％、「二〇一～三〇〇円／月」のクラブが一〇・四％となっており、「三〇〇円／月以下」のクラブが七三・一％を占めている。

**⑹　土日の学校体育施設を地域に開放するといった構想（中学校の運動部活動改革）が先送りされてしまい、総合型クラブと学校運動部活動の連携はあまり進んでいない。**

総合型クラブは中学校区程度の範囲を基盤に育てることが推奨されているが、これは中学校の部活動改革とセットで考えていくことを意味している。しかし、学校か地域かといった二者択一的な議論に対しては、意見は大きく分かれるだろう。ここで最も大切な点は、運動部活動がこのままの状態で存続することはかなり難しくなっており、これからの学校運動部のあり方を考えた場合、緩やかに活動主体を学校から学校も含めた地域社会に移していくことが望ましい。ただし、現在の㈶日本中学校体育連盟の規定では大会出場は学校に限られ、部活動が地域に移行しても出場できないという大きなハードルが残されている。

## 6．総合型地域スポーツクラブの理念と現実

このように理念と現実の間で揺れている総合型クラブも少なくない。言い換えれば、総合型クラブ施策

はいま、「壁」に突き当たっているといってもよいだろう。ただし、その先は決して行き止まりではなく、壁を乗り越えれば今後一〇〇年間の我が国のスポーツが進むべき道が大きく広がっていると考えたい。

国が進めているから、他でもやっているからという理由ではなく、自発的に取り組むための「何か」が欠けていること、つまり総合型クラブの存在意義（学問的な裏付けも含む）が不透明であることが行く手を阻んでいるのではないだろうか。

## ■ソーシャル・キャピタルとしてのスポーツクラブ(3)

パットナム(4)によれば、「ソーシャル・キャピタル（Social Capital）」とは、「人々の協調行動を活発にすることによって社会の効率性を高めることのできる、信頼、規範、ネットワークといった社会組織の特徴」とされ、より人間的なより住みやすい社会を作るためにはどうしたらよいかという問題意識のもとに作り出された概念である。直訳すれば「社会資本」ということになるが、道路や橋のような目に見える資本ではなく、人と人との関係から得られる見えざる資産（信頼関係、コミュニティのネットワーク、規範など）であり、「社会的資本」とか「社会関係資本」と訳されることが多い。

ソーシャル・キャピタルが豊かであればあるほど、住み良い社会であると考えられる。例えば、分別回収のルールを守ってゴミ出しをするという多くの住民の「自発的協力」が得られた結果、ゴミ焼却場建て替え費一一〇〇億円と年三〇億円の運営費がそっくり要らなくなった自治体では、行政コストの大幅削減という形で経済効果を上げることを可能にした。また、居住地域のコミュニティネットワークが密である地域ほど、不審者による空き巣ねらいや子どもの誘拐事件、高齢者の孤独死などの防止効果が高いといわれている。こうした人間の信頼関係という見えない資産の蓄積により、私たちの住む社会や地域、さらには国や世界までもが良い方向に動き出すと期待されている。

こうした点に着目すれば、総合型クラブの創設は、地域社会における人的ネットワークとその社会的な連携力を豊かにする効果を持ち、それが地域への関心や愛着となり、ひいては住民意識や連帯感の高揚、世代間の交流、少子・高齢社会への対応、地域住民の健康・体力の保持増進、地域の教育力の回復、学校と地域の連携など地域の活性化に好ましい成果をもたらすという好循環が形成されていく。それが地域にクラブが存在する意義であり、地域スポーツ再生のシナリオになるであろう。

## ■ネットワーク型組織としてのスポーツクラブ

ただ、総合型クラブを創設しさえすれば、地域のスポーツが振興、活性化するわけではなく、創設した後に地域住民が主体性を持って、地域への定着や中身を充実させ自立させていかなければならない。組織運営にあたっては、上から下への「ピラミッド型組織」ではなく、以下のような特徴を有する「ネットワーク型組織」（経済企画庁総合計画局経済構造調査推進室『会社人間からの脱却と新しい生き方に関する調査』一九九九年）が望ましい。

協働…………多様な人間が自分の能力、情報、知恵を出し合い、相互に働きかける。
水平型組織……参加する個人同士は対等な立場であり、ヒエラルキーは存在しない。
ボランタリー…強制されて参加するのではなく、各人が自発的にそれぞれの興味・関心に応じて力を提供する。

オープン……他の集団に対して開かれている。自分たちの情報を開示し、他者の支援や連携を積極的に受け入れる

スポーツNPOなどの組織は、まさに新たなコミュニティを代表するネットワーク型の組織であり、共通の関心や興味、あるいは属性によって形成される人々が、それぞれが有する経験、知識、技術、ノウハウ、そして人脈を最大限に活用し、それらを組み合わせ、地域住民の生活に密着したスポーツ振興の要としての役割が期待されている。

### ■社会公益性と事業性の融合

ドラッガー（ドラッガー・P・F編『非営利組織の自己評価手法』田中弥生訳、ダイヤモンド社、一九九五年）が早くから注目していたのが、非営利組織（NPO）である。「NPOは良き意図を持って、良いことをしたいというだけでは十分ではない。成果を上げこの世に変化をもたらすために存在しているのだ」、言い換えれば、限られた資金と人材で最大の効果を上げるという事業性も問われることになる。事業性と公益性とは一見相反するようにもみえるが、これらを両立させてこそ、自立した組織として発展・成長していくのであり、そのためには組織としてのマネジメント力を強化していく必要がある（田中弥生『NPO　幻想と現実』同友館、二〇〇三年）。

また、地域の問題を地域住民が主体となって解決することを目標に、ビジネスの手法を取り入れて継続的な事業として取り組む「コミュニティビジネス」が最近注目されている。行政が対応しきれない多様なサービスや、企業では採算が合わないサービスの提供などを通じ、地域コミュニティの再生に寄与する役

割も期待されている。こうした社会公益性と事業性を融合したコミュニティビジネスの取り組みは、総合型クラブの発展型の一つと考えたい。

ただし、こうしたサービス事業体としてのクラブに対して、ボランティア意識を育み、共同体組織としてのクラブの意義、すなわち、住民不在のクラブにならないようにするための方策については課題が残されている。

以上のように、多様な人や組織をつなぐ「ソーシャル・キャピタル」の培養、水平的でオープンな「ネットワーク型組織」の形成、そして「公益性と事業性」の融合がこれからの総合型クラブ施策を考えるうえで重要なキーワードになってくるだろう。

## 7．まとめにかえて

最後に、総合型クラブが組織的基盤を整え、公共的存在として活動を続けていくための提言を示し、まとめとしたい（表３参照）。

いずれにせよ、総合型クラブとは、より多くの人々がスポーツを楽しみ、生活を豊かにすると同時に、スポーツ文化を次世代に受け継ぎ、発展させる重要な担い手となるものである。また、ゆくゆくはそこから県や国を代表するトップクラスの選手を輩出し、各競技のレベルアップを図ろうとするものである。さらに、引退した選手や地域スポーツ指導者の雇用の場としての可能性も秘めている。

しかしながら、これまで述べてきたように、全国的な動向をみると、軌道に乗っているクラブばかりで

表3　総合型地域スポーツクラブ施策の見直し（試案）

1．総合型クラブの明確なイメージ
中学校区程度，指導者の配置，会員目標，自主財源率，常勤スタッフなど，登る山を示すことが必要である。

2．クラブマネジャーの職域化
「お金，人材，施設等をやりくりする」クラブマネジャーの雇用を促進する。身分を安定させることが，総合型クラブの組織基盤の強化につながる。

3．拠点施設の確保～指定管理者制度～
住民の視点に立って施設の管理運営を行う「地域の担い手」として，総合型クラブの力量を向上させなければならない。

4．財政的な自立
補助金や助成金を頼りに低すぎる会費を設定してしまうと，運営に支障を来す恐れがある。適正な会費設定と会費以外の多様な財源確保に努めたい。

5．エキスパートの養成
特定の種目の指導者だけではなく，高齢者や介護，子どもの体力向上，エコ・スポーツなどに対応したエキスパートを養成しなければならない。

6．学校運動部改革
学校とクラブがお互いの強みと弱みを補完し合い，将来的には学社融合，活動主体を学校から学校も含めた地域社会に移していくことが望ましい。

7．大学やプロスポーツとの連携
大学やプロスポーツと連携した事業を行うことにより，総合型クラブの活発化と競技力向上を図ることにつながる。

8．スポーツを超えた総合施策
スポーツのみならず，健康・医療，教育，高齢者福祉，生涯学習，都市計画，地域づくりなど，スポーツを超えた総合施策として展開される必要がある。

9．広域スポーツセンターの自立化
広域スポーツセンター事業の縮小がみられる。今後，広域圏の総合型クラブをネットワーク化する広域スポーツセンターの役割の明確化と自立化への道を探る必要がある。

10．評価システムの確立
総合型クラブづくりの成果を測定する共通の「ものさし」が必要である。会員の満足度だけではなく，地域住民の満足度を高めることができたかどうか。

はなく、悩みや課題を抱えているクラブも多いというのが現状である。地域に根差し自立した活動を行うためには、地域にある資源をいかに有効に活用するかといったマネジメントの視点、さらには、これまでのスポーツ少年団、学校、地区体育協会、行政等がそれぞれ別個に取り組むのではなく、住民の目線に立った組織横断的なネットワークの形成が欠かせない視点といえるであろう。

[註]

(1) 予算規模は、二〇〇四年（八億円）、二〇〇五年（一三億六千万円）、二〇〇六年（一〇億二四〇〇万円）。

(2) 平成の大合併の直前（一九九九年三月）に三、二三二だった市町村の数は、二〇〇六年三月には一、八四三へと減少した。

(3) ドイツでは以下がある。Jütting, D. H., "Social Capital and Sports Club", 2nd World Congress of Sociology of Sport, German Sports University Cologne, 2003. 日本では、小林和子、原田宗彦「地域社会におけるソーシャル・キャピタルと運動・スポーツ活動参加」日本体育・スポーツ経営学会第二九回大会号、二〇〇六年。前場裕平、野崎武司「ソーシャル・キャピタルがコミュニティネットワークに及ぼす影響」日本体育・スポーツ経営学会第二八回大会号、二〇〇五年などがある。

(4) 内閣府国民生活局市民活動促進課「ソーシャル・キャピタル―豊かな人間関係と市民活動の好循環を求めて」二〇〇三年六月。パットナムは、二〇〇〇年の著書Bowling Alone (Putnam, R. D., *Bowling Alone: The Collapse and Revival of American Community*, Simon & Schuster, 2000.) において、地域のボーリングクラブには加入せず、一人で黙々とボーリングをしている孤独なアメリカ人の姿を象徴として、アメリカにおける「ソーシャル・キャピタル」の衰退状況を分析した。

# 第7章　スポーツの組織とその論理

杉浦善次郎

## 1. スポーツの集団と組織

### ■スポーツ組織の成立

スポーツを特徴づける重要な性格の一つは、優劣や勝敗を競うものであるという点である。優劣や勝敗を競うための主な方法がゲームであり、ゲームを行う機会や場として競技会が開催される。ゲームや競技会を開催するためには、審判を含む参加者の間でルールが統一されていなければならない。競技が普及するにつれて参加者が増加し、ゲームや競技会が数多く実施されるようになると、さまざまなルールを逐一話し合いで決めることは困難になる。そこで一部の代表者が規程を策定し、他の参加者はこれに従うことが求められるようになる。ここにそのスポーツの展開に関して、統括機能を有する組織が誕生する契機が生ずる。言い換えると、このようにして制定された各種の規程に従うスポーツ集団の集合体がスポーツ組織であるといえる。したがってスポーツ組織とは、スポーツに関する特定の目標を持つ複数の個人や集団によって構成され、それらを統括・統制する機能を持った組織体であると定義することができる。

統一されたルールに従う集団の出現は、競技に関するすべての事項を一定の地理的な範囲で正当化する。ルールに従うことで競技会への参加資格が保障され、そこでの成績は、競技力の結果を示す正当なものとされる。競技会に参加する集団は、一定の地理的範囲に限定されることから、必然的に地理的・地域的に限定された組織が成立し、各地の同様な組織が連合することによって全国的な組織の結成に至るのである。

## ■スポーツ組織の構造

スポーツ組織といった場合、日本○○協会や日本○○連盟といった種目別の競技団体や都道府県・市町村の体育協会などを思い浮かべるであろう。愛好者の集まりであるクラブやサークルは、その規模すなわち人数や役割分担等でみるかぎり、組織というよりも集団と表現した方が適切であるように思われる。ところが、実業団などの企業チームは、その人数の多寡にかかわらず、会社のなかの一組織として制度化されており、これは学校の運動部も同様である。また、近年各地に設立されている総合型地域スポーツクラブも内部にさまざまな部門を擁して一つの組織となっている。

集団とは、複数の人々の間に規則性と持続性のある相互行為や相互関係があり、さらにある程度共通の志向が分有されている状態をいい、組織とは、特定の諸目標を達成するために、諸個人や専門分化した諸集団の活動を動員するシステムをいう。つまり相互作用や相互行為に着目した場合には、それを集団と捉え、役割や制度に焦点を当てた場合は組織と捉えることができる。現実的には整備された組織を持つ集団を団体と呼んでいることから、競技者・審判・指導者やその集まりであるクラブやチームといったスポーツ集団を統括し、統制する団体をスポーツ組織と捉えることが一般的である。

スポーツの普及振興に関する歴史が浅い我が国の場合、スポーツ組織の多くは、地方組織が整った後、その集合体として全国組織が結成されるというわば下から上へ積み上げながら作られたものは少数である。いくつかの地方団体で全国組織を結成したところもあるが、大部分は全国組織を作り、そこから各地に普及を図りつつ、地方組織を結成したものが多い。特に国際大会への代表派遣のために全国規模ではない「全国組織」を結成することは、普及が進んでいない競技ではよくみら

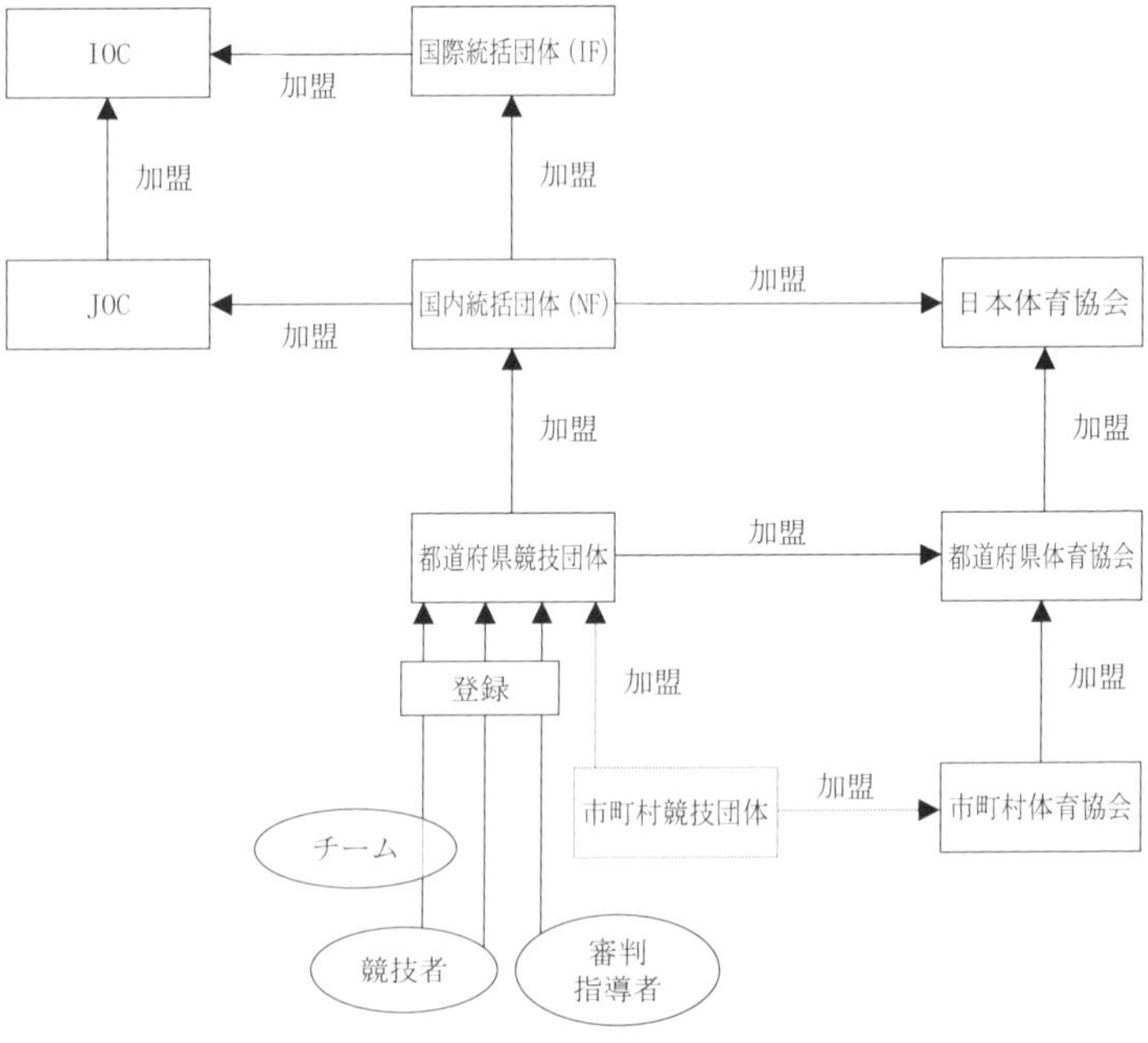


図1　スポーツ組織の相互連関

れるところである。我が国のスポーツ団体の関連を示すと図1のようになる。

■スポーツ組織の法的性格

都道府県競技団体や中央競技団体、市町村および都道府県体育協会などのスポーツ組織の多くは、民法に定められた「法人」である。法人とは自然人以外で法律上の権利義務の主体とされているもので、社会的活動の単位となっている組織体について権利能力を持たされたものである。すなわち、ある組織が一定の法律的要件を満たした場合に、法律上は個人と同様に権利を行使することができ、義務を負うのである。

一定の共同目的を持った人の集まりに権利能力を認めたものが社団法人であり、一定の目的のために提供された財産の集合に権利能力を認めたものが財団法人である。社団法人には営利社団法人（会社）、公益社団法人、中間法人がある。営利目的の財団法人は認められないため、財団法人はすべて公益法人である。財団の基本的な事項は財団法人の場合は寄付行為に、社団法人では定款に定められている。

## 2. スポーツ組織の実際

■中央競技団体

(1) 組織の目的と事業　中央競技団体は、国内的にはその競技を統轄し、対外的には日本を代表する団体である。これらは通常「日本○○連盟」「日本○○協会」等と称し、多くが法人格を有している。中央競技団体の主な目的はその競技の普及振興であり、そのためにさまざまな事業を展開している。一例として、ある競技団体の寄付行為では、目的と事業を表1のように定めている。

**(2) 組織構成**　中央競技団体は、都道府県単位に組織された地方競技団体、大学（学連）、高等学校（高等学校体育連盟専門部）、中学校（中学校体育連盟専門部）といった各種の学校体育団体、社会人（実業団）団体によって成り立っており、これらを加盟団体と呼んでいる。また、競技によっては、さらに種目別や競技者の属性別に組織された全国規模の団体などが加盟していることもある。

中央競技団体の内部には、理事会、監事、評議員会、事務局、各種委員会等が組織されている。これら内部組織の構成、担当者の選任方法と職務、任期等は寄付行為や定款で定められている。

**(3) 役員と事務局**　中央競技団体では

表1　寄付行為の目的と事業の例

財団法人日本○○協会　寄付行為
第2章　目的および事業

（目的）
第4条　この法人は我が国における○○界を統括し，代表する団体として，○○の普及振興を図り，もって国民の心身の健全な発展に寄与することを目的とする

（事業）
第5条　この法人は，前条の目的を達成するために次の事業を行う。
(1) ○○に関する技術の調査研究
(2)　〃　講習会の開催および指導者の育成
(3)　〃　地域グループの育成
(4)　〃　全日本選手権大会の開催およびその他の競技会の開催
(5)　〃　国際競技会に対する代表参加者の選考および派遣ならびに外国からの選手等の招聘
(6)　〃　競技規則およびアマチュア規定の制定
(7)　〃　審判員，トレーナー，コーチの資格の認定
(8)　〃　用具の認定
(9)　〃　機関誌ならびに刊行物の発行
(10) 国際○○連盟に対して，日本の○○界を代表して加盟すること
(11) 財団法人日本体育協会に対して，○○界を代表して加盟すること
(12) その他，本会の目的を達成するために必要な事業

その組織を運営するために理事、監事、評議員が選任されており、このうちの理事と監事を役員と称する場合が一般的である。

理事は団体の業務執行を担う役員であり、理事によって構成される理事会は執行機関である。理事の選出方法としてはいくつかの方法があり、それぞれの団体によって、評議員のなかから選出する、評議員会が適任者を選任する、理事や加盟団体から推薦された者を評議員会の議を経て任命するなどの方法がとられている。またその団体の運営に必要とされる者を、学識経験者として会長や理事会の指名によって理事に任命する制度も多くの団体が備えている。中央競技団体は加盟する各団体の連合体であって個人の集合ではないため、会員から立候補者を募って投票で選ぶことはない。会長、副会長、専務理事、常務理事等は、理事のなかから選ばれる。ただし、理事の互選とするところや、評議員会が理事のなかから選ぶところもあるなど、団体によって選出手続きは異なっている。日常的な業務を処理する常勤の役員を専務理事や常務理事とする場合が多く、他の理事は、会長を含めて非常勤であることが一般的である。

監事の業務は、団体の財産の状況と理事の業務執行が適正であるかについて監査し、その結果を評議員会や理事会に報告することである。すなわち団体の運営に関して責任を持つ理事がその職務を適切に遂行しているかどうか、さらにその結果としての団体の財産状況がどのようになっているかについて、評議員や加盟団体に代わって、監督し検査する監査機関である。理事の職務執行に対するチェック機関であるため、監事の選任には理事会を関与させず、評議員会で選任することが通例である。

評議員会は審議機関であり、その主な業務は、競技団体の運営に関して執行機関である理事会が提案する予算案や事業計画案を審議すること、監事の報告に基づいて決算や事業報告について意見を述べ承認すること、理事や監事を選任することなどである。評議員の選任方法としては、加盟団体の推薦者が自動的に就任する、推薦者のなかから理事会が任命するなどの方式がある。また、その団体に関係が深い組織の関係者や、専門的な知識を有する学識経験者からも選ばれている。

理事、監事、評議員の選任方法や職務の詳細は、団体間で多少の違いがあるが、相互に互いの選任と業務遂行を確認し合うシステムとなっている。これをまとめると、図2のようになる。

競技団体の日常的な業務は、事務局が担当する。事務局員の多くは常勤の被用者である。その人数は団体の予算規模や業務内容に依存するが、決して多くはない。事務局の責任者である事務局長には、常勤の常務理事や専務理事が充てられることが多い。

**(4) 専門委員会**　競技団体では専門的な事項について詳細を決めたり、実務を遂行したりする組織として専門委員会を設けている。団体によっては、委員会、部会、専門部会といった名称を用いる場合もある。どのような委員会を設けるかは、競技の特性や団体の性格によるが、総務、競技規則、審判、普及、強化を担当する委員会は、ほとんどの団体で組織されている。一例として、ある競技団体の寄付行為では専門委員会とその処理する事項を表2のように定めている。

委員会の設置と業務は、寄付行為や定款に定められていることが多いが、その

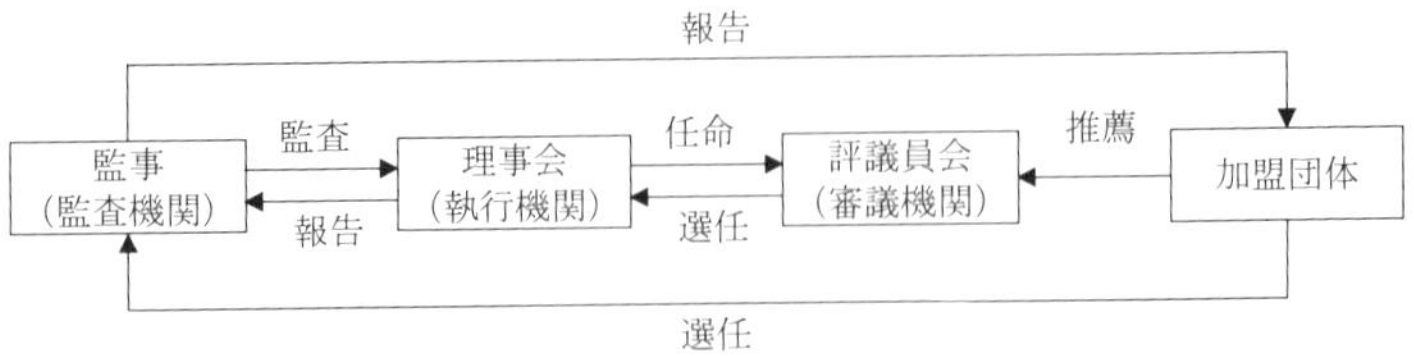


図2　役員および評議員の関係

運営や委員の選任方法と職務の詳細については、それぞれの委員会の運営に関する規則を別途に定めることが通例である。これは、委員会が、その時々の社会情勢や競技を取り巻く状況に応じて機動的に業務を遂行することが求められるからである。寄付行為や定款の変更には、理事会および評議員会の議決と主務大臣（スポーツに関係する団体の多くは文部科学大臣）の認可が必要であり、手続きに時間を要する。したがって、団体内で改正が可能な規則とするのである。なお、規則の制定改廃については、通常は理事会の議決が必要である。

専門委員会の委員には、その競技の関係者から適任の者が選任される。ただし、専従者として団体から給与の支給を受ける者はきわめて少なく、本業の傍ら団体の業務も行っている。したがって、スポーツ指導が主な職務である教員や実業団の指導者あるいは自治体職員などが多くなっている。

## ■地方競技団体

国民体育大会をはじめとして、日本における全国レベルの競技会の多くは、都道府県単位で代表選手を選考し派遣するため、都道府県競技団体は選手登録、選考のための競技会の運営などにおいて、実務の

表2　寄付行為で定める委員会（例）

| 委員会名 | 処理する事項 |
|---|---|
| 総務委員会 | 庶務，経理等に関する事項 |
| 指導普及委員会 | 指導普及，調査研究に関する事項 |
| 強化委員会 | 選手の強化育成，技術の向上等に関する事項 |
| 競技委員会 | 競技会の開催，競技者の登録等に関する事項 |
| 審判規則委員会 | 審判員の養成，資格の認定ならびに競技規則の研究，改変等に関する事項 |
| アマチュア委員会 | 役員ならびに登録競技者のアマチュア資格等に関する事項 |

多くを担っている。また団体によっては、下級レベルの審判員や指導者の養成と研修も行っている。

中央競技団体に加盟する都道府県競技団体は、冬季競技を除いて、おおむね四七都道府県のすべてにおいて組織されている。団体の規模は競技によって大きな差があるが、これは主として競技人口によるものである。法人格を有するところは少数であるが、役員や評議員、各種委員会といった内部組織の構成と運営については、財団法人や社団法人である中央競技団体に準じた体制を整えている。

都道府県競技団体には、市町村競技団体や都道府県の学校体育団体および社会人の団体等が加盟しているが、地域の実情に応じて、さまざまな組織や団体が加わっているため、同一競技においても都道府県ごとに違いがみられる。

都道府県競技団体の事務局の多くは、個人宅や担当者の勤務先、公共スポーツ施設や教育委員会事務局、競技に関係する企業等に置かれており、事務局専用の部屋を賃借するなど独立したスペースを確保し、さらに専従者を雇用するといった事務局体制を備えた団体はきわめて少数である。

市町村における競技団体の組織化は、人口が多い、したがって競技者数も多い都市部や、専用の競技施設を備えていたり競技に適した自然環境を有していたりするような地域の他にはさほど進んでいない。また、任意団体としての組織は存在していても、大会などの行事運営が主な活動となっており、日常的な組織活動は行っていない場合も多い。都道府県競技団体のなかには、市町村競技団体を加盟団体としておらず、いくつかの自治体ごとに支部を組織している場合もある。

## ■地方体育協会

### (1) 都道府県体育協会

都道府県体育協会は、都道府県内のスポーツ団体の統轄団体であり、当該地域におけるスポーツの振興と住民の体力の向上を図ることを目的としている。都道府県体育協会は、財団法人または社団法人であり、寄付行為や定款によって目的、事業、そして組織構成の大綱が定められている。表3はN県の体育協会の寄付行為に定められた目的と事業である。

都道府県競技団体、市町村体育協会、都道府県内の学校体育団体、社会人（実業団）団体、およびその他の団体等によって組織されている。

理事、監事、および評議員の職務と選出方法などは、おおむね中央競技団体と同じシステムになっている。表4はN県の体育協会役員をその選出区分でまとめたものである。会長を県知事の職にある者にする、法人としての所在地を自治体のスポーツ施設や県庁とする、日常業務を掌る専務理事・常務理事にスポーツ行政に長く携わった元公務員を任用するなど、人的・物的側面において都道府県の体育・スポーツ行政ときわめて密接な関係にある。この他にさまざまな関係者を顧問や参与とすることも多い。ただし、これらの地位は役員とは異なり、協会の運営について意志決定をしたり責任を負ったりする地位ではなく、名誉職に近いものであるが、都道府県内の多方面からの協力を得やすくするために用いている制度であるといえる。

都道府県体育協会も各種の委員会を組織している。N県体育協会では総務、財務、競技力向上、生涯スポーツ、スポーツ医科学の五つの委員会を組織している。

### (2) 市町村体育協会

市町村体育協会は、市町村内のスポーツ団体の統轄団体であり、当該地域におけ

表3　N県体育協会における寄付行為の目的と事業

| |
|---|
| 財団法人N県体育協会　寄付行為<br>第2章　目的および事業 |
| （目的）<br>第3条　この法人は，スポーツを振興して県民体力の向上を図り，スポーツ精神を養うことを目的とする。 |
| （事業）<br>第4条　この法人は，前条の目的を達成するために，次の事業を行う。<br>(1) スポーツ振興に関する基本方針を確立すること。<br>(2) 競技スポーツの振興と競技力の向上に関すること。<br>(3) 生涯スポーツの振興と健康・体力の維持増進に関すること。<br>(4) 加盟団体の強化発展と相互の連絡ならびに連携に関すること。<br>(5) 国民体育大会ならびに各種スポーツ大会へ選手を派遣すること。<br>(6) スポーツ指導者等の養成に関すること。<br>(7) 各種スポーツ大会，講習会等を開催し，または協力すること。<br>(8) スポーツ少年団を育成すること。<br>(9) スポーツ情報の収集・提供を図り，広報・啓発活動を行うこと。<br>(10) スポーツ医科学に関する調査・研究およびその振興に関すること。<br>(11) スポーツに関する功労者，優秀競技者等を表彰すること。<br>(12) その他本会の目的を達成するために必要な事業を行うこと。 |

表4　N県体育協会の組織

| | |
|---|---|
| 会長（1名） | 県知事 |
| 副会長（3名） | 市町村体協会長2名，地元企業の代表取締役会長1名 |
| 専務理事（1名） | 常勤 |
| 常務理事（1名） | 常勤 |
| 理事（18名） | 競技団体9名，市町村体育協会5名，学校体育団体2名，企業スポーツ団体1名，学識経験者（大学教員）1名 |
| 監事（3名） | 競技団体，市町村体育協会，学識経験者各1名 |

るスポーツの振興と住民の体力向上を図ることを目的とし、ほぼすべての市町村において組織されている。市町村競技団体、市町村内の学校体育団体、社会人（実業団）団体、およびその他の団体によって組織されており、都道府県体育協会の小型版ともいえる組織体制である。

市町村体育協会の多くは、法人格を有しない任意団体である。一例として、N県体育協会に加盟する五九市町村体育協会についてみると、財団法人二団体、NPO法人一団体で、これ以外の五六協会は法人格を有していない。しかしながら、役員および評議員の選任や専門委員会の設置等については、会則等に基づいて、おおむね都道府県体育協会と同様の形式を整えている。

市町村体育協会が小規模で法人格を有していないということは、組織としての形式面は整っていても、団体としての実態がきわめて乏しいことの表れである。市町村体育協会と市町村の体育・スポーツ行政とは、ほとんど一体化しているといえる場合が多い。このことは、役員体制と事務局体制に明確に表れている。財団法人となっているN県N市体育協会について役員の選出母体をみると、会長は学識経験者であり、四名の副会長のうち一名はN市教育委員会教育部長が就任し、さらに日常的に業務を遂行する常務理事にはN市教育委員会スポーツ振興課長が就いている。また、三名の監事のうち一名はN市会計課参事（会計課長事務取扱）である。これらはその職にある行政職員が自動的に充てられているのである。また、市町村体育協会の所在地の多くが教育委員会事務局や教育委員会が所管するスポーツ施設である。ちなみにN県では五九市町村体育協会の所在地は、すべて教育委員会事務局、もしくは市町村のスポーツ施設である。

従来から指摘されてきたことであるが、市町村体育協会はその組織としての実態は乏しく、事業の実施において名目上の必要性のために存在しているという面がきわめて大きいといえる。

## 3. これからのスポーツ組織

### ■スポーツライフスタイルのモデル

我々が生活する現代社会には、さまざまな組織が存在し、人々は多数の組織に重層的に所属している。現代社会は組織社会であり、組織の複合体であるということもできる。社会が組織によって成り立っている以上、社会の特徴はそれを構成するさまざまな組織の構造的・機能的な関わり方によって規定されることになる。もちろん社会の特徴は、組織によって一方的に規定されるだけではない。社会の側からも内部の各組織の性格を規定しようとする力が働く。すなわち、社会とその構成要素である組織とは、同時的かつ相互に影響を及ぼし合う関係にある。

全体社会を構成する一要素であるスポーツの社会についても、同じことがいえる。スポーツの社会はさまざまなスポーツ組織から構成されており、個々のスポーツ組織の性格がその連合体としてのスポーツの社会の特徴を規定すると共に、そのことを通じてスポーツの社会を包含するさらに上位の全体社会のあり方にも影響を与える。と同時に、全体社会の側からもスポーツの社会を通じてそのなかに含まれるスポーツ組織の性格を規定する作用が働くのである。

我が国におけるスポーツ組織の多くが、選手派遣のための代表選考と競技会開催に重点を置き、行政機関と一体となって活動を展開し、その結果として組織化に際しては上から下へ、中央から地方へという流れを形成してきたのは、スポーツが明治期に学校教育の一つとして導入されたという我が国の歴史的・社会的事情に依存する。そこでのスポーツは、青少年の心身を鍛錬する手段として、あるいは社会的エリートである大学生のなかのさらにごく一部の者の活動として理解され、成人を含めた国民の生活文化に資するものであるという認識はほとんど存在しなかった。

このような社会状況のもとに誕生した日本のスポーツ組織は、各種組織の連合体として成立し活動を展開してきたのであり、スポーツを愛好する者が直接参加するものではなかった。個々人は登録や認定によって、競技者や審判や指導者としての正当性を認められる存在ではあっても、スポーツ組織の活動に参画する立場にはない。そして、スポーツ組織では長い間、スポーツに費やす時間のほぼすべてを一つの競技の能力向上に励むという、いわば道を究める修行的な態度をスポーツライフスタイルのほとんど唯一のモデルとして、組織の機能が設計されていたのである。

社会の発展に伴ってスポーツに対する人々の欲求が多様化すると、競技者という単一のモデルを基準にしている従来のスポーツ組織では、その多様な欲求の受け皿としての役割が果たせなくなる。従来の組織にも機能分化や多様化の必要性が生ずるが、十分に対応できない状況になると、特定の目的や機能を担う別の組織が成立するようになる。多くの人々にとって、スポーツ活動とは、自由時間の大部分を、ただ一つの競技のための練習に充てるというスタイルで行うものではない。人々は所有する時間と消費できるエネルギーをさまざまな活動に振り分けているのであり、言い方を変えると従来のスポーツ組織が想定し得なかった多様なスタイルを展開しているのである。

## ■組織目標と成長戦略

今後の社会の変化やそこにおける人々の多様なスポーツ欲求にスポーツの組織が対応できるのか、どのように対応すべきか、この課題に対応するスポーツ組織の組織目標の第一は、これからのスポーツライフスタイルのモデルを提示することである。一つの競技に打ち込む競技者モデルから、さまざまなスポーツをシーズンに応じて楽しむ一般のスポーツ愛好者を想定した新しいモデルを提案することがまず必要である。

次に、このモデルにおいて、スポーツ組織の役割をどう位置づけていくかということが課題になる。人々が自身に適したスポーツライフスタイルを確立させるために、そしてそれを支えるために、スポーツ組織には何が求められているか、何ができるのか、何を備えなければならないか、といった点を明確にすることである。ここから、組織としての具体的な行動課題を導くことができる。

第三に、自らの組織の成長戦略をどう描くかという課題がある。多様なスポーツライフスタイルに対応した事業を継続して実施する主体としての、組織のあるべき姿を達成目標として具体化することで、組織体制の整備事項が明確化する。

スポーツ組織の意志決定と執行のシステムは、理事会の提案を評議員会が審議承認することで進められることが一般的である。審議機関である評議員会では、執行機関である理事会の提案について、賛否の議決と意見表明を行うことが原則である。したがって、スポーツ組織の将来にとって、執行機関である理事会における事業の構想と企画の力量が重要である。しかしながら、理事の大半は非常勤であり、常勤の専務理事や常任理事においては日常業務の処理が優先される。事業の具体案については、その多くが委員会においてまとめられるが、委員もまた他に本業を持ちながら活動しているのが実情である。このような状況では、事務局スタッフの充実が重要になってくる。スポーツ組織の事業を企画立案することに加えて、その組織を成長を目指す事業体として捉え、その成長戦略を考案する起業家的アイデアを備えることがスタッフに求められる。

近年、各地で総合型地域スポーツクラブが作られている。地域住民が主体となったものや、実業団チームが独立してクラブチームとなったものがある。これらは、競技団体等との比較においてはスポーツ組織というよりスポーツ集団として捉えられる。しかし、この捉え方はあくまでも相対的なものである。現実には、クラブ内部に一定の役割分担の体制を有したスポーツ組織であり、クラブという組織を存続させ、発展させるための方法を模索している。すなわち一つの事業体である。これら総合型地域スポーツクラブと既存スポーツ組織との接点は、地域のスポーツ行政にとっても大きな課題である。

多くのスポーツ組織の寄付行為や定款には、自らの目的としてその競技の普及振興や国民の体力の向上を通じた社会貢献が掲げられている。これを達成するには、社会状況からスポーツ組織に求められる課題を見つけ出すことで需要を開拓し、適切な事業を供給することを通じて組織の機能を多様化していくことが求められる。

〔参考文献〕


・岡上雅美、門広乃里子、船尾章子、降矢順子、松田聰子『法学入門』不磨書房、一九九八年
・小林幸一郎、梅澤正『組織社会学』サイエンス社、一九八八年
・森川貞夫、佐伯聰夫編『スポーツ社会学講義』大修館書店、一九八八年

# 第8章　障害者スポーツというフィールド

藤田紀昭

ここではスポーツの実践フィールドの一つとしての障害者スポーツの世界について述べる。近年、新聞やテレビを通じて障害者スポーツは広く知れわたるようになった。しかし、指導やスポーツ体験を通して実際にこの世界に触れたことのある人は、体育・スポーツ関係者といえども少ないと推察される。

本章ではまず、障害者スポーツの世界の変遷に関して、その特徴について触れる。次に、実際の障害者スポーツの世界について、競技スポーツに従事している人と、重度障害児・者のダンスサークルの事例を挙げて紹介する。そして最後に、障害者スポーツというフィールドから提言できるスポーツの新たなパースペクティブについて言及する。

障害者スポーツが特別なスポーツではないこと、新たなスポーツの楽しみ方を秘めた魅力的な世界であり、身近な存在として理解していただくことが目的である。

## 1．障害者スポーツというフィールドの変遷

日本における障害者スポーツの記録としては一九五一（昭和二六）年、東京都の身体障害者のスポーツ大会が最初である。その後一九六四（昭和三九）年東京、および一九九八（平成一〇）年長野の二回のパラリンピック国内開催を経て、現在に至っている。我が国の障害者スポーツの約半世紀に及ぶ歴史を四期に分け、障害者スポーツの世界の変遷について、その特徴を述べる。

**■障害者スポーツの基盤形成期**（一九五一年〜一九七五年）

表１にある通り、国レベルで障害者スポーツが認識されるのは一九六二（昭和三七）年の国際ストーク・マンデビル競技大会への参加からである。参加選手は二名だった。出発前には首相官邸で壮行会も開かれた（中村太郎『パラリンピックへの招待』岩波書店、二〇〇二年）。この年、東京でのパラリンピック開催を目的に㈶国際身体障害者スポーツ大会運営委員会が設立された。そして、一九六四（昭和三九）年にはパラリンピック東京大会（当時の名称は第一三回国際ストーク・マンデビル競技大会）が開催された。この大会には、一部国際大会（対麻痺者で車椅子利用者が参加）と、二部国内大会（視覚障害、聴覚障害、対麻痺、切断等の障害のある人が参加）があった。

先述の運営委員会は、大会の翌年一九六五（昭和四〇）年に解散したが、その財産を引き継ぐ形で㈶日本身体障害者スポーツ協会が設立された。二部として開かれた国内大会は、全国身体障害者スポーツ大会

表1　障害者スポーツ年表

| | | |
|---|---|---|
| 1960（S 35） | 第1回パラリンピック夏季競技大会開催<br>（イタリア・ローマ） | 日本選手団<br>派遣なし |
| 1962（S 37） | 国際ストーク・マンデビル競技大会（イギリス）<br>日本初参加 | 以後毎年参加 |
| 1963（S 38） | 身体障害者体育大会山口大会開催<br>国際身体障害者スポーツ大会参加（フランス） | |
| 1964（S 39） | 第2回パラリンピック夏季競技大会開催（東京都） | |
| 1965（S 40） | 第1回全国身体障害者スポーツ大会開催（岐阜県） | 以後毎年開催 |
| | 財団法人日本身体障害者スポーツ協会設立 | |
| | 第10回世界ろう者競技大会（アメリカ・ワシントン） | 日本初参加 |
| 1966（S 41） | 第2回国際身体障害者スポーツ大会開催（フランス） | |
| 1967（S 42） | 第1回ろうあ者体育大会開催（東京都） | 以後毎年開催 |
| 1968（S 43） | 第3回パラリンピック夏季競技大会開催<br>（イスラエル・テルアビブ） | 日本初参加 |
| | 第6回世界ろう者競技大会<br>（西ドイツ・ベルヒスガーデン） | |
| 1969（S 44） | 第11回世界ろう者競技大会開催<br>（ユーゴスラビア・ベオグラード） | |
| 1970（S 45） | 第1回日本車椅子バスケットボール選手権大会開催 | 以後毎年開催 |
| 1972（S 47） | 第4回パラリンピック夏季競技大会<br>（西ドイツ・ハイデルベルグ） | |
| | 第1回全国身体障害者スキー大会開催 | 以後毎年開催 |
| 1973（S 48） | 第1回全国身体障害者アーチェリー選手権大会開催 | 以後毎年開催 |
| | 全国身体障害者スポーツ大会に盲人野球競技加入 | |
| | 第12回世界ろう者競技大会開催<br>（スウェーデン・マルメ） | |
| 1974（S 49） | 大阪市身体障害者スポーツセンター開設 | |
| 1975（S 50） | 第1回フェスピック大会開催（大分県） | |
| | 第8回世界ろう者冬季競技大会開催<br>（アメリカ・レイクプラシッド） | |
| 1976（S 51） | 第1回パラリンピック冬季競技大会<br>（スウェーデン・エーンシェルドスピーク） | 日本初参加 |
| | 第5回パラリンピック夏季競技大会開催<br>（カナダ・トロント） | |
| 1977（S 52） | 第13回世界ろう者競技大会開催<br>（ルーマニア・ブカレスト） | |
| | 第2回フェスピック大会開催<br>（オーストラリア・パラマッタ） | |

| | | |
|---|---|---|
| 1979（S 54） | 第１回日本チェアスキー大会開催 | 以後毎年開催 |
| | 第９回世界ろう者冬季競技大会<br>(フランス・メリベル) | |
| 1980（S 55） | 第２回パラリンピック冬季競技大会開催<br>(ノルウェー・ヤイロ) | |
| | 第６回パラリンピック夏季競技大会開催<br>(オランダ・アーヘン) | |
| 1981（S 56） | 第１回大分国際車椅子マラソン大会開催（大分県） | 以後毎年開催 |
| | 第１回日本肢体不自由者卓球大会開催 | 以後毎年開催 |
| | 第 14 回世界ろう者競技大会開催（西ドイツ・ケルン） | |
| 1982（S 57） | 第３回フェスピック大会開催（香港・沙田） | |
| | 第１回全国盲人マラソン小田原大会開催（神奈川県） | 以後毎年開催 |
| | 全国身体障害者スポーツ大会にバレーボール競技（聴覚）加入 | |
| 1983（S 58） | 第 10 回世界ろう者冬季競技大会<br>(イタリア・マドンナ) | |
| 1984（S 59） | 第３回パラリンピック冬季競技大会開催<br>(オーストリア・インスブルック) | |
| | 第７回パラリンピック夏季競技大会開催<br>(アメリカ・ニューヨーク/イギリス・ストークマン) | |
| | 第１回日本車いすテニス競技大会開催（神奈川県） | |
| 1985（S 60） | 第 15 回世界ろう者競技大会開催<br>(アメリカ・ロサンゼルス) | |
| 1986（S 61） | 第４回フェスピック大会開催<br>(インドネシア・スラカルタ) | |
| | 第１回全日本視覚障害者柔道大会開催（東京都） | 以後毎年開催 |
| | 第１回日本車椅子ツインバスケットボール選手権大会開催 | 以後毎年開催 |
| 1987（S 62） | 第 11 回世界ろう者冬季競技大会開催<br>(ノルウェー・ホルメンコーレン) | |
| 1988（S 63） | 第４回パラリンピック冬季競技大会開催<br>(オーストリア・インスブルック) | |
| | 第８回パラリンピック夏季競技大会開催<br>(韓国・ソウル) | |
| 1989（H 1） | 第５回フェスピック大会開催（神戸） | |
| | 第 16 回世界ろう者競技大会<br>(ニュージーランド・クライストチャーチ) | |
| | 第１回日本身体障害者水泳選手権大会開催 | 以後毎年開催 |
| 1990（H 2） | 第１回視覚ハンディキャップテニス大会開催 | 以後毎年開催 |

| | | |
|---|---|---|
| 1991（H 3） | 第 12 回世界ろう者冬季競技大会開催<br>（カナダ・バンフ） | |
| | '91 ジャパンパラリンピック陸上・水泳競技大会開催 | 以後毎年開催 |
| | 第 1 回日本身体障害者陸上競技選手権大会開催 | 以後毎年開催 |
| | 第 1 回日本身体障害者バドミントン選手権大会開催 | 以後毎年開催 |
| 1992（H 4） | 第 5 回パラリンピック冬季競技大会開催<br>（フランス・アルベールビル） | |
| | 第 9 回パラリンピック夏季競技大会開催<br>（スペイン・バルセロナ） | |
| 1993（H 5） | ジャパンパラリンピック大会にスキー大会加入<br>（長野県） | |
| | 第 17 回世界ろう者競技大会開催<br>（ブルガリア・ソフィア） | |
| | 第 1 回全国身体障害者野球大会開催 | 以後毎年開催 |
| 1994（H 6） | ジャパンパラリンピック大会にアイススレッジホッケー大会加入（長野県） | 以後毎年開催 |
| | 第 1 回日本身体障害者自転車競技選手権大会開催 | 以後毎年開催 |
| | 第 6 回フェスピック大会開催（中国・北京） | |
| | 第 6 回パラリンピック冬季競技大会開催<br>（ノルウェー・リレハンメル） | |
| 1995（H 7） | 長野パラリンピック冬季大会強化事業開始 | |
| | 第 13 回世界ろう者冬季競技大会開催<br>（フィンランド・ウッラス） | |
| | 第 1 回電動車椅子サッカー全国大会開催 | 以後毎年開催 |
| | IPC 総会開催（東京都） | |
| 1996（H 8） | 第 10 回パラリンピック夏季競技大会開催<br>（アメリカ・アトランタ） | |
| | パラリンピック優勝者に天皇賜杯が下賜される | |
| 1997（H 9） | 第 18 回世界ろう者競技大会開催<br>（デンマーク・コペンハーゲン） | |
| 1998（H 10） | パラリンピック冬季競技大会開催（長野県） | |
| | 障害者スポーツに関する懇談会（厚生事務次官私的懇談会）開催 | |
| | ジャパンパラリンピック大会にアーチェリー大会加入<br>（埼玉県） | |
| | 障害者スポーツ支援基金助成事業創設 | |
| | 2001 年から全国身体障害者スポーツ大会と全国知的障害者スポーツ大会を統合し開催することを決定 | |

| | | |
|---|---|---|
| 1999（H 11） | 第7回フェスピック大会開催（タイ・バンコク） | |
| | 第14回世界ろう者冬季競技大会開催（スイス・ダボス） | |
| | 第1回ウィルチェアーラグビー日本選手権大会開催 | |
| | 第1回日本ボッチャ選手権大会開催 | |
| | ㈶日本身体障害者スポーツ協会を㈶日本障害者スポーツ協会に名称変更 | |
| | 日本パラリンピック委員会創設 | |
| | 障害者スポーツ協会協議会設置 | |
| | 障害者スポーツ競技団体協議会設置 | |
| | 障害者スポーツ指導者協議会設置 | |
| 2000（H 12） | ㈶日本体育協会に加盟 | |
| | 第11回パラリンピック夏季競技大会開催（オーストラリア・シドニー） | |
| 2001（H 13） | 第19回世界ろう者競技大会開催（イタリア・ローマ） | |
| | 第1回全国障害者スポーツ大会開催（宮城県） | |
| 2002（H 14） | パラリンピック冬季競技大会開催（アメリカ・ソルトレークシティー） | |
| | 第8回フェスピック大会開催（韓国・釜山） | |
| | IPC東アジアパラリンピック委員会設立（2003年4月APCへ改称） | |
| | ㈶日本障害者スポーツ協会に科学委員会設置 | |
| | スポーツ振興くじ助成事業創設 | |
| | 世界車椅子バスケットボール選手権大会開催（北九州市） | |
| | INAS-FIDサッカー選手権大会開催（東京都，神奈川県，横浜市） | |
| | 日本アンチ・ドーピング機構加盟 | |
| 2003（H 15） | 日本スポーツ仲裁機構の設立 | |
| | 第15回冬季デフリンピック開催（スウェーデン・スンツバル） | |

注）㈶日本障害者スポーツ協会『障害者スポーツの歴史と現状』2004年，59頁より一部修正して引用

として一九六五（昭和四〇）年から国民体育大会の後に同地で開催されるようになった。その後、日本身体障害者スポーツ協会と全国身体障害者スポーツ大会が我が国における障害者スポーツの普及に果たした役割は大きい（総理府編『平成9年版障害者白書生活の質的向上を目指して』一九九七年）。

この時期には、他にも日本の障害者スポーツの発展の基礎となる出来事があった。各都道府県、政令指定都市が実施する障害者スポーツ大会に政府が予算補助するようになったのは一九六三（昭和三八）年。日本ろうあ体育協会の発足（一九六三年）、第一回ろうあ者体育大会開催（一九六七年）、第一回日本車椅子バスケットボール選手権大会開催（一九七〇年）、第一回全国身体障害者スキー大会開催（一九七二年）、第一回全国身体障害者アーチェリー選手権大会開催（一九七三年）、日本車椅子バスケットボール連盟設立（一九七五年）、アジア・オセアニア地域の障害者スポーツ普及を今日までリードしてきたフェスピック大会（極東・南太平洋身体障害者スポーツ大会）の開催（一九七五年）などである。また、一九七四（昭和四九）年に日本で初めて障害者を対象としたスポーツセンター、大阪市身体障害者スポーツセンター（現大阪市長居障害者スポーツセンター）が開設された。

このように、この時期は今日まで障害者スポーツの普及発展をリードしてきた重要な団体の組織化と設立がなされ、その基礎が作られた時期といえる。

## ■障害者スポーツ種目普及期（〜一九九〇年）

当初、脊髄損傷者のスポーツは、車椅子バスケットボールやアーチェリーなどに限られていた。その他の種目に関しての情報が少なかったことに加え、少数の種目に選手を集中させなければチームや試合が成立しないという事情もあった。しかし、一九七五（昭和五〇）年以降はさまざまな障害者スポーツが紹介され、実施されるようになる（表1参照）。障害者スポーツ関連の情報が海外からもたらされると同時に、選手も自分のスタイルや好みに合ったスポーツを実践するようになったためである。

チェアスキー、車椅子マラソン、卓球、視覚障害者のマラソン、車いすテニス、視覚障害者柔道、ツインバスケットボール、視覚ハンディキャップテニス等の大会は、この時期に開催されるようになり、現在も継続的に開催されている。各種目が普及し、競技種目の多様化が始まった時期といえる。

## ■競技志向化期（〜一九九八年）

一九九一年、長野でのパラリンピック開催が決定した。これ以降、選手強化が本格的となる。同年には競技力向上とパラリンピック大会出場のための記録公認を目的として、ジャパンパラリンピックが開催されるようになる。また、一九九五年からは長野パラリンピックに向けての冬季種目の強化事業が始まり、国内外での強化合宿が頻繁に行われるようになった。結果、我が国は一九九八年の長野パラリンピックで金メダル一二個を含む四一個のメダルを獲得した。

この時期、メディアの障害者スポーツの扱い方も変化してきた。その一つは記事の量的変化である。アトランタ・パラリンピック期間中の写真付記事数は朝日、毎日、読売、中日の四紙を合わせてもわずか一三件であった。二年後の長野パラリンピックでは、国内開催ということもあって二四三件と急増する（藤田紀昭「障害者スポーツとメディア」橋本純一編『現代メディアスポーツ論』世界思想社、二〇〇二年）。

もう一つの変化は、記事の扱われ方である。アトランタ大会中の写真付記事のうちスポーツ面に記載されたものは一五・四％、長野大会では二一・〇％と増えている。また、シドニー大会では四〇・九％であった。逆に社会面での記事の割合は五三・八％から三四・二％、二六・九％と減っている。障害者スポーツがスポーツとして認知され始めた証左である。

一九九五年には障害者スポーツ専門雑誌「アクティブ・ジャパン」（メディアワークス）が創刊された。アメリカでリハビリテーションを受け、パラリンピック出場経験もある山崎康広氏が編集長となり、「アクティブな身障者の理解と情報提供」（山崎泰広『アクティブジャパンが日本を変える！』『アクティブジャパン』第一号、メディアワークス、一九九五年三月）というコンセプトの雑誌であった。同時期に類似の雑誌「ばりあふりー」（ベースボール・マガジン社）も創刊され、障害者スポーツの情報を目にすることが多くなった。

このようにこの時期は、長野パラリンピックを目指して競技強化が行われる一方で、メディアでは障害者スポーツが多く取り上げられるようになった。そのメディアを通じて選手たちからは「自分たちをスポーツ選手としてみてほしい」との要望がなされ、メディア自体もスポーツのコンテクストで障害者スポーツを扱い始めた時期である。

## ■高度化・統合化期（一九九九年〜）

一九九八年、長野パラリンピック後、厚生事務次官私的懇談会として「障害者スポーツに関する懇談会」がもたれた。ここでは障害者が生活のなかでスポーツを障害のない人と共に楽しめるような環境整備、競技力向上のための体制づくり、そのための厚生省（当時）と文部省（当時）の連携、㈶日本体育協会や

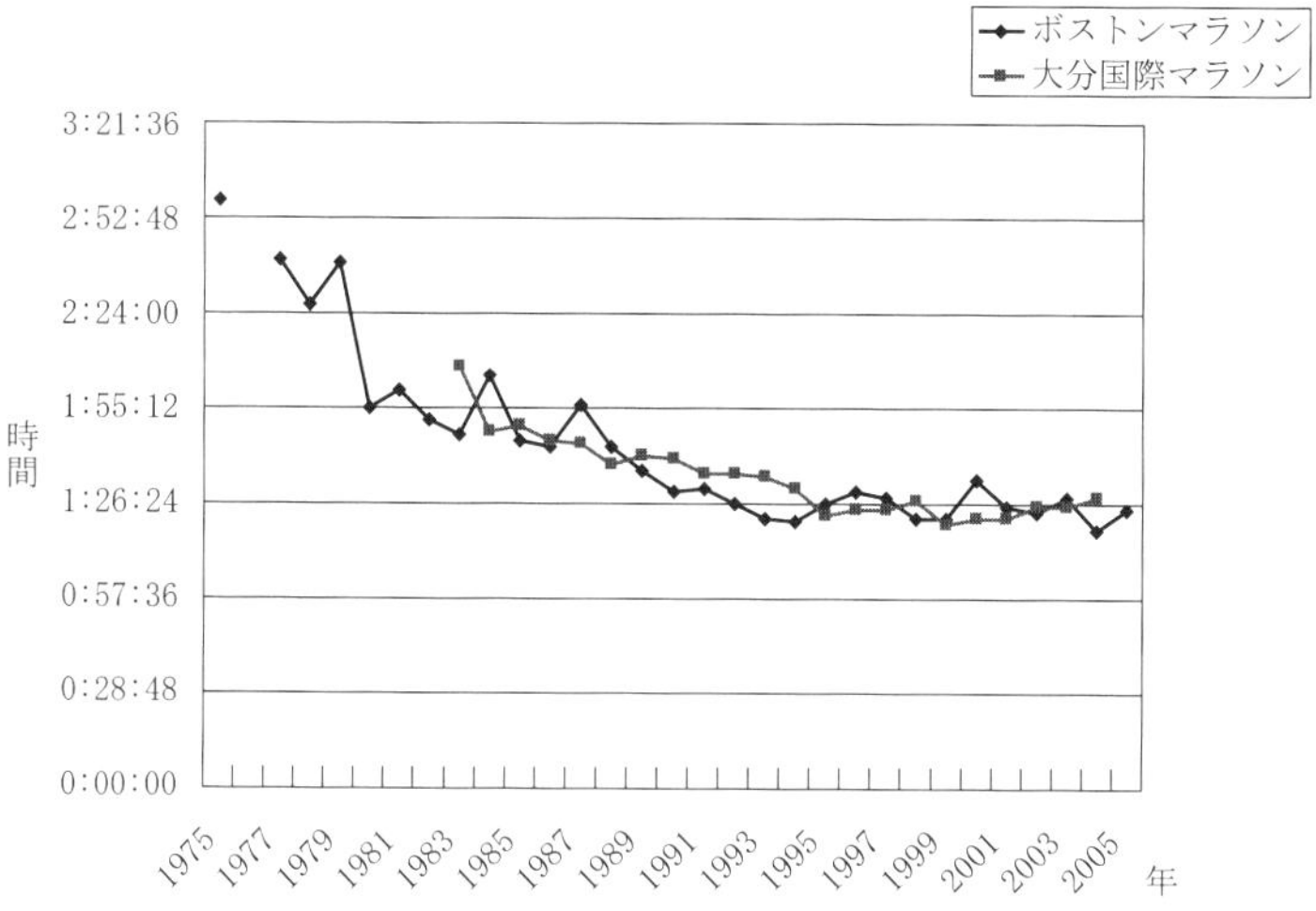


図1　車椅子マラソンの記録の変遷

㈶日本オリンピック委員会との協力体制、障害者スポーツ支援基金等の活用といった指針が示された。

翌一九九九年、㈶日本身体障害者スポーツ協会は、㈶日本障害者スポーツ協会へと改組、寄付行為の改正を行った。その後、日本障害者スポーツ協会は、身体・知的・精神障害の三障害を統合的に扱っていくことになる。選手強化の拠点組織として、日本パラリンピック委員会が設立されたのもこの年である。

二〇〇〇年には、㈶日本障害者スポーツ協会が㈶日本体育協会に加盟、二〇〇一年には、宮城県で全国身体障害者スポーツ大会と全国知的障害者スポーツ大会を統合化した第一回全国障害者スポーツ大会が実施された。

国際的には、二〇〇〇年に国際オリンピック委員会と国際パラリンピック委員会の間で正式に協定が結ばれ、オリンピック開催都市においてオリンピックに引き続きパラリンピックを開催すること、IPCメンバーからのIOC委員選出などが約束された。

これを契機にパラリンピック組織委員会は、オリンピック組織委員会が兼ねるなどの統合化が図られた。競技面でも日本陸上競技連盟の競技規則改正（二〇〇二年）により、視覚障害者が伴走者と共に陸連主催のマラソン大会等に参加可能となるなど、統合化の動きがみられた。事実、二〇〇四年の東京国際女子マラソンと大阪国際女子マラソンには、視覚障害者がガイドランナーと共に出場している。

この間、競技レベルは非常に高くなった。図1は大分国際マラソンおよびボストンマラソン（車椅子の部）の優勝者の記録である。一九九五年以降、記録的には頭打ちの状態が続いている。競技レベルが向上したことにより、記録の伸び方も小さくなったことが推測できる。こうしたなか、パラリンピックでドーピング違反者が出るなど、高度化の影も生じている。このようにパラリンピック長野大会以降は、統合化と競技の高度化が特徴的である。

## 2. フィールドの実際

### ■車いすテニスプレイヤーAさん

車いすテニスのルールは、二バウンドのボールまで打ってよいということ以外、一般のテニスと変わりない。現在は男子、女子、そして頸髄損傷等で障害の重い人のクラスであるクァッドに分かれて競技が行われている。

国際大会では、それぞれランキング上位三二名が出場するメインクラスとそれ以下のセカンドクラス、Bクラスなどに分かれている。オーストラリアオープン、ブリティッシュオープン、USオープンなどはスーパーシリーズと呼ばれ、ランキングポイントが高い。その他の国際大会は、大会規模等により格付けがされており、そこでの成績によって国際ランキングが決まる。二〇〇五年一一月現在、男子の国際ランキング選手は三五六人、女子は一二七人である。成績によって賞金が出る大会も多い。二〇〇五年現在、国内で車いすテニスを競技として行っている人は男性二七〇人、女性五二人、クァッドが二七人である。

今回取り上げるAさんは、名古屋市在住の既婚女性（四二歳）、車椅子利用者である。仕事はしていないが、ここ一年は実家の手伝いで忙しい毎日を送っている。二〇〇五年一〇月末現在、国際ランキング二九位。国際大会では、ランキング上位者が出場できるメインクラスのプレイヤーである。二〇〇五年は国内外の国際大会一〇試合と他の大会に三試合ほど出場している。二月にオーストラリア、五月に韓国、一〇月にはアメリカに遠征し、コリアオープン、ベスト8、オーストラリアオープンとUSオープンではベスト16という成績を残している。

こうした大会へは自費で参加している。海外遠征の場合は経費もかかる。オーストラリアオープンの場合、エントリー費が約四万円（このなかには試合期間中のホテル滞在費、食事代が含まれている）と航空運賃一〇万円前後である。賞金も貰えるが年間を通して十数万円程度で経費を賄えるほどではない。

現在、定期的に週三回、一回二時間程度の練習をしている。このうち二回は自主的なサークルの練習で、自分たちでコートを予約して練習する。主に名古屋市内のコートを利用するが、コートが空いてないときは県外に行くこともある。残りの一回は民間テニスクラブで、サークルのメンバーと共にグループレッスンを受けている。この他に試合前など不定期に民間テニスクラブ・コーチの個人レッスンを受けることがある。プレイの課題はパワーアップ。フォアハンドやサーブを強くすることでワンランク上のテニスを目指している。自宅でチューブトレーニングを二日に一度行っている。

一九九九年にテニス・エルボウを発症し、数年間は肘の痛みに耐えながらの競技生活だった。二〇〇四年には海外遠征の疲れ、諸事情による生活パターンの変化などからめまいや動悸、不眠などの症状が現れたが、現在、症状は軽減されつつある。この他脊柱の側わんがひどいため、月に一度はカイロプラティックに通っている。

Aさんは三歳のとき事故により脊髄を損傷。小学五年までは装具を使って歩行、車椅子は小学六年のときから使用するようになった。養護学校の小学部、中学部、高等部を卒業後、都市銀行に就職、九年一〇か月間そこで働いた。通勤に必要なことから一八歳で運転免許を取得。高校三年のときに全国身体障害者スポーツ大会に出場。ソフトボール投げと車椅子六〇mに出場それぞれ一位、二位となった。スポーツは好きだったが、就職してからもほとんどスポーツはしなかった。

一九九一年に健康維持のため名古屋市のリハビリテーションセンターに行き、テニスを始めた。個人競技であることと、練習時間の都合から車椅子バスケットボールではなく、車いすテニスを選択した。二六歳のときだった。一九九二年にテニスを通じて知り合った男性と結婚。その後は二人で車いすテニスを楽しむようになる。一九九三年に初めて試合で勝利し、このとき勝つことの楽しさ、うれしさを知り、だんだんと勝利を目指して練習するようになった。

一九九九年、初めて海外の試合、USオープンに出場。その後、海外遠征を年に一～二度するようになる。途中、家庭のことをせずに海外まで行って試合することを悩んだこともあったが、夫の理解や日本代表の先輩プレイヤーの助言もあり、競技を継続している。

ランキング上位の選手と当たると自分のプレイをさせてもらえず完敗することが多い。勝てないまでも自分の良さを出し、良いゲームをしたいというのがいまの目標である。そのためにパワーアップのトレーニングも積んでいる。自分の技術を駆使して自分の描いたゲーム運びをするのがテニスのいまの面白さである。テニスを始めた当初は、ボールを打つことの快感や外でプレイすることの開放感が楽しみだった。技術の向上と共にテニスの楽しみ方も変わってきた。

## ■重度障害者のスポーツ ―― ダンスサークル「トライアングル」の活動から

ダンスサークル「トライアングル」は障害のある人九名、親九名、大学生二三名、指導スタッフ二名の合計四三名（二〇〇五年度）で構成されている。障害のある人たちのほとんどは、重度心身障害（身体障害および知的障害の重複している重度の障害）がある。具体的には、視覚障害と知的障害を併せ持つ人、視覚障害と知的障害に加えて肢体不自由である人、自分では車椅子をこげない重度の脳性麻痺で知的障害を伴っている人、ダウン症児などである。言葉によるコミュニケーションのとれない人も多い。

練習は毎月第一土曜日の午後に行われている。毎回、同じ音楽に合わせてのダンスから始まり、その後は障害のある人一人と学生数名からなるいくつかのユニットに分かれて、ダンスを創る。活動の成果を発表する機会として毎年一二月にライブパフォーマンスを開催している。

トライアングルの活動のモットーは二つ。「楽しいことをもっとやりたいという思いを大切に」と「一人ひとりが感じるダンスの心地よさをみんなで感じ合いたい」である。

発達に遅れのある人、特に発達段階が六か月から一歳くらいにある人にとっては、気持ちよさを感じること、すなわち「快」が刺激となり、次を求めようとする気持ちが生じる。もっと心地よさを味わいたい、もっとやりたいという気持ちこそが主体性の発芽であり、これがなければ嫌がるばかりである。「一人ひとりの発達段階に応じた楽しさや気持ちよさを追求していくこと」これが第一のモットーである。

メンバーの障害内容は、それぞれまったく違う。気持ちよさや楽しさの求め方やその内容も異なる。当然ダンスづくりや練習もそれぞれ別々ということになる。しかしながら、それぞれの人がそれぞれの楽しさや気持ちよさを追い求めるだけでは、一緒に集まっていることの意味がない。トライアングルでは、それぞれの人が感じている心地よさや楽しさをみんなで共有し合うことで、たとえやっていることが違っていても一緒にいることの意味を見出そうとしている。これが二つ目のモットーである。

ある人が、ある音楽に合わせて、ある動きをすることがとても好きだとする。今度はそれをみんなでやってみることで、その人が感じている心地よさを味わう。重度障害により、言語によるコミュニケーションがとれず、一対一の人間関係より広がりがみられない人も、自分と同じ気持ちよさを味わっている他者がいることを感じることができる。それはその人にとって人間関係の新たな広がりであり、社会性発達の契機である。一人ひとりの成長を大切にすると同時に、一緒にいることの意味を積極的に見出していくことが特徴である。

トライアングルは、一九九八年に活動を始めた。グループの結成当初から先述のモットーを掲げていたわけではない。それぞれまったく違う重度障害のある人を前に戸惑いも多かった。ダンスらしいダンス、すなわち、振り付けをし、みんなが合わせて踊るダンスでは難しい。音楽に合わせて一緒に踊ろうとしても、身体可動域がそれぞれ違う人たちは、揃って同じ動きをすることができない。無理にでも動きをシンクロさせるためには、サポートに入っている学生たちが強引に動かすよりほかない。これでは誰が踊っているのかわからない。

当初は「みんなで」を意識して、一つの音楽で全員が楽しめるようなものを追求した結果、部分的には楽しめても、嫌なこと、やりたくない動きも障害のある人たちに強いることになった。「一つの曲でみんなが揃って踊る」といった発想ではうまくいかない。

そこで発想を変え、「みんな違って当たり前」「できないことを要求するのではなく、できることを探す」ことにした。その結果、音楽については、生活のなかで慣れ親しみ、気に入っている音楽を利用すること。ダンスの振りを指導者が付けるのではなく、その子にできる動き、その子が気持ちいい、心地よいと感じている動きをできるだけたくさん引き出し（振り付けではなく、振り出し）、それをつなげてダンスにしていくことになった。

この変化は、活動の他の部分にも影響した。障害のある人のサポート役だった学生は、一緒にダンスを創るパートナーとなり、障害のある人と同じレベルでダンスづくりに携われるようになった。ボランティアからの脱皮である。それに刺激を受けた母親たちも自ら踊るようになった。一人ひとりに合ったダンスが強調されることで、みんなでいる意味の問い直しがあり、二つ目のモットー「心地よさをみんなで感じ合う」が生まれたのである。

障害のある人にも変化が現れた。自分の気に入らない音楽だと耳をふさぎ、音源を止めようとしていた人（視覚障害＋知的障害）は自分に合った音楽を聴いたとたん、自分からリズム感よくジャンプし始めた。グループで最も障害の重い男性（視覚障害＋知的障害＋肢体不自由で車椅子＋言葉が出ない）は、車椅子から降り、笑顔でその車椅子を押した。ライブパフォーマンスの参加者（観客も含め）全員でこの子の動きを真似る即興ダンスでは、みんなの動きを身体で感じとり、これに反応した彼がこれまでにない大きな動きと笑顔でダンスの震源地となった（藤田紀昭、寺田恭子「発達障害を越えて」『東海保健体育科学』第二五巻第二号特別号、二〇〇三年）。

## 3. 障害者スポーツのフィールドからの提案 ―― 創るスポーツの楽しみ

障害者スポーツを言い表す英語の一つにAdapted Physical Activityという言葉がある。個々の身体状況や発達状況に応じた身体活動という意味である。したがって、障害者スポーツのことだけを指す言葉ではなく、高齢者や女性、子どものスポーツにも当てはまる言葉である。

近代スポーツは、青年期の男性が行うものとして生まれ、発展してきた。それ以外の人たちがスポーツを行うためには何らかのルールや用具等の修正が必要となる。子どものスポーツにみられるように、ネットの高さを変えたり、フィールドの広さを変えたり、ボールを小さく軽くしてスポーツを行うこともある意味でAdapted Physical Activityといえる。しかし、障害のある人がスポーツを行う場合、そうした修正はより個人の状況に合わせたものとなる。先述のトライアングルのダンスは、その一例である。他にも両肘離断の人が卓球をするための用具やラケット装着の仕方の工夫、片脚切断の人がバランスをとって泳ぐための技術、片腕切断の人がゴルフをするときの技術や用具の工夫など枚挙にいとまない。

車椅子バスケットボールチームに一人電動車椅子利用の人がいたことがある。電動車椅子の彼はゴールにボールを届かせることができないため、ゴール下にダンボール箱を置き彼のためのゴールとした。電動車椅子を操作しながらボールを膝に乗せて移動するため、ドリブルはなしとし、彼がボールを持って六秒間はディフェンスできないなどのルールを作った。上のゴールをねらう他の人よりも、彼が下のダンボールに入れる方が得点の確率が高いため、彼にボールをパスし、得点させようとする場面が何度もみられた。また、彼へのパスは、手渡しに近いものでなければキャッチできないことから、彼の近くに味方一人を配し、パスを通しやすくする工夫もみられた。電動車椅子の人の参加が、ルールを変え、その影響で戦術や技術面にも変容がみられた例である。

スポーツの世界、特に教育のコンテクストでスポーツが行われるとき、ルールは守るべき対象であり、守られないとペナルティーが科せられる。そこからはスポーツのルール自体を修正したり、新たに創造したりという発想はなかなか生まれてこない。しかしながら、ルールの修正や創造は、非常に主体的な行為であり、主体的文化変容、文化創造といえる。自ら創り上げたスポーツを自ら楽しむ。するスポーツ、見るスポーツ、支えるスポーツ同様にスポーツへの参与形態の一つである。

さらに、松田が言うように体育が有用性という基準から身体を統制し服従関係に取り込む場だとするならば（松田恵示「体育とスポーツ─あるいはスポーツ文化の『二重性』について」井上俊、亀山佳明編『スポーツ文化を学ぶ人のために』世界思想社、一九九九年）、自分たちでスポーツを作ったり、ルールを修正したりすることは有用性というモノサシをいったん棚上げにし、体育やスポーツのなかにスポーツづくりという遊びの要素を保障することになり、「従順な身体」（フーコー・M、田村俶訳『監獄の誕生』新潮社、一九七七年）からの解放の可能性を見出すことができる。

先述の通り、障害者スポーツは統合化の流れのなかにある。障害のある人とない人が共に楽しめるスポーツの方法を追求することも創るスポーツの延長線上にある。スポーツは一部の富裕階層のものであった時代から、大衆化を経てみんなのスポーツとなった。そして今後は一人ひとりのためのスポーツ、誰もが主役となれる文化へと変わる契機を障害者スポーツは示している。

# 第9章　DUOリーグの実践
## ――スポーツの生活化のために

中塚義実

## 1．これでいいのか高校スポーツ

おそらく部活動に熱心な高校教師の多くは、自ら高校時代、熱心に運動部活動に取り組み、技能の習得はもとより、かけがえのない思い出や一生付き合える仲間を得て、いまも携わっておられる方だろう。筆者もその一人である。中学時代は教師主導の〝熱血〟運動部、高校時代は生徒主体の〝民主的〟運動部、そして大学では一〇〇人の大所帯で全国一を争う〝伝統的〟運動部と、タイプの異なる学校運動部にお世話になり、サッカーのプレイ面だけでなく、さまざまなことを学ぶことができた。自分自身の〝スポーツ観〟の一部と、〝スポーツ習慣〟の大部分は、二〇世紀の学校運動部のなかで形成されたことは間違いない。

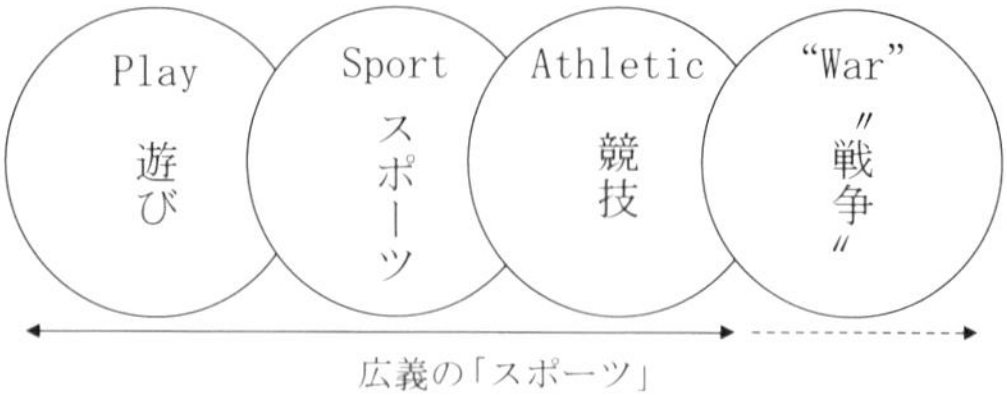


本来「スポーツ」とは，ここに挙げたような幅を持つ多様な文化である。しかし，これまでの学校運動部では「競技」の側面のみ強調し，「プレイ」を志向する者については活動の場を保障してこなかったのではないか。

図１　スポーツの多様なあり方

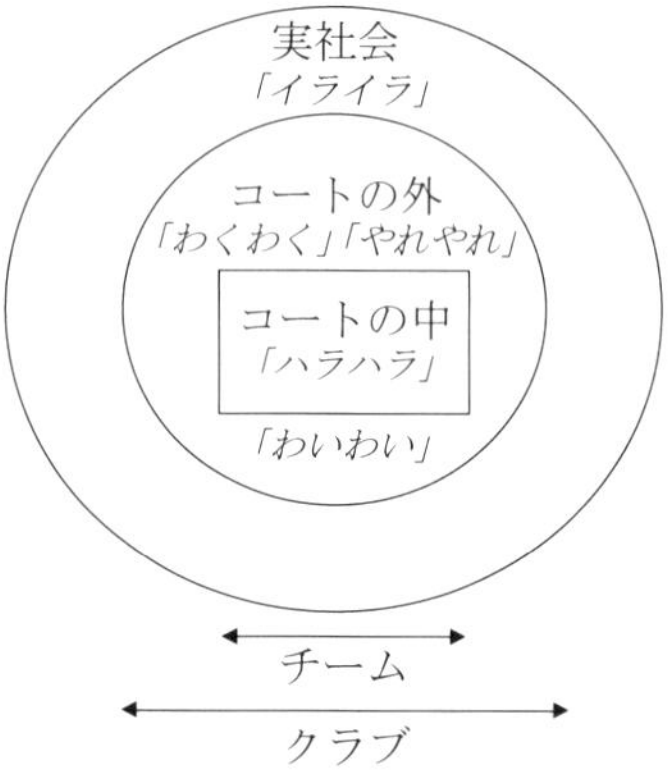


「コートの内」では「チーム」が育つ。「クラブ」が育つのは「コートの外」（クラブハウス等）。「コートの外」の活動の充実（「するスポーツ」だけでない多様な関わり方）により，永続的な「クラブ」が育つ。

図２　スポーツ空間と「チーム」「クラブ」
注）荒井貞光『クラブ文化が人を育てる』2003、大修館書店に一部加筆。

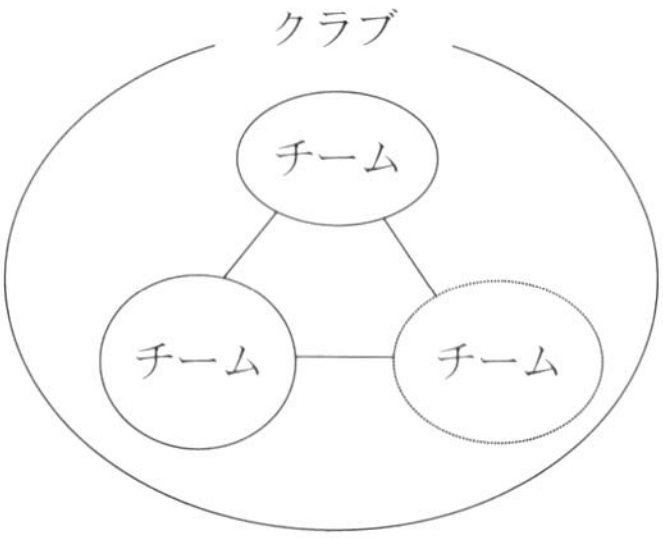


これまでの学校運動部は，ゲームを行う単位である「チーム」（競技志向のチームがほとんどで，プレイ志向の受け皿にはなりにくい）に偏重していた。しかも単年度のチーム，最後の大会が終わると引退という仕組みになっており，プレイの機会が限られていた。「クラブ」が育ちにくい環境にあったといえる。本来育てるべきは，多様なニーズを受け入れる「クラブ」ではないか。複数のチーム（レベル，ニーズ，年齢，性別，種目など多様）で構成されているクラブのイメージを持つことが必要である。

図３　「チーム」と「クラブ」の関係

表1　これまでのスポーツからこれからのスポーツへ

| これまでのスポーツ観 | | これからのスポーツ観 |
|---|---|---|
| チーム | → | クラブ |
| 選 手 | → | プレイヤー |
| 多くの「補欠」を生むシステム | → | 「補欠ゼロ」のスポーツシステム |
| 「競技」志向 | → | 「プレイ-スポーツ-競技」多様なあり方 |
| 「大会」中心 | → | 「日常生活」中心 |
| トーナメント | → | リーグ |
| 「引退」のあるスポーツライフ | → | 「引退なし」の生涯スポーツライフ |
| 単一種目を年中行う | → | 複数種目をシーズンごとに行う |
| 「する」のみのスポーツライフ | → | 「する・見る・語る・支える」多様なスポーツライフ |
| 単一の価値観に集約するシステム | → | 多様な価値観を認め受容するシステム |
| 学校・企業 | → | 地 域 |

＊このような方向性で，“スポーツ”を，スポーツの“場”を，そしてスポーツ好きな“人”を育てていくことが大切なのではないか。

しかし、指導者になってからを含め、これまでの運動部体験を振り返ると、「これでよいのか」という疑問と、それに対する試行錯誤の繰り返しであった。スポーツ社会学を学び、「スポーツとは何か」「これからの社会においてスポーツはどうあるべきか」を研究するなかで、「これでよいのか」に対する回答は徐々に整理されてきた（図1～3、表1参照）が、それでも日々の現場においては、理論だけでは通用しない現実の厳しさや、〝習慣を変える〟ことの難しさに直面する毎日である。例えば、学校運動部において「当たり前」のように思われ、習慣化されている次のような事柄が、ここで報告する試みの問題意識（↓の先は解決の方向性）となっている。

・「最後の大会」が終わると、（アマチュアなのに）「引退」して、（一五歳や一八歳なのに）「OB（Old Boy）」「OG（Old Girl）」と自称する。

↓　競技志向のチーム（しかも単年度）しかないから、アマチュアなのに引退となる。目指すは、

〟引退なし〟のスポーツライフ

・テスト一週間前に部活動が禁止になり、三年生の入試前に長期間のブランクがある。

↓ 日常生活にスポーツも勉強も位置づいていない。両立できていないから途切れ途切れになる。目指すは、〟歯磨き感覚〟のスポーツライフ

・一つの学校に一つのチーム。一〇〇人いても一チーム。人数が足りないと競技会参加すらできない（「合同チーム」もその場しのぎの対応に過ぎない）。

↓ チームワークのみ。クラブワークなし。目指すは、〟補欠ゼロ〟のクラブライフ

・（「生徒のために」と言ってはいるが）一番勝ちたいのは指導者自身。

↓「勝てば官軍」。負ければ理解も広がらない。目指すは、多様なあり方を認める〟ゆたかな〟スポーツライフ

・付き添いも、技術指導も、マネジメント全般についても、すべてを教師がやっている（それで「大変」「忙しい」と言っている）。

↓ 学校が抱え込みすぎ（家庭・地域が学校に依存しすぎ）。卒業生、地域の人材、そして何より生徒自身の運営能力に期待したい。目指すは、〟支える〟スポーツライフ

・誰も使っていない学校施設がある。

↓ 学校の施設は誰のものなのか。学校である〟時間〟と〟空間〟を整理して有効利用したい。目指すは、〟開かれた〟スクールライフ

これらの問題を解決するには、個々の指導者（教師）の小さな改革では間に合わない。スポーツ観を見

直し、習慣を変えるための「仕掛け」が必要である。

## 2. ユースサッカーにリーグ戦を

スポーツの発展（高度化と大衆化）と競技会が密接な関係にあることは、さまざまな事例から知ることができる。特に、ノックアウト方式のカップ戦が競技人口とファンを増やし、リーグ戦がスポーツの日常化に貢献することは、イングランドにおけるFAカップ（一八七一年）とフットボールリーグ（一八八八年）の関係や、日本における全日本サッカー選手権（天皇杯、一九二一年）と日本サッカーリーグ（一九六五年）の関係史などから学ぶことができる。

「学校」が中心的な担い手であった我が国のスポーツ界において、ユース年代の競技会は、高校野球に象徴されるように、春・夏・冬の長期休暇中に、一か所に集まって短期間でチャンピオンを決めるノックアウト方式の「トーナメント（カップ戦）」が中心であった。この方法は予選から採用され、長い鍛錬期間を経て一発勝負に賭ける姿が、日本のユース年代のスポーツモデルとなった（公式戦の回数を制限する一九七九（昭和五四）年の文部事務次官通達─現在は廃止されたが理念は受け継がれている─も、このモデルを固定化する一因となった）。サッカー界ではJリーグを頂点とするリーグシステムが確立しているが、ユース年代における競技会はカップ戦のみで、リーグ戦は整備されていなかった。あったとしても単なる「総当たり戦」であることがほとんどだった（表2参照）。

問題意識で示した現象は、まさにこうした競技会システムに起因するものである。打開策として「リーグシステム」、すなわち、レベル・ニーズ・地域・年齢ごとのリーグを組織し、ある一定期間、毎週末ゲームを主体的に行う仕組みの導入に行き着いたのは、私にとっては当然の成り行きであった（図4参照）。

ともかく始めてみないとわからないので、一九九六年四月の開幕に備えて、近隣の仲間に声をかけてみた。大切なのは、「理念」に賛同し、その実現に全力を挙げて取り組む〝同志〟であるかどうかである。

## 3．DUOリーグの理念と歩み

こうして始まったのが「DUO（デュオ）リーグ[1]」（表3参照）である。これは、東京都文京区・豊島区（現在は足立区も含む）の高校サッカー部とクラブユース連盟（CY連）加盟クラブで組織した私的サッカーリーグであり、一九九六年の発足当時は高体連五、CY連一の計六クラブから一〇チームが参加しての一リーグ制であった。それが、年々加盟数も増え、二〇〇五年度は高体連二五、CY連一、および文京区中学生選抜の計二七クラブが加盟し、レベル別に八チーム程度のリーグを構成し、一部、二部制で行われている。人数の多いクラブからは複数チームが参加できるし、複数クラブの合同チームでも構わない。試合の際に「責任能力のある大人（各クラブの責任において定める）」が付き添うことと、指定され

表2　カップ戦とリーグ戦の比較

| カップ戦 | リーグ戦 |
|---|---|
| ノックアウト方式<br>（負ければ終わり） | 総当り方式<br>（負けても次がある） |
| 短期間 | 長期間 |
| シーズン中の単発イベント | シーズンそのものを形成 |
| 非日常的な行動 | 日常生活の一部 |
| 移動をともなう | 生活圏で行われる |
| 主催者が運営 | 当事者による自主運営 |

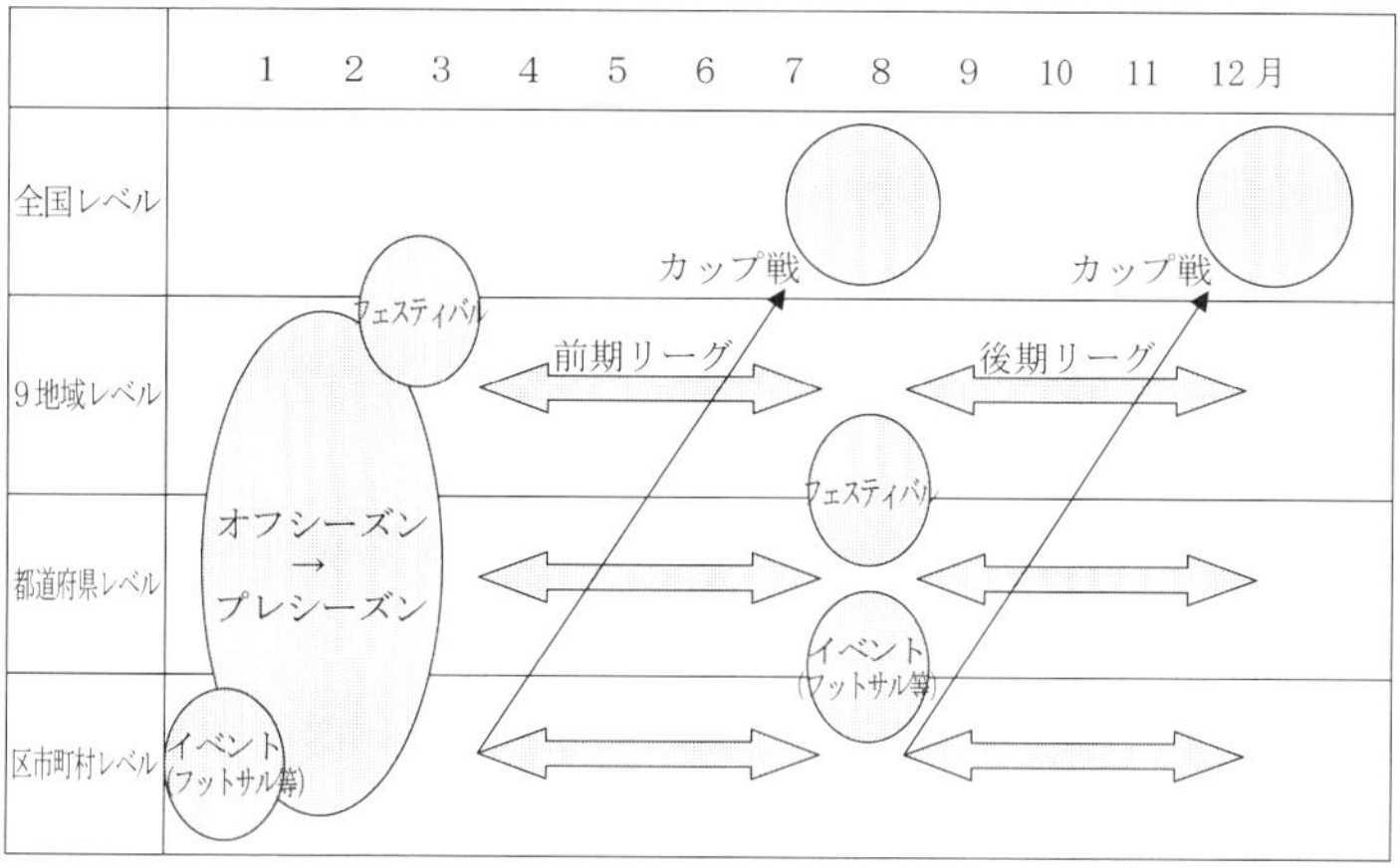


図４　リーグ戦を基盤としたユースサッカー構造（中塚私案）

た試合を行い、審判を派遣できること（高校生が資格を取得して笛を吹くことを奨励している）、グラウンドを一節分(2)確保できる（公共施設等の借用も含む）こと、そして参加費を一チームあたり各期二万円支払うことが参加チームに課せられた義務である。参加費は、審判手当等の運営経費に充てられる。優秀審判賞をはじめ、支える活動に対する評価は惜しまない。

ＤＵＯクラブ（加盟クラブ）は高体連やＣＹ連にも加盟し、それぞれの公式戦にも参加する。公式戦や学校行事の合間を縫って、前期四〜七月、後期九〜一二月に行い、これがシーズンを形成する。一〜三月はオフシーズンからプレシーズンとなり、年間を通しての活動サイクルが確立した。もちろん週末のゲームは、一週間の活動サイクルの柱となる。試合結果は「ＤＵＯリーグ通信」やホームページ（http://www.duoleague.com）で伝えられ、ＤＵＯリーガー（高校生）の励みになっている。

表3　DUO リーグの理念

1．「歯磨き感覚」「引退なし」のスポーツライフ―サッカーの生活化
- 日常生活にサッカーが無理なく位置づけられる
  運動・栄養・休養のバランス　→　歯磨き感覚のスポーツライフ
  学習活動等との「両立」
- シーズンが明確になる
  シーズンオフをつくる　→　シーズンを意識した計画づくり
  複数のスポーツへの取り組みが可能　→　スポーツのシーズン制
- 3年間の高校生活にサッカーが無理なく位置づけられる
  アマチュアに引退なし

2．「補欠ゼロ」のゆたかなクラブ育成―チームからクラブへ
- 誰もがゲームに参加できる
  「補欠ゼロ」のサッカー環境
  複数のチームによって構成されるゆたかな“クラブ”の育成
- 練習への動機づけとなる
  M―T―M の活動サイクルの樹立
  合理的・科学的トレーニング
- 「リーグ戦」が経験できる
  負けても次がある　→　積極的なスポーツ観を育む

3．強いチームとたくましい個の育成―レベルアップ
- 同程度の相手と切磋琢磨できる
  レベルアップ
  タレントの発掘と育成
  勝つか負けるかわからない「ハラハラ」を楽しむ
- レベルやニーズに合わせた活動ができる
  昇格・降格による動機づけ　→　強い“チーム”の育成
  能力に応じた活動の場の提供　→　自立したたくましい“個”の育成

4．サッカーを支える人材の育成―自主運営と受益者負担
- 「スポーツの主人公」を育てる
  ただサービスを待つのでなく，自分でできることはする
  受益者負担の原則
- ピッチを取り巻く多様な人材を育てる
  審判員の育成と地位向上
  現場スタッフ，ボランティア，サポーター等の多様な人材の発掘と育成

草の根から全国へ　　サッカーからあらゆるスポーツへ
サッカーを通して健全なスポーツ観を身につけ，
ゆたかなスポーツ環境を構築する

## 4．DUOリーグの成果と広がり

ＤＵＯリーグに関わりながら、ＤＵＯリーガーは、スポーツの日常性や多様性を満喫しているようである。早期に「引退」宣言していたある進学校では、三年生までサッカーを続けるようになった。最後の大会が終わって目標を失っていた高校三年生も、練習頻度は低下するが、一二月までプレイしている。一年生も四月から出場できるし、一年生対象の「フレッシュマンリーグ」もある。審判を志す者は、積極的に笛を吹くし、審判講習会に参加して資格を取得する。各校のマネージャーも、学校を超えてプログラム作成に取り組んでいる。もちろん定期的なゲームは、レベルアップに貢献するし、選手の発掘と育成の場として「ＤＵＯリーグ選抜」の活動もある。高いレベルを志向する者にはそれなりの受け皿があり、公式戦への出場機会が少なかった者にも試合出場の機会が与えられ、モチベーションが上がってきた。何といっても彼らが皆、いきいきとサッカーを楽しんでおり、卒業後も、ボランティアや指導者としてこの活動に携わる傾向がみられるようになったのがうれしいかぎりである。

二〇〇〇年度には、「東京都ユースサッカーリーグ創設」をＤＵＯリーグの活動方針に掲げ、新たな取り組みを始めた。「東京都高体連サッカー科学研究会」(3)においてもユースリーグが議題の柱となった。学校関係以外の方々との情報交換の場は「サロン２００２」(4)の月例会で何度か設けられ、ユース年代へのリーグシステム導入の気運を盛り上げた。

一方、全国レベルの強豪校同士でも、一九九〇年代後半から私的なリーグ戦が行われるようになっていた。こうした状況を踏まえ、㈶日本サッカー協会（JFA）内でも中学・高校生年代へのリーグシステム導入が議論されるようになった。筆者は一九九六〜九九年にかけて、JFA第二種検討委員会（当時）の委員として、高校生年代のサッカー環境のあり方を議論する場にあり、委員会内でリーグシステムの重要性について提案した。同委員会の委員長に上野二三一氏（都立日比谷高校教諭。前任の都立小石川高校時代にDUOリーグを経験）が就任した一九九八年頃からリーグ化構想は大きく進展し、「高円宮杯[5]」の改革と連動して、全国九地域単位での「プリンスリーグ[6]」を二〇〇三年度より開始することになった。二〇〇二年FIFAワールドカップ後にJFA会長（キャプテン）に就任した川淵三郎氏が示したミッションのなかにも、各都道府県でユースリーグを組織することが示され、九地域リーグの次は各都道府県リーグであるという気運が全国的に芽生え始めた。こうした気運の芽生えは、強豪校同士の私的リーグの存在や、DUOリーグの草の根の試みなどがさまざまなメディアに取り上げられ、紹介された（日本経済新聞二〇〇一年六月二三日夕刊。読売新聞二〇〇二年三月三〇日。『月刊トレーニングジャーナル』ブックハウス・エイチディ、二〇〇二年五月号〜七月号。『コーチングクリニック』ベースボール・マガジン社、二〇〇二年一一月号）ことも影響しているだろう。また、JFAの指導者養成講習会などを通して、全国各地のサッカー指導者にこの試みを伝える機会を持つことができたことも一つの要因として挙げられる。

二〇〇一年度に、都高体連サッカー専門部のなかで組織された「ユースリーグ検討委員会」は、同年後期には、DUOリーグをモデルとした「プレリーグ」を都内八地区で展開、二〇〇二年度はこれを一年間通して展開し、計一九二チームが参加した。二〇〇三年度前期には、東京都全域での「PJ（プレ上位）リーグ[7]」を試みた。ただし、ここまではあくまでも私的なリーグである。

## 5．公認化への取り組みと挫折 ―― 学校教育活動とスポーツ活動の狭間で

底辺からのこうした試みを「公認化」することで、より多くの理解を得、仲間を増やしていこうということから、高体連・CY連のメンバーで「(財)東京都サッカー協会（TFA）ユースリーグ準備委員会」を組織し、二〇〇四年度からの公認リーグ開始へ向けて具体的な準備に取りかかったのが二〇〇二年度である。シーズンを明確化して前後期制で行うこと、レベル別リーグを組織し、底辺は近場で、レベルが高くなるにつれて広範囲を行き来すること、リーグ加盟はあくまでも自由意志であることなどを原則として準備を進めた。そして、各リーグ八チーム構成で、一部リーグの下に二部が二ブロック、三部が四ブロック、その下に、高体連の地区割りをベースとする「地区リーグ（全八地区）」が存在する形を提示した（この段階でDUOリーグは、「第二地区リーグ」としての性格を有するようになった）。都内二〇二クラブ（うち高体連一八八、CY連一三、その他一）が加盟し、二八九チームが参加するリーグ構成も定まり、二〇〇四年二月末の設立総会で、TFA主催の「U―18東京都サッカーリーグ」の創設が宣言された。

しかし三月初旬、公認リーグは突然中止となる。「公認化」とは、一つはサッカー協会による公認、もう一つは教育関係団体（教育委員会や高体連）の公認を指す。前者に関しては、既存の競技会とのスケジュール調整、選手登録、警告・退場などの情報管理など実務上の課題があったが、「ユース年代にリーグ戦を」との方向性があったので、時間はかかっても打開できる見通しがあった。一方、教育関係団体との調整も並行して進められたが、都教委や都高体連との調整は難航していた。

結局、次の三つの課題がクリアになっていないとの判断をもとに、二〇〇四年度からの公認リーグ中止を実施委員会で決断せざるを得なかった。それは、①都立高校教員の服務、②都立高校のグラウンド使用、③生徒の参加、に関していずれも「学校教育活動と判断できるだけの材料が揃えられなかった」ということである。

もともと「学校運動部のために始めたのではない」としていたユースリーグも、参加単位は「学校」である場合がほとんどであり、その場合、学校の教員や施設を動員し、生徒の安全を保障するには「学校教育活動」と各校長に判断してもらうことが必要であった。地域の「スポーツ活動」としての加盟を考えていたCY連加盟クラブからすれば、「学校教育活動」が理由となるこの判断は大きな驚きであっただろうし、生涯スポーツの観点から始めたはずのこの試みが、このような形で挫折するとは、当事者として心外であった。

しかし、これが現実である。学校の論理とスポーツの論理の間に依然として大きな隔たりが存在することを改めて感じさせられる出来事であった。

## 6．ユースリーグの現状と今後

TFA公認の「Tリーグ」が、二〇〇五年度より新たにスタートした。「JFAプリンスリーグ関東」の下部に位置づけられる東京都のトップリーグであり、一定の競技力を満たした高体連およびCY連加盟クラブのみが参加できるリーグ戦である。二〇〇五年度はT1（一部）一二チーム、T2（二部）二〇チーム（四ブロック）で行われた。二〇〇六年度には新たにT３（三部）が一四チームで創設され、高体連、CY連の枠を超えたリーグ戦として定着しつつある。しかし、いずれも夏休み前で完結するリーグであり、秋のシーズンはカバーされていない。また、「チーム力強化」を志向するTリーグは、「強化リーグ」であることを強調し、DUOリーグをはじめとする「地区リーグ」とは一線を引いているのが現状である。

その「地区リーグ」は、二〇〇四年度の公認化断念にともない、一時的にリーグ運営のモチベーションが低下したところもあったが、リーグを育てる気運は残り、現在も、各地区で続けられている。二〇〇五年度からは地区リーグ代表者の定期的な情報交換の場を設け、各リーグの充実と底辺からの再組織化を目論んでいる。二〇〇六年度から「DUOリーグ」と「リバーサイドリーグ」の上位チームによる「E（EAST）リーグ」が始まるのは、その一つの兆しである。ただ、Tリーグとの連携の見通しは、いまのところない。

DUOリーグは、二〇〇六年度で丸一〇年が経過し、すっかり定着した感がある。毎年一〇〇〇人規模のDUOリーガーを抱える組織は、各クラブ代表者が業務を分担しながら運営しているが、卒業生や保護者がボランティアとして支えて下さっているのが有り難い。しかし一方で、組織の肥大化にともない、運営方法の見直しを迫られているのも事実である。それは、見た目にはグラウンド確保や審判派遣（育成）への各クラブの努力不足といった現象として現れるが、加盟クラブ（代表者）の当事者意識の低下、コミュニケーション不足、〝理念〟よりも〝現実〟を優先する傾向の強まりなどが背景にあるといえるだろう。

私的リーグとして、顔の見える範囲で、手づくりで行っていた頃は、〝遊び心〟に満ちた緩やかな運営で誰もが満足できた。しかし、公認リーグを目指した頃から組織は肥大化し、次第に中心と周縁に分化し、周縁をつなぎ止めるために、〝理念〟を説明する〝ルール〟が求められるような事態も生じてきた。また、上位リーグとのパイプができると、指導者はより上を目指すようになり、より厳密なルールの適用を求め、審判（特に高校生審判）へのクレームが目に付くようになった。〝チーム〟強化に向けられる大きなエネルギーが、〝支える人材の育成〟や〝クラブ育成〟といったDUOリーグの理念に向けられることは少なく、〝スポーツマインド（遊び心）〟さえ失いつつあるように感じる。

なぜ〝選手〟と〝チーム〟しか育てないのだろう。なぜ〝クラブ〟と〝クラブを支える多様な人材〟を育てようとしないのだろう。

けれどもこれは、学校の教師である以上、難しいのかもしれない。自分が責任を持って面倒をみている生徒たちを「何とかしてやりたい」と考えるのは、教師として当然である。だから自ずと、教師の意識は目の前の〝選手〟や〝チーム〟に向けられる。熱心な教師であるほどこの傾向が強い。特に公立高校の教員は、ある年数を経過すると異動がある。「クラブのため（卒業生も含めた）」といった発想を持ちにくい立場にあるし、こうした背景からは、これからの日本の「スポーツのため」という中・長期的な発想は生まれにくいのだろう。このあたりが学校の、また学校の教師の限界であると感じている。

ユースリーグ全体として、「教育」の側との調整は未だに課題として残っているが、この試みはあくまでも「スポーツ」の側からの改革と位置づけ、「スポーツ」の側が主体となって取り組む必要があるだろう。学校にできることは限られている。

## 7．学校運動部の可能性――あるサッカー部の試み

学校教育が高校生のスポーツに関してなすべきことは、もっと他にあるはずである。まずは保健体育の授業を充実させ、スポーツ教育をしっかり行うことである。そして、学校体育施設を十分活かしながら、多様なニーズを持つ生徒に、スポーツの多様な楽しみ方を享受させられるような部活動のあり方を模索することである。

最後に、筑波大学附属高校サッカー部の試みを紹介したい。ちょうどDUOリーグへの取り組みを開始した頃から、サッカー部の改革も始まった。現在、同校サッカー部は、一一人制のサッカーに〝競技〟志向で取り組む男子の「アスリート部門」と、〝プレイ〟志向でフットサルに取り組む男子の「フットサル部門」、および「女子部門」の三つの部門（チーム）で構成されている（図5）。DUOリーグや高体連の大会に参加するのはアスリート部門で、フットサル部門と女子部門は、TFA主催のフットサル大会に参加する。もっとも、競技会のために取り組むというより

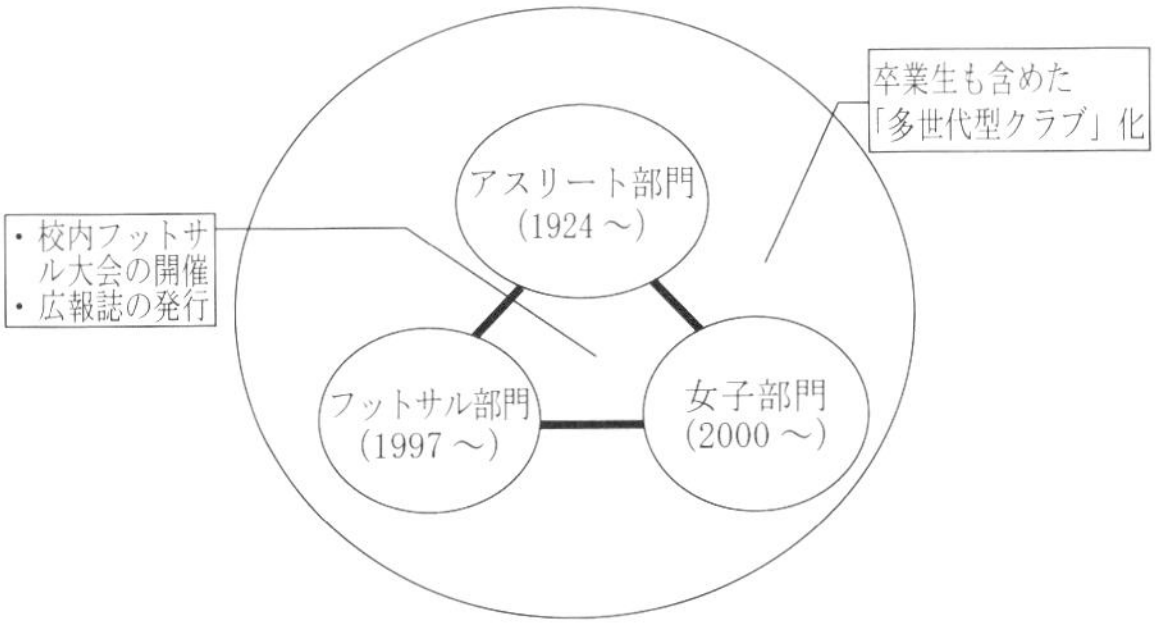


図5　筑波大学附属高校サッカー部の試み

も、学校の仲間と好きなスポーツを楽しみたいという者が集まっているといってよい。フットサル部門と女子部門はよく合同で練習しているし、アスリート部門もオフシーズンはフットサルに取り組むので、三部門合同で活動することもある。毎週一回はクラブ会で各部門の活動報告をし、年二回の校内フットサル大会を企画したり、広報誌を発行するのがクラブ全体の活動である。

「サッカー・フットサルが好きな人の集まり」がサッカー部である。レベルやニーズ、男女の差はない。また、そこでの活動も、「する」だけでなく「見る」「語る」「支える」と多様である。

これまでの運動部活動は、単一スポーツの〝チーム〟でしかなかったが、これからはこのような多様なニーズの受け皿である〝クラブ〟として位置づけることが望ましいのではないだろうか。保健体育科の授業や総合的な学習の時間とも関連づければ、生涯スポーツの担い手を育てる場としてもよいと思う。

また、「引退」をなくせば、学校運動部自体が多世代型のクラブとして十分機能し得るはずである。現に本校サッカー部の卒業生は、いまでも盛んに活動しており、年代ごとにOBチームがある。卒業生を含めた〝クラブ〟化は、我が国の場合非常に有効な方策である。そして、学校が支えきれない部分については、むしろ卒業生を含めた〝クラブ〟が支える方向性を考えていくべきではないだろうか。

複数の学校で連携した〝クラブ〟育成も可能である。DUOリーグでは、卒業生たちで大人のチームを組織する準備を進めている。リーグ全体を「FCDUO」と捉え、一つのクラブとして生涯スポーツの受け皿を作っていく案である。学校をベースにしたクラブ育成には大きな可能性がある。

未だ継続中の実践の、あくまでも中間報告なので、今後どのように展開していくかはわからない。ただ、始めれば始まることと、始めなければ始まらないことだけは確かである。一〇年後、二〇年後にこれらの試みがどうなっているか、当事者ではあるが楽しみである。

**［註］**

(1)「DUO」とは「二重奏」を意味する言葉で、「学校と地域」「研究と実践」「頂点と底辺」「青少年と大人」などが二重奏を奏でるように融合しようとの願いが込められている。

(2) 八チームでリーグ構成した場合、一節は四試合で成り立ち、七節で一巡、つまり七週間かかることになる。各チームが一節分グラウンドを確保すれば運営可能である。

(3) 都高体連サッカー専門部の委員を中心に組織された私的研究会。一九九五年度より活動を始め、毎月の例会は二〇〇五年度中に九九回目となったが現在休止中。

(4) サッカー・スポーツを通して二一世紀の豊かな暮らしづくりを〝志〟とする、緩やかなネットワーク。一九八〇年代後半から、ＪＦＡ科学研究委員会（現在はない）の委員を中心に調査研究を行っていた組織が、一九九七年度に「サロン２００２」として組織化され、今日に至る。会員は全国に約一三〇名おり、毎月一回の月例会は二〇〇五年三月で一〇〇回を数えた。http://www.salon2002.net 参照。

(5) 高体連とＣＹ連が公式戦で唯一競い合う競技会で、一九九〇年に始まった。ＪＦＡ主催。二〇〇四年度からは「プリンスリーグ」の上位チームによる大会となる。

(6) 全国九地域ごとに行われる第二種年代のリーグ戦。二〇〇三年度より全国各地でスタートし、高体連、ＣＹ連の垣根なく、春先から秋口まで行われる。

(7) 二〇〇二年度後期の各地区リーグ上位による東京都全域の私的リーグ戦。

**［参考文献］**

・中塚義実「〝スポーツ〟の側から学校運動部を見直そう！」『体育科教育』第四九巻第六号、大修館書店、二〇〇一年

・中塚義実「補欠ゼロ・引退なしのサッカー部」『体育科教育』第五〇巻第四号、大修館書店、二〇〇二年

# 第10章　第三回FIFA女子ワールドカップサッカーにみるプロモーション戦略

仲澤　眞

一九九九年七月一〇日、第三回FIFA女子ワールドカップ（WWC99）の決勝は、カリフォルニア州パサディナのローズボウルスタジアムに、女性スポーツ試合の世界記録となる九〇、一五〇人（Bernstein, A., "World Cup kicks off talk of pro league", *Street & Smith's Sports Business Journal*, July 19–25, 1999.）の有料入場者を集めて行われ、PK戦によるアメリカ代表チームの劇的な勝利で幕を閉じた。

組織委員会の予想を大きく上回る六五八、一六七人（Bernstein, A., ibid.）の有料入場者数を集め、入場料収入は二、八一〇万ドル（三三億七、二〇〇万円）を計上した。地上波のABCでライブ中継された決勝戦の視聴率は一三・三％を記録し、全米で四、〇〇〇万人が視聴した（Bernstein, A., ibid.）とされる。また、男子のFIFAワールドカップにおけるスポンサー収入のおよそ八％を集めた（Bernstein, A., ibid.）企業マーケティング活動においても、WWC99は歴史的な成功をおさめた。

アメリカにおいては、マイナースポーツとして位置づけされる女子サッカーが、なぜ、「女性スポーツの新時代を切り開いた」（Morris, R., "U.S. women's soccer team grabs news covers but few in sports", *Street & Smith's Sports Business Journal*, July 26–August 1, 1999.）とされるようなビッグイベントとして成功したのであろうか。本論は、WWC99のプロモーション施策についての情報を収集し、その施策の有効性を検証することを通して、スポーツプロモーションへの示唆を得ようとするものである。

## 1．WWC99のプロモーション戦略、標的市場は「サッカー少女とその家族」

WWC99は、マーケティング効率の向上のために、サッカー愛好者の多い年代、とりわけサッカーを愛好している少女と、彼女らを引率する家族に焦点を当てる戦略を採用した。新興の部類に属す女子サッカーは、バスケットボール（NBA）やフットボール（NFL）が対象とするような一般の市場（general market）ではなく、セグメントされた特定の市場（segmented market）に対してマーケティングを展開する必要があったのである（Bhonslay, M., "U. S. sponsors tired of failure to score with soccer", *Street & Smith's Sports Business Journal*, March 8–14, 1999.）。また、共働き家庭の多いアメリカの中流家庭では、レジャーにおける家族の絆を強める活動（family reunion）の重要性が高くなっている。そのため、「サッカー少女とその家族」が具体的な標的市場となり、以下のような活動が展開された。

### ロールモデルとしてのスタープレイヤーの育成と活用

子育てに熱心な母親の支援を集めるために、アメリカ代表のプレイヤーには、少女たちのロールモデルとしての機能が強く求められた。女子代表プレイヤーは、アメリカサッカー協会と契約を結んでいたが、契約にはプレイヤーとしてだけではなく、スポークスパーソンとして、女子サッカーの普及に貢献することをも条件にしたのである（小林美由紀「第三回ＦＩＦＡ女子ワールドカップＵＳＡ報告〜その成功の理由〜」サッカー医・科学研究第二〇巻、日本サッカー協会、二〇〇〇年）。「代表チームの選手の多くは結婚しており、中には子供がいる選手もいる。そのような普通の女性の生活をしながら、力強いサッカーの選手でもある。全国に多く散らばるサッカーをしている少女達にとって、憧れの的、ロールモデルとして、アメリカ女子代表が存在するようになっていった」（同前書）のである。なかでも、中心的なスターであるミア・ハムの著書（Hamm, M., *Go for the Goal: A Champion's Guide to Winning in Soccer and Life*, Harper Collins Publishers, 1999.）が、子育てに熱心な母親たちの関心を集め、ミア・ハム人形（バービー人形のミア・ハム版）が子どもたちの人気を集めた。

**標的市場への効果的なアプローチとしてのグラスルーツ活動**　大会前、代表チームは、開催地周辺で強化合宿を続けながら、協会のスポークスパーソンとしての役割を発揮し、サッカーの普及、女性のスポーツ参加の促進、チケットのプロモーションなどを、二か年半にわたり実施した。代表チームによる地方の巡回指導や練習試合などのグラスルーツ活動は、ＷＷＣ99のプロモーションを超え、女子サッカーの普及活動となっていった。なお、大会後、組織委員会は代表メンバーの普及活動に関わる報奨金として七五万ドル（九、〇〇〇万円）をメンバーの賞金基金（prize money pool）に寄付している（http://wwc99.fifa.com/english/news/ww907111.html.(February 22, 2000)）。

**標的市場の明確化に基づくコーポレート・コミュニケーションの実施**　ＷＷＣ99の標的市場に適合する企業を中心に、協賛企業を募り、協賛企業と協同し「少女とその未来」「家族」「安心」といったテーマ

写真１　試合前のイベントを楽しむ子どもたち
（ローズボウルスタジアム、ロサンゼルス）

を訴求するプロモーションを実施した。メインのスポンサーとなったアディダス、オールステイト（保険会社）、マクドナルドなどの協賛企業のコマーシャル・フィルムにもそうしたコンセプトを盛り込み、WWC99のプロモーションを実施した。さらに、スタジアムの環境を健全に保ち、観戦に要する費用も家族を単位として妥当な額に設定した。また、プレゲーム、ハーフタイム、ポストゲームのイベントなどを通して、家族での娯楽のための時・空間を確保するよう努めた。

## 女性スポーツのムーブメントづくり

大会委員長に、史上最年少でオリンピックに出場し、数々のメダルをとったダナ・デ・バロナ女史が就任したが、彼女はニュース・キャスターの経験からアメリカで最も影響力のある元女子アスリートである

写真２　多くのカメラクルーが女性
（ローズボウルスタジアム、ロサンゼルス）

といわれている（小林美由紀、前掲書）。また、実行委員長には、一九九四年ＦＩＦＡワールドカップ・アメリカ大会で副実行委員長を務めたマーラ・メッシングという女性弁護士が就任した。組織の長を女性が務めることにより、女性による女性のための大会というイメージを作ることに成功し（小林美由紀、前掲書）、また「性差別撤廃、スポーツ、子どもの権利および教育に関する活動の世界的なプロモーション」(http:// www.un.org / News / Press / docs / 1999 / 19990618.sgsm7036.html. (February 22, 2000).) との関係から国連旗の掲揚を行うなど、人権に関する組織的な連携も強めていった。

## 2．プロモーション戦略の有効性

このセグメント・マーケティング戦略を中心としたプロモーションの有効性を検証するために、ＷＷＣ99の観戦者を対象とした質問紙調査を実施した。調査方法は表1の通りである。調査の結果は、アメリカにおける新たなサッカー市場の開拓に成功したことを示唆するものであった。

**観戦者の個人的属性**　ＷＷＣ99では女性の観戦者が多く（表2）、また、その女性観戦者の中心は一〇代であった（表3）。エスニシティのバックグラウンドでは、ヒスパニック系ではなくコーカサス系アメリカ人が多い傾向がみられた（表4）。

また、サッカー経験者が多い傾向、とりわけ「現役の」サッカー愛好者が多い傾向（表5）が特徴(1)としてあげられた。さらに、ルールの理解度が高い傾向（表6）や、女子サッカーの選好度が相対的に高い傾向（とりわけ、女性観戦者にその傾向が強い）（表7）がみられた。

表1　調査の概要

1．主な調査項目

1）デモグラフィクス特性
性，年齢，国籍，エスニシティ（米国籍の場合），居住地など
2）観戦行動の特徴
会場までの移動距離，同行者数とその関係，観戦試合数，男子プロサッカーの観戦頻度，女子プロサッカーの観戦頻度など
3）観戦種目（サッカー）に関わる個人的属性
サッカー経験，ルールの理解度，観戦歴，女子サッカーへの興味，女子サッカーおよび男子サッカーの選好度など
4）社会心理的特性
観戦動機に関する項目（ドラマ性，代理的達成，チームへの興味，プレイヤーへの興味，サッカーへの興味，パフォーマンスの美，娯楽性，スポーツにおける女性の機会均等の支援）
5）自由記述
観戦経験に基づくコメント，意見など

2．データの収集

データは以下のアンケート調査によって収集された。
1）調査時期　1999年6月19日から6月23日
2）調査対象　12歳以上の一般の観客，男女個人2,031名
3）調査地および調査対象試合
6/19　ジャイアンツスタジアム，ニュージャージー
アメリカ対デンマーク戦，ブラジル対メキシコ戦
6/19　スパルタンスタジアム，サンノゼ
中国対スウェーデン戦，日本対カナダ戦
6/20　フォックスボロスタジアム，ボストン
オーストラリア対ガーナ戦，ノルウェー対ロシア戦
6/20　ローズボウルスタジアム，ロサンゼルス
ドイツ対イタリア戦，北朝鮮対ナイジェリア戦
6/23　シビックスタジアム，ポートランド
日本対ロシア戦，中国対ガーナ戦
4）回収状況
回収票数：1,321サンプル（有効回収率66.2％）

**観戦行動の特徴**　観戦行動の特徴としては、同行者の規模が大きい傾向（表8）、家族での観戦を中心とする傾向（表9）、プロレベルのサッカーの観戦頻度の低い傾向（表10、11）などがみられた。

観戦動機(2)については、ドラマ性、娯楽性、パフォーマンスの美、サッカーへの興味などが主なものであり、応援対象との心理的な結び付きを示すプレイヤーへの興味、代理的達成、チームへの興味などを観戦の動機とする傾向は弱かった。動機を性別でみると、女性において、スポーツにおける女性の機会均等の支援、娯楽性、チームへの興味などの動機が強い傾向がみられた（表12）。

このような観戦者や観戦行動の特徴からは、メジャーリーグサッカー（MLS）などの既存のサッカー市場とは異なるアメリカにおける新たなサッカー市場を開拓したことを示唆している。

**自由記述に寄せられた回答**　回収された調査票の一七・〇%にあたる二二五票の回答から、自由記述によってコメントが寄せられた。ファンクら（Funk, D., Mahony, D. and Nakazawa, M., *Survey of Women's World Cup Spectators: Report Prepared for the 1999 FIFA Women's World Cup Organizing Committee*, 2000.拙訳）によって、それらの意見は、以下の四つに整理された。代表的なコメントとともにその類型を以下に

写真3　質問紙回収の様子
（スパルタンスタジアム、サンノゼ）

表2　性別

| | % |
|---|---|
| 男性 | 46.0 |
| 女性 | 54.0 |
| | 100.0 |
| N | 1,298 |

表3　年齢と性別

| | 男性 | 女性 | 小計 |
|---|---|---|---|
| 10代 | 12.2 | 29.8 | 21.7 |
| 20代 | 16.1 | 19.6 | 18.0 |
| 30代 | 20.8 | 19.1 | 19.9 |
| 40代 | 28.7 | 22.8 | 25.5 |
| 50代以上 | 22.1 | 8.7 | 14.9 |
| | 100.0 | 100.0 | 100.0 |
| N | 596 | 698 | 1,294 |

表4　エスニック・ヘリテージ

| | % |
|---|---|
| コーカサス系アメリカ人 | 84.6 |
| ヒスパニック系アメリカ人 | 5.9 |
| アフリカ系アメリカ人 | 1.6 |
| アジア系アメリカ人 | 3.0 |
| その他のアメリカ人 | 4.9 |
| | 100.0 |
| N | 1,213 |

表5　サッカー経験

| | % |
|---|---|
| 経験あり・現役のプレイヤー | 41.0 |
| 経験あり・かつてのプレイヤー | 24.7 |
| 経験なし | 34.3 |
| | 100.0 |
| N | 1,302 |

表6　ルールの理解度

| | % |
|---|---|
| とても理解している | 58.1 |
| 理解している | 30.2 |
| 少し理解している | 10.9 |
| 全く理解していない | 0.8 |
| | 100.0 |
| N | 1,309 |

表7　男子サッカーと女子サッカーの選好度

| | 男性 | 女性 | 計 |
|---|---|---|---|
| 男子のサッカーが好き | 38.7 | 6.1 | 21.1 |
| 女子のサッカーが好き | 16.3 | 46.6 | 32.7 |
| どちらでもいい | 45.0 | 47.3 | 46.3 |
| | 100.0 | 100.0 | 100.0 |
| N | 592 | 694 | 1,286 |

表 8　来場同行者数

| | % |
|---|---|
| 1 人 | 3.4 |
| 2 人 | 25.4 |
| 3 人 | 14.8 |
| 4 人 | 21.5 |
| 5 人 | 7.5 |
| 6～9 人 | 12.4 |
| 10 人以上 | 15.0 |
| | 100.0 |
| N | 1,299 |

表 9　来場同行者との関係（複数回答）

| | % |
|---|---|
| 親と | 41.1 |
| 子どもと | 38.1 |
| 兄弟と | 19.8 |
| 配偶者・パートナーと | 28.4 |
| 友人と（18 歳以上） | 41.5 |
| 友人と（18 歳未満） | 19.6 |
| コーチや先生と | 14.5 |
| チームメートと | 16.6 |
| N | 1,255 |

表 10　男子プロサッカーの観戦頻度

| | % |
|---|---|
| よく見に行った | 12.5 |
| 時々見に行った | 31.5 |
| めったに行かない | 20.8 |
| 行ったことがない | 35.2 |
| | 100.0 |
| N | 1,308 |

表 11　女子プロサッカーの観戦頻度

| | % |
|---|---|
| よく見に行った | 7.0 |
| 時々見に行った | 17.3 |
| めったに行かない | 24.8 |
| 行ったことがない | 50.9 |
| | 100.0 |
| N | 1,295 |

表 12　WWC 99 の観戦動機（性別）

| | 男性 | 女性 | |
|---|---|---|---|
| ドラマ性 | 4.25 | 4.25 | |
| 娯楽性 | 4.16 | 4.31 | *** |
| パフォーマンスの美 | 4.32 | 4.14 | *** |
| サッカーへの興味 | 4.24 | 4.17 | ** |
| 男女の機会均等 | 3.71 | 4.17 | *** |
| チームへの興味 | 3.66 | 3.82 | |
| 代理的達成 | 3.29 | 3.31 | |
| プレイヤーへの興味 | 2.66 | 2.69 | |
| N | 597 | 701 | |

注）*p<.05.　**p<.01.　***p<.001.

記す。

(1) プレイヤーは子どもたちの「役割モデル」となっていたこと

・少女や女性がスポーツに参加することを促進するすばらしい経験である。
・女子ワールドカップは、若い人々がスポーツをする動機づけとなる。
・アメリカ代表チームは、若者に対してよい役割モデルを提示し、女性サッカーの認識とスポーツにおけるその位置づけを高めた。
・子どもたちが、私たちの社会にとっての有能な貢献者としての女性を目の当たりにする機会となる。

写真4　日本サポーターのサッカー少女
（シビックスタジアム、ポートランド）

(2) 支出に見合うエンターテイメント（娯楽、楽しみ）が提供されていたこと

・運営が円滑であり、競技以外のイベントを含め、入場料に見合う価値があった。
・女性たちは、質の高いサッカーをした。観客の雰囲気もよかった。価値あるチケットであった。
・世界的に有名な選手のプレイを見ることはエキサイティングな経験だ。入場料の支払いに適う価値があった。

(3) ＷＷＣ99の観戦が「家族の親睦」を強くする機会を提供したこと

・熱心なサッカープレイヤーである娘とここに来ました。今日、過ごした時間は私たち家族にとって、大切な記憶となるでしょう。

・私たち家族は、プレイヤー、コーチ、そしてファンとしてサッカーを楽しんでいます。

・私の九歳の息子と一一歳の娘、そして夫は、今日の二試合と試合前のイベントを大いに楽しみました。

(4) 大会会場には「健全な環境」があったこと

・子どもと安心して過ごせる会場運営であった。

・ここで働く人々は、友好的でよく手助けしてくれることがわかった。

・素敵で安全な環境だった。

・私は合衆国における女性と男性のサッカーを振興することに最善を尽くす。それによって、ファミリーとコミュニティが作られると信じている。

写真5　笑顔の大会運営スタッフ
（スパルタンスタジアム、サンノゼ）

## 3. WWC99のプロモーションからの示唆

調査によって確認された観戦者の特性と組織委員会が設定した標的市場には、整合性が高く、標的市場設定の妥当性、標的市場へのアプローチなどの点から、WWC99に用いられたセグメント・マーケティングを中心としたプロモーションは、高い有効性を持つことが明らかになった。

WWC99では、スタープレイヤーの育成と活用、有能かつ知名度の高い女性を組織のトップとして採用することによるメディア・アテンションの確保、標的市場の明確化に基づくコーポレート・コミュニケーションの提案、ロールモデルとしてのプレイヤーの育成と活用、女性の権利団体や組織との連携による社会的ムーブメントづくり、標的市場への効果的なアプローチとしてのグラスルーツ活動など、一定の汎用性を持つ施策が多くみられた。

そして、WWC99のプロモーション戦略は、以下のような点から我が国のスポーツプロモーションへの示唆を与えていた。

**効率の高いマーケティング活動の実施**　二か年半にわたるアメリカ女子代表チームによるグラスルーツ・プロモーションは、女子サッカーの普及、とりわけ開催地周辺の市場開拓に大きく機能していた。ややもすれば「砂に水をまくようになりがちな」（仲澤眞「マーケティングリサーチの成果がアメリカサッカーの成長を押し上げる」『FRONT』第一六号、Jリーグ選手協会、一九九九年）グラスルーツ活動の効率性を求めた展開が必要である。

また、標的市場（マーケティング活動の重点対象）を設定し、その市場の特性に対応したマーケティング戦略を策定、実施していくことが今後、重要になってくると思われる。WWC99のプロモーションは、セグメント・マーケティングの手法を活用し、いい意味での「市場の見切り」がみられた。その標的市場への集中的な働きかけが、結果として大きな波及効果をもたらしていた。

**社会的なステイタスの向上**　ロールモデルとしてのプレイヤー、および代表チームの活躍が際立ったWWC99であった。このようなプレイヤーの役割認知と役割遂行が、プレイヤーや当該スポーツ種目の社会的ステイタスを高めていくことになると思われる。そのためには、ピッチの内外を問わず、ユース年代の「あこがれ」や保護者の子育ての目標となるような責任ある行動や言動を伴い、希望のあるライフスタイルの提案ができるプレイヤーの存在が不可欠である。ロールモデルとしての社会的機能を担うことができるプレイヤーの育成は、スポーツ組織が取り組むべき、今後の重要な課題である。

**新たな組織的な連携の確立**　WWC99では、ガールスカウトやロータリークラブなど、スポーツ組織以外の市民団体との連携関係が構築されていた。ユニセフの事業との連携においても、グローバルのメディアでの大会のプロモーションを可能にしていた。このような女性スポーツをめぐる新たな組織間関係の構築は、有効なプロモーション・フォースとなっており、新たな市場開拓をも可能にしていた。例えば、女性スポーツ種目のプロモーションを例にすれば、女性の権利団体、女性スポーツの支援団体・組織、あるいは自治体の男女共同参画に関係する組織などとの新たな組織的連携を模索することも重要となり、スポーツの社会的機能の発揮は、新たな組織的連携を生み出す可能性を持っていることが示唆された。

（本調査研究は、㈶日本サッカー協会拠出による「プロフェショナルスポーツ研究助成平成11年度」の助成を受けて実施したものである[3]。）

［註］

(1) 一〇代女性においては、八七・〇%が現役のサッカープレイヤーであると回答していた。

(2) 観戦動機については、先行研究（Kahle, L. R., Kambara, K. M., and Rose, G., "A functional model of fan attendance motivations for college football", *Sport Marketing Quarterly*, 5-4, 1996.; Mahony, D. F., Madrigal, R. and Howard, D., "Using the psychological commitment to team (PCT) scale to segment sport consumers based on loyalty", *Sport Marketing Quarterly*, 9-1, 2000.; Sloan, L. R., "The motives of sports fans", Goldstein, J. D. (ed.), *Sports, games, and play: Social and psychosocial viewpoints* (2nd ed.), Lawrence Erlbaum Associates, 1989.; Sloan, L. R., Bates, S., Davis, W. and Schwieger, P. K., "Are sports' appeal and sports' consequences derived from the same fan motives? Support for the achievement seeking needs", Paper presented at the meeting of the Midwestern Psychological Association, 1987.; Wann, D. L., "Preliminary validation of the sport fan motivation scale", *Journal of Sport & Social Issues*, 19, 1995.）をもとに、ドラマ性、娯楽性、パフォーマンスの美、サッカーへの興味、スポーツにおける女性の機会均等への支援（表中では「男女の機会均等」と表記）、チームへの興味、代理的達成、プレイヤーへの興味の項目を採用した。なお、表12のなかのスコアは、一～五段階のリッカートスケールにて得られた回答の平均値である。

(3) 仲澤　眞、松本光弘、Daniel Funk, Daniel Mahony, 平川澄子、高橋豪仁「第3回女子サッカーワールドカップの観戦者に関する調査研究」『平成11年度プロフェッショナルスポーツ研究助成報告書』筑波大学大学院修士課程体育研究科、二〇〇一年。

# スタジアムの快楽と憂鬱

吉田幸司

　スタジアムの開門と同時に、人々の群れが入場ゲートへと吸い込まれていく。年齢も性別も多様な彼ら彼女らが目指すのは、それぞれが選手を応援するための場所。埼玉スタジアム２００２は、Ｊリーグ浦和レッドダイヤモンズ（以下「浦和レッズ」と略す）のホームスタジアムの一つである。約九千席ほどの埼玉スタジアム２００２の北側サイドスタンドは、無機質なコンクリートの通路、階段、壁、そして青と緑の座席からなっている。わずかにコンコースと観客席をつなぐ六か所のゲートだけは赤く塗られているが、観客のいない平日の北側サイドスタンドには、あの浦和レッズ・サポーターが密集して選手を応援するホームスタジアムを思い起こさせるものは何もない。

　その北側サイドスタンドが、浦和レッズの「ゴール裏」へと容貌を変えていくのには、ひとたび開門してしまえばさほど時間はかからない。スタジアム最前列の手すり、コンコースへのゲート、最上段の壁。灰色のコンクリートや手すりに、ダンマク（横断幕）が次々と隙間なく設置され、スタジアムはチームカラーの赤・白・黒に染まっていく。多くのサポーターがスタジアムで身にまとう服も、チームカラーを基調に選択されているようだ。そうして試合が始まる頃には、青と緑の約九千の座席はすっかり赤・白・黒に彩られたサポーターでいっぱいになっているのだ。浦和レッズのゴール裏の出来上がりである。

　こうした光景は、埼玉スタジアムだけで見られるわけではない。浦和レッズの元来のホームスタジアムである「聖地」駒場スタジアムで見られるのはもちろんのこと、関東近郊のアウェイゲームでゴール裏に空席が目立つようなことはほとんどない。収容人数の少ないスタジアムでの試合は、ゴール裏自由席のチケットが発売初日に数分経たずに完売することも多々ある。なぜ、彼ら彼女らは、時にはチケット争奪戦をくぐり抜け、足繁くスタジアムへと通うのであろうか。何が彼ら彼女らを浦和レッズへ惹きつけるのであろう。

　筆者がスタジアムで最初に体感したのはボールを蹴る「音」であった。それからレッズ・サポーターの応援、周囲の観客の話し声、野次、歓声、悲鳴、そして怒声。テレビでは体感できないスタジアムの「雰囲気」がそこにはあった。レッズ・サポーターは「熱狂的」と評されることが多いが、実際にスタジアムに足を運んでみると、レッズ・サポーターがスタジアムに集うという現象が「熱狂的」という一言で表現できる類のものではないということがよくわかる。決して声をからして応援し、手拍子をたたき、跳ね続けて選手を鼓舞するものばかりではない。最前列でデジカメを片手に贔屓の選手の活躍を一目見ようと身構えている人もいれば、スタジアムで酒を飲んで馬鹿騒ぎをしたいだけの人もいる。まるでストレスを解消するためであるかのように相手チームや審判へ罵詈雑言を浴びせる人もいれば、監督気分で選手に指示を出す人もいる。スタジアムに集う人々のその「熱狂」の表現方法はさまざまなのだ。

　そしてこの多様な人々が、一斉に顔を綻ばせ、喜びの感情を共有させる瞬間がある。それは選手が得点につながる決定的なプレイを見せたり、逆に失点につながるシーンをすばらしいディフェンスでクリアしてみせたときであり、何よりも勝利を決定づける得点の瞬間であり、九〇分間を戦い終え勝利した瞬間である。チームの勝利を目の前で見たいという、そこに集う人々の共通の願いが達成されたとき、幸福に満ちたスタジアムの雰囲気を感じることができる。もちろん、すべての試合に勝つわけではないので、こうした雰囲気をいつでも感じられるわけではない。目の前で戦っている選手たちが、不甲斐ない試合をすれば直ちにスタジアムの雰囲気は険悪になり、審判の判定一つにも厳しい非難の野次が浴びせられる。

　このようにスタジアムの雰囲気は、ピッチ上の戦いによって様相を変え、またそうしたスタジアムの雰囲気にピッチ上の戦いは左右される。それゆえに、チームを勝たせるためには、直接的に選手を鼓舞する応援ばかりではなく、スタジアムの雰囲気をコントロールする側面も要求される。そのためにレッズ・サポーターの応援は、試合展開によって数十種類のコールや歌を駆使して組み立てられていくのである。であれば、サッカーというゲームの成立は、ある程度はスタジアムの雰囲気を作り出すサポーターに委ねられていると言っても、決して言い過ぎではないだろう。二〇〇五年に行われたドイツ・ワールドカップのアジア最終予選・朝鮮民主主義人民共和国（北朝鮮）対日本の試合は、無観客試合であったが、日本のワールドカップ本戦行きが決定するかどうかという試合の持つ緊張感と、空っぽのスタジアムにボールを蹴る音が響く光景との落差に、どことなく違和感を覚えなかったろうか。人々がスタジアムに何度となく足を運ぶ理由の一つには、意識的にせよ無意識的にせよ、サッカーのゲームの成立という根幹の部分で自分が関与できると感じられるところにあるのではないだろうか。しかし、それだけではJリーグにたくさんのクラブがあるなかから、なぜ「熱狂的な」レッズ・サポーターになるのか、という問いに答えたことにはならない。

　ここで一つ事例を挙げよう。二〇〇三年十一月、浦和レッズはカップ戦のタイトルを獲り、Jリーグ創設以来の無冠の歴史に終止符を打った。この日、国立競技場の七割以上が浦和レッズの勝利を願う人々で埋まった。この試合の選手入場時に、バックスタンドから浦和側のゴール裏、そしてメインスタンドにかけて観客席の約四分の三が赤・白・黒のストライプ模様の人文字に染まったのである。「どれだけの仲間がスタジアムにいるかが選手に一目でわかるように」と、レッズ・サポーター自身の手で配られた五万枚近いビニール製のシートによるものであった。この光景に選手は勇気づけられ、4－0と宿敵・鹿島アントラーズを寄せつけずに勝利したのである。

この事例はまさに、その場にいた何万人ものレッズ・サポーターが、目の前のチームを勝たせたいという気持ちで「一枚岩」になった事例である。あるサポーターは、浦和レッズの特殊性として「中間層の意識の高さ」に言及する。応援をリードするコア層だけでなくスタジアムに集う多くの人々が、九〇分声援を送ることはしなくても、選手を勝たせるために各自のできる範囲で応援に参加する必要性を理解している、そういうスタイルが出来上がっているのだ。

日常生活で交差することのない何万人もの人々が、週末ごとに一所に集まり、その表現方法はさまざまにせよ、チームを勝たせるという目的一つで、一緒に泣いたり笑ったり、怒ったりする。喜びも苦しみも悲しみも、そこにある感情の共有はレッズ・サポーターを形作ってきた財産であり、その積み重ねが「浦和レッズのゴール裏」に固有の場所性・歴史性を付与してきたのである。浦和レッズには、チームを勝たせるためにサポーター皆が一枚岩になれるスタイルがある。なぜ浦和レッズなのか。数多く負けてきた憂鬱を厭わず、彼ら彼女らが浦和レッズに快楽を求め続けてきた理由はそこにありそうだ。

さて、浦和レッズのみならず、サッカーは世界中で人々に熱狂をもたらしているスポーツである。先の二〇〇二年の日韓ワールドカップにおける列島の熱狂は未だに記憶に新しい。それゆえ、サッカーのもたらす人々の熱狂をめぐっては、スポーツ社会学、あるいは文化研究の領域で多くの研究がなされている。だが残念ながら日本人研究者による研究の蓄積は未だ少ない。ここでは黄順姫編『W杯サッカーの熱狂と遺産』（世界思想社、二〇〇三年）、有元健、小笠原博毅編『サッカーの詩学と政治学』（人文書院、二〇〇五年）を挙げておく。また、日本語で読める数少ない海外の研究者による著作として、リーヴァー・J、亀山佳明、西山けい子訳『サッカー狂の社会学』（世界思想社、一九九六年）を挙げておこう。

# III

# 実践研究へのアプローチ

# 第11章　アスリートのキャリア問題

吉田　毅

アスリートのキャリアに関する問題は、大別すると二つの局面に分けて捉えることができる。一つは、アスリートとしてのキャリア（以下「アスリートキャリア」と略す）の形成上の問題であり、もう一つはセカンドキャリア、つまりアスリートキャリア終了後のキャリアをめぐる問題である。ただし、後者については、あくまでその要因が競技生活中のものである場合にのみ、アスリートの問題として取り上げるべきだろう。我が国では近年、スポーツ関係者の間でとりわけアスリートキャリア終了後への関心が高まり、セカンドキャリアに関する議論の方が活況を呈する向きがある。しかし、アスリートのキャリアに関する問題は、むろんアスリートキャリアを抜きにして語ることはできない。そのため、本章ではこれらについて順を追って論じることにしたい。

なお、アスリートの捉え方はいろいろとあるが、ここではそれを、競技力向上を主たる目的として日常的・継続的・専門的に競技活動に取り組んでいる者と捉えておく。また、キャリアとは、社会学においては「個人が職業上たどっていく経歴。職業経歴」（近藤美智子「キャリア」森岡清美ほか編『新社会学辞典』

有斐閣、一九九三年）と定義されているが、一般的な邦訳では「経歴」とされている。キャリアを職業経歴に限定すると、アスリートキャリアという呼称それ自体がしっくりいかなくなる。いうまでもなく、アスリートのなかには、競技活動を職業としている者だけではなく、職業としていない者もいるからだ。そのため、ここではキャリアを経歴と広義に捉える。

## 1．アスリートキャリアの昨今

### ■新たなアスリートキャリア ―― 地域クラブの台頭

我が国ではかつて、アスリート養成の場、換言すれば青少年が競技スポーツに取り組む場はほとんど限られていた。そのような場としては、小学校年代ではスポーツ少年団などの地域クラブ（団体）が、中学・高校年代ではいわゆる部活（学校運動部）が主流であった。特に、中学・高校年代の伝統的なアスリートキャリアモデルは、学校教育制度を基盤とした画一的・単線的なものに止まっていた。いまを時めく大リーガーのイチローや松井秀喜、サッカー日本代表の中田英寿や中村俊輔をはじめ大多数のトップアスリートが、中学・高校時は部活に打ち込んできたキャリアを持つ。

しかし今日、学校教育制度と一線を画する地域クラブが著しく増加してきた。それにより、中学・高校年代では、地域クラブを軸とする新たなアスリートキャリアモデルが誕生したといっても過言ではない。

特にサッカー界では、二〇世紀終盤から競技力向上に主眼を置く、長期的視野に立った幼少期からの一貫指導体制の確立が日本サッカー協会主導で図られている。Ｊリーグにはそうした体制をとることが義務づけられており、Jリーグに準ずる地域クラブが各地で相次いで設立された。いまや地域クラブで競技活動に打ち込む中学・高校生は少なくないし、プロ・アスリートのなかでも地域クラブ出身者が珍しい存在ではなくなった。

詳しくみると、中学・高校と地域クラブに所属する者もいれば、いずれかの時期だけ地域クラブに所属する者もいる。なかでも、地域クラブの平日の練習時間が高校年代では学校生活とうまく噛み合わないこともあり、中学時は地域クラブに所属していた者が高校時には部活に移るケースが増えつつあるようだ。また、以前からあった高校球児の野球留学は部活を舞台とするものだが、地域クラブを舞台とするサッカー留学がみられるようにもなっている。中学・高校年代のアスリートキャリアは今日、地域クラブが絡んだ形で多様化の様相を呈している。

## ■地域クラブへのシフト?

こうした状況を部活から地域クラブへのシフト、換言すれば部活の代替としての地域クラブといった図式で捉えようとするのは時期尚早である。部活が廃れたというわけではないからだ。例えば、野球界におけるアスリートキャリアは、部活を軸とする伝統的モデルの範疇に止まっており、未だに変化の兆しはみえてこない。この他にも多くの種目で、アスリート養成の場として部活が主流であることに変わりはない。その意味で、中学・高校年代のアスリートキャリアは、種目間の差異化が顕著になっているといえる。

ただし、サッカー界においても、依然として部活の方が地域クラブよりも圧倒的に多く、優れた競技態勢を持つ部活が各地に点在している。また、地域クラブが複数存在する地域もあれば、まったくない地域もある。現状では地域間の差異化も顕著になっているのだ。そもそも地域クラブは、歴史的に浅く、一部（Jリーグなど）を除いて制度的・財政的に不安定であるのに対し、部活は学校教育制度という確固たる基盤の上に成り立っている。将来的にも多くの種目で、部活が根強く存続することは間違いないだろう。

要するに、部活が全般的に健在であるなか、特にサッカー界では、部活を軸とする伝統的なアスリートキャリアモデルと地域クラブを軸とする新たなそれとが、併存する状況となっているのである。価値観の多様化が著しい今日、青少年アスリートにもさまざまな個性や好みがあることはいうまでもなく、それらを受け入れて活かすには、部活だけでは難しい面がある。また、専門的指導者がいないなど、アスリートとしての望みが部活では叶えられそうにない場合もある。多くの青少年アスリートのよりよいアスリートキャリア形成のためには、部活に加え地域クラブもある状況は望ましい。ただし現状では、各々において問題があることは否めない。例えば『スポーツ部活はいま』（城丸章夫、水内宏編『スポーツ部活はいま』青木書店、一九九一年）にも詳述されているような、部活で生じている過熱化などの問題は、改善されなければならない。また、地域クラブはまだまだ数少なく、多くの種目でますますの発展が望まれている。

一方、成人期の伝統的なアスリートキャリアモデルの一つの軸となっている企業運動部には、特に二〇世紀末から明らかに翳りがみられるようになった。これが企業論理（企業の経営状況や戦略など）に左右されることはいうまでもないが、実際にバブル後の不況期が続くなか、多くの種目で企業運動部の休・廃部が相次ぎ、身の振り方に困惑するアスリートが続出した。プロ野球界でも、例えば二〇〇四年に近鉄やダイエーの問題が世間を賑わしたが、そのような球団の合併や買収などの騒動は今後も起こりかねない。

そうしたなか、企業運動部に代わるものとして、地域をベースとするクラブづくりの動きが目立つようになった。また、野球界の四国アイランドリーグ（独立リーグ）のように、アスリートの活動の場を、地域をベースとして新たに構築し、拡大しようとする動きもみられる。今後も、アスリートの処遇が企業論理に振り回されるという懸念を払拭することはできない。成人期におけるアスリートキャリア形成の安定化のためには、いかに企業論理から脱却した軸を作るかが鍵となる。それにあたり、地域クラブへのシフトは有効であるに違いない。

なお、従来は、部活や企業運動部を軸とするアスリートキャリア形成をめぐる問題について検討が進められてきたが、今後はさらに、新たな潮流である地域クラブを軸とするアスリートキャリア形成をめぐる問題について解明していくことが求められる。新しいものは、ともすれば画期的であるともてはやされる傾向があるが、それに止まることなく、現状を冷静に見据え、新たに地域クラブで生じている問題について洗い出していくことも重要である。

## 2. アスリートキャリア形成上の問題

アスリートキャリア形成をめぐる問題は、枚挙に暇がないほどあるが、とりわけアスリートの社会心理的な側面としてドロップアウトやバーンアウトの問題、また環境的な側面としてアスリートキャリア形成の場の問題は主題となるものであろう。そのうち後者の要点は、すでに述べたので、ここでは前者に焦点を当てて論ずることにする。

## ■ドロップアウト

ドロップアウト（中途離脱）によって、それまで歩んできた道が途絶えることはいうまでもない。その意味でドロップアウトは、アスリートキャリア形成という点では最も重大な事態ということになるだろう。

我が国において、競技スポーツ（主に部活）からのドロップアウトの要因に関する研究は、特に中学・高校運動部員を対象として一九八〇年代から進められてきた。そこではドロップアウトの主たる要因として、人間関係の軋轢、学業との両立、それに練習や緊張感の辛さといった問題が挙げられている。いずれも基本的には、スポーツへの社会化過程にある中学・高校年代のアスリートなら誰もが直面し得るだろうが、これらをそのままアスリートのドロップアウトの要因と見なすことはできない。上記の研究で対象とされている運動部員のなかに、アスリートと呼べる者がどれほどいるかが定かでないからである。

アスリートの現実に目を移せば、競技活動に没頭するあまり、他の物事にはほとんど無頓着になっている者や、たとえ上記のような問題に直面しても、さして困難と感じることもなくドロップアウトには至らない者が多いのではないかと思われる。ちなみに学業との両立の問題は、アスリートのドロップアウトの主たる要因となり得るものではないだろう。これについていえば、後述のようなアスリートのセカンドキャリアに関する議論は、中学・高校年代のアスリートが学業との両立をめぐる困難を経験するどころか、むしろ学業をなおざりにして競技活動に没頭する姿が目立つからこそ生じている面もある。

さて、競技スポーツ界では従来、ともすればドロップアウトを全面的に問題視し、防止しなければならないものと捉える傾向があったが、そもそもアスリートのドロップアウトには、いわば競技スポーツ界の必然とみるべきケースもある。つまり、近代スポーツを基礎とする競技スポーツは「自由競争の論理」を包摂している（中村敏雄「近代スポーツの論理」影山健ほか編『現代スポーツ論序説』大修館書店、一九七七年）。この世界は「優勝劣敗」、あるいは「弱肉強食」の世界といえる。そこでは、つねに「生存競争」が繰り広げられており、そもそも「適者」しか生き残ることはできないのだ（川口智久「現代スポーツ論批判」影山健ほか編『現代スポーツ論序説』大修館書店、一九七七年）。後々まで適者として生存できる者は、ごくわずかに過ぎず、大多数は不適者として遅かれ早かれ淘汰される運命にある。それゆえ、こうした競争原理に関する要因、換言すれば競技力に関する要因によるドロップアウトは、競技スポーツ界では必然的・常態的に生起する止むを得ない現象ともいえる。ただし、この種のドロップアウトでも、その後に競技活動の代替として取り組む活動がないといったケースは看過できないが、こうしたケースはむしろセカンドキャリア形成をめぐる問題となる。

それでは、アスリートキャリア形成という点で問題視すべきドロップアウトは、どのようなケースであろうか。端的にいえば、競争原理とは異質の要因によるものである。例えば、以前からあった青少年期のスポーツ界の体質的・構造的な問題点、つまり過度の練習や威圧的・抑圧的指導、しごきやいじめ、それに集団の旧来的な封建的体質や風習などによるドロップアウトである。アスリートが主体的に選択する場合であれ、余儀なくされる場合であれ、この種のドロップアウトは大いに問われなければならない。それによっては、有望なアスリートがスポイルされることにもなりかねないからである。

一方、競争原理とは異質の要因でも、競技活動の他にやりたいことが生じたという要因によるドロップアウトは、特に問われるべきケースではないだろう（ただし、やりたいことの内容にもよるだろうが）。我が国では従来、ともすればドロップアウトする者には、落伍者ないしは逸脱者といった消極的・否定的なラベリングがなされる傾向があったが、ドロップアウトを捉える際には、それが当の本人にとっていかなる意味を持つのかという点を踏まえるべきである。ドロップアウトには、他の活動へのトランスファーというケースもある（Klint, K. A. and Weiss, M. R, "Dropping in and dropping out: Participation motives of current and former youth gymnasts", *Canadian Journal of Applied Sport Science*, 11(2), 1986.）。上記のケースは、これに該当するのであり、当の本人にとってはむしろ積極的・肯定的な意味を持ち得るものと見なすことができる。当該種目の競技界のみを基準とするのではなく、時間的・空間的に視野を拡大してドロップアウトを捉えることが必要であろう。

なお、現状の競技スポーツ界では、アスリートにとって種々の困難は不可避といっても過言ではない。ちなみにトップアスリートの場合、ドロップアウトの要因となり得るような困難を経験していないわけではなく、むしろそうした困難を克服してきたからこそトップアスリートとなり得たのだろう。そもそも、大なり小なり困難を克服していかなければ、アスリートキャリアを形成し続けることはできないともいえる。

## ■バーンアウト

アスリートのバーンアウト・シンドローム（以下「バーンアウト」と略す）、訳せば燃え尽き症候群が、一九八〇年代半ば頃からスポーツ関係者の間で盛んに議論されるようになった。これは、必ずしもドロップアウトにつながるわけではないが、アスリートキャリアの形成上、重大な問題の一つであることは確かであろう。

バーンアウトとはそもそも、医療スタッフに認められた病理現象として、米国の精神科医フロイデンバーガー（Freudenberger, H. J., "Staff burn-out", *Journal of Social Issues*, 30(1), 1974.）によって報告された。その後、主として対人的な専門職を対象とした研究が進められる最中、これがアスリートにも認められるものとして注目されるようになったのである。アスリートのバーンアウトの概念については、岸、中込（岸順治、中込四郎「運動選手のバーンアウト症候群に関する概念規定への試み」『体育学研究』第三四巻、一九八九年）が心理臨床的見地から詳述しているが、端的にいえば、次のようなケースがアスリートのバーンアウトということになる。

当該種目の競技活動の他に楽しみや生きがいを持たない者が、長期にわたってそれに献身的に努力する。しばらくは努力に見合った報酬（良好な競技成績など）を得て、順調な競技生活を送るが、のちには競技成績が低迷するなかで、努力が報われない感覚に苛まれ不満を持つようになる。それでも競技活動に固執し、努力し続けるが、事態は変わらない。こうした過程で不満を募らせると共にストレスを蓄積し、生活全般にわたって燃え尽きたような無気力状態に陥るケースである。主な症状としては、情緒的消耗、個人的成就感の欠如、対人的コミュニケーションの困難などが挙げられ、各々が重症から軽症まで連続的に捉えることができる。

アスリートのバーンアウトに関する研究は、従来、主として心理学や社会学の視座から進められてきた。バーンアウトが発生の社会心理的なメカニズムに着目して名づけられた用語であることから、アスリートのバーンアウトについても、上記のような概念を基に、そうしたメカニズムの解明が各々の視座から試みられている（拙稿「大学競技者におけるバーン・アウトの発生機序に関する事例研究」『体育・スポーツ社会学研究』第八号、道和書院、一九八九年。中込四郎、岸順治「運動選手のバーンアウト発症機序に関する事例研究」『体育学研究』第三五巻、一九九一年）。ちなみに従来の知見は、社会学的な人格形成論である社会化論（なかでも主体的社会化論）の視点から、概して次のように解釈することができる。

バーンアウトに至ったアスリートは、青少年期における過去の栄光（成功経験）を伴った順調なアスリートキャリアを通じて、強固なヒーロー的アイデンティティを形成していた。しかし、その後、競技成績が低迷し、そうしたアイデンティティを満たせない問題状況に直面した。かかる状況においても、彼らは望みを持って、ひたすら競技活動に打ち込んだのだが、競技成績を好転させることはできなかった。そうしたなかで、アイデンティティを修正するなど何らかの対処ができればよかったが、彼らはそれに資する主体性を備えていなかった。それゆえ、ヒーロー的アイデンティティを満たせず、もっぱら不満を募らせると共にストレスを蓄積し、バーンアウトに至ったのである。

このことからは、アスリートにとって過去の栄光は両刃の剣であること、アスリートキャリアはただ単に形成し続ければよいわけではないことなどが示唆される。アスリートキャリアの形成の仕方、特にその過程における人格形成のあり方が肝心といえよう。強固なヒーロー的アイデンティティは自惚れへと通じる。長期にわたって競技生活を送っていくなかでは、誰でも思うような競技成績を収められないことはあるし、低迷期を経験することもあるだろう。こうした状況に対処するにはそれ相応の人格、例えば自惚れではなく謙虚さ、問題解決に資する主体性などを有することが重要である。

## 3. セカンドキャリアをめぐる問題

冒頭で述べたように、我が国では近年、アスリートのセカンドキャリアに関する議論がスポーツ関係者の間で活発化している。一九九〇年頃から、いわゆるアスリートの第二の人生、つまりアスリートキャリア終了後の職業的問題への関心が高まっているのである。アスリートのセカンドキャリアについては、従来は主として「引退（retirement）」と題する研究のなかで中核的な問題として扱われてきたとみられる。アスリートの引退に関する研究は、もとより国外において一九五〇年代にスポーツ社会学の分野で行われ始め、一九八〇年代からはスポーツ心理学の分野でも行われるようになった。それ以降はこれらの分野で、例えばアスリートの引退を説明するために社会老年学や死亡学の理論モデルの適用が試みられるなど、着々と進められてきたが、我が国で着手されたのは、いずれの分野でも一九九〇年頃からである。

ところで、スポーツ社会学においては、一九八〇年代頃までに大きな関心を集めたテーマの一つとしてスポーツへの社会化（socialization into sport）の問題が挙げられる。アスリートのセカンドキャリアへの関心の高まりには、こうした「従来の社会化とは逆の社会化、つまり、選手から一般人への社会化、したがって選手になることや選手であることへの着目から、選手であったことへの視点の移行」（多々納秀雄「最新　海外論文紹介」『学校体育』第三六巻第六号、一九八九年）という意味での新しさが認められる。

次に、この問題の背景についてみていこう。

■問題の背景 ―― 昨今の競技スポーツ界の状況

アスリートは、あまりにも早い年齢で引退の時を迎えざるを得ない。アスリートの引退は基本的に、一般の定年退職とは異質といえる。アスリートの場合は、その後の第二の人生において、いかにセカンドキャリアを形成していくかが非常に重要な問題となる。にもかかわらず、昨今の競技スポーツ界は、アスリートの引退後の職業生活が懸念される状況にある。

スポーツは今日、国家間の競争が激化するなか、スポーツ科学の発展などにもより、ますます高度化、専門化の一途を辿っている。我が国では、こうした状況に伴ってプロ化が進んでいるが、その影響もあり、多くの者が他者に勝ろうとしてスポーツに打ち込むようになっている。アスリート間の競争がさらに激しくなっているのだが、むろんこの状況は我が国に限ったことではないだろう。いうまでもなく、競技スポーツ界でアスリートとして生き残るには、おびただしい肉体的・精神的労力を競技活動に傾注することが求められる。それゆえ、アスリートは競技生活中、競技生活終了後の職業（活動）のための備えをする余裕がなかったり、なかなかその気になれない（あるいは気が回らない）のが現実ともいえる。

北米では、特にトップアスリートの引退を「社会的な死（social death）」とする見解すら示されている（Lerch, S. "Athletic retirement as social death: An overview", Theberge, N. and Donnelly, P. (ed.) *Sport and the sociological imagination*, Texas Christian University Press, 1984.; Rosenberg, E., "Athletic retirement as social death: Concepts and perspectives", Theberge, N.and Donnelly, P. (ed.) *Sport and the sociological imagination*, Texas Christian University Press, 1984.)。かなり深刻かつ悲観的に捉える向きもあるのだ。一方、我が国では従来、引退後に職業上の困難を経験する元アスリートの存在が、たびたびジ

ャーナリスティックな報道などで取り上げられてきた。

しかしながら、先行研究では、アスリートが必ずしも引退後に職業上の困難を経験しているわけではないことが報告されている。実際には、そうした困難を経験する者もいるが、経験しない者も少なくないようである。要するに、アスリートのセカンドキャリア形成の様相には明暗があるとみられる。ただし、明暗は個々によって程度的に差があるだろうし、明暗のせめぎ合いがあるケースやいずれとも言い難いケースもあるだろう。

それでは、明暗を分ける要因は何か。コークリー（コークリー・J、影山健ほか訳『現代のスポーツ　その神話と現実』道和書院、一九八二年）は、アスリートの引退後の職業生活が困難になる理由は、アスリートが「スポーツ以外の職業への就業のために何の準備もやっていないことと、新しい職業への心理的適応能力が低いこと」と指摘する。この指摘から示唆されるように、明暗を分ける主な要因として、アスリートの職業的条件（利点）とアイデンティティ（自我同一性）の問題が挙げられる。

## ■職業的条件について

アスリートキャリアを通じて獲得される当該種目に関する事柄（技能や知識など）は、一般的なセカンドキャリア形成のためにはほとんど役に立たない。もちろん、それが全面的に職業的条件（利点）となり得ないわけではない。実際に、現役生活で得た種々の能力を活かして、指導者や解説者、あるいは評論家になる者がいる。また、人気や名声を活かして、タレントや政治家などになる者もいる。しかし、これらの職業に就ける者は、多くのアスリートのなかでごくわずかに過ぎないし、たとえ就けたとしても、いずれの職業も、いわばサードキャリアの備えを要するほど長期的にみれば不安定といわざるを得ない。

アスリートにおいて、セカンドキャリア形成を促進するには、他の職業的条件、つまり学問をはじめ、社会的地位獲得の際に一般的な選別基準となり得る職業的条件を有することが有効であろう。そうした条件を体系的に把握するには、ブルデューの資本に関する議論が手がかりとなる。ここでいう資本とは、それ特有の「利潤を生み出す領域」を持つ「利潤の獲得のための『元手』」（加藤隆雄「資本をめぐる実践」宮島喬編『文化の社会学』有信堂、一九九五年）という意味である。

こうした資本の主だったものとして「文化資本（capital culturel）」と「社会関係資本（capital social）」が挙げられる。文化資本とは、端的にいえば「個人が所有する文化的『資産』」（伊藤公雄「文化資本」森岡清美ほか編『新社会学辞典』有斐閣、一九九三年）である。ブルデュー（ブルデュー・P、福井憲彦訳「文化資本の三つの姿」『actes』第一号、日本エディタースクール出版部、一九八六年）によれば、それには「持続的に身体を使うことによって蓄積される形式」である「身体化された様態」がある。この様態は、「知識、教養、言語、文化的趣味、身体の使い方」などで、いずれも個々の文化的能力に関わるものといえる（宮島喬『文化的再生産の社会学』藤原書店、一九九四年）。また、それとも関連して、学歴や資格、あるいは海外留学経験などの「制度化された様態」がある。これは「身体化された文化資本が、ひとつの領域のなかで、固定化され保証されたもの、肩書やいわゆる『箔』となったもの」と解釈され、「当の市場において正統化されている資格や経験であるがゆえに」、正しく職業的利点となり得る（加藤隆雄、前掲書）。他方、社会関係資本とは、個々が所有する「相互認識（知り合い）と相互承認（認め合い）とからなる、多少なりとも制度化されたもろもろの持続的な関係ネットワーク」である（ブルデュー・P、福井憲彦訳『『社会資本』とは何か―暫定的ノート」『actes』第一号、日本エディタースクール出版部、一九八六年)。この資本は、いわゆる人脈やコネのようなものだが、文化資本よりは劣るものの、あらゆる職業において利潤を生み出し得るものといえる。実際に人脈が職業的利点を得るうえで一役買い得ることは周知の通りである。これらの資本のなかで、人脈はもとよりいまや学歴なども、アスリートキャリアを通じて獲得し得るようになっている。

セカンドキャリア形成に向けて、当該種目に関する事柄だけでなく、こうした一般的な職業的条件となり得る資本をアスリートが有することができれば、個々において職業選択の幅が広がるなど、セカンドキャリア形成が促進され得るだろう。ただし、競技生活中に、競技生活終了後に就こうとする職業がすでに決まっていれば、むろんそれに関わる資本だけ備えれば事足るともいえる。

### ■アイデンティティについて

アスリートにおいて、アスリートとしてのアイデンティティは、セカンドキャリア形成に際してはマイナスに作用しかねない。従来、アスリートの引退をめぐるアイデンティティの問題が、主にスポーツ心理学の分野で検討されている。近年、これについて積極的に研究を展開している豊田によれば、従来の研究報告は「アスリートとしてのアイデンティティが強固であればあるほど、競技引退に伴って問題を呈しやすいことを示唆している」(豊田則成「アスリートの競技引退に伴うアイデンティティ再体制化に関する研究」『スポーツ教育学研究』第一九巻第二号、一九九九年)。実際に、アスリートキャリア終了後、新たな職業生活へと移行するにあたり、強固なアスリートとしてのアイデンティティが足枷となって、競技活動以外に関心を持てる職業（活動）が見つからず途方に暮れる者が認められる。

確かに、アスリートとしてのアイデンティティが強固な者ほど、セカンドキャリア形成という点では高いリスクを負いかねないだろう。というのも、この場合は通常、アスリートの代替となり得る職業（活動）は限られてくるし、セカンドキャリアに即してアイデンティティを再形成するのに長い時間を要すると考えられるからだ。

とはいえ、アスリートが競技活動に専心すればするほど、アスリートとしてのアイデンティティは強固になっていくであろう。それは止むを得ないことでもあるし、アスリートにとって、アスリートとしてのアイデンティティが強固であることは否定されるべきではない。このアイデンティティは、あらゆるアスリートにおいて、基本的には青少年期の競技生活を通じて大なり小なり形成され、それ以降のアスリートキャリアを形成していくうえで礎となるものだ。また、アスリートが競技生活上の困難に出会った際には、それを克服するための活力ともなり得る。アスリートとしてのアイデンティティが脆いアスリートは、ちょっとした困難に出くわしただけでも簡単にドロップアウトしかねないだろう。この意味で、アスリートにおいて、それが強固であることはむしろ望ましいともいえる。

実際には、セカンドキャリア形成上、アスリートとしてのアイデンティティが強固でもさして困難を経験しない者もいるし、それが強固ではなくとも大きな困難を経験する者もいることが、先行研究などから知ることができる。要するに、セカンドキャリア形成の明暗を分けるのはアイデンティティの様相だけではない。端的にいえば、アスリートとしてのアイデンティティが強固な者でも、アイデンティティ再形成の時間的ないしは精神的な余裕、およびアスリートの代替となり得る職業（活動）に就くための備え（資本）があれば、セカンドキャリア形成上の困難は回避され得るだろう。逆にいえば、このアイデンティティがさほど強固ではない者でも、プロの世界でよくある突然の解雇のような場合や、上記のような職業上の備えが不足している場合は困難は必至であろう。

アスリートにおいて、アスリートとしてのアイデンティティを強固にしていくことは否定されるべきではない。しかし、第二の人生を考慮するならば、競技生活中でもそれに終始するのではなく、セカンドキャリア形成のための備えをすることも重要である。

■問題解決の方途

Jリーグは、Jリーガーの引退後のセカンドキャリア形成を促進するために、キャリアサポートセンターを設置している。アスリートを、用が済めば御払い箱としていた我が国の競技スポーツ界において、こうした組織的なサポートの実施は、非常に画期的といえる。すでに、セカンドキャリアを開始するためのサポートを当センターで受けて、第二の人生をいきいきと過ごす者が増えつつあるようだ。

近年、アスリートのセカンドキャリア形成のサポート体制を構築しようとする動きが、Jリーグ以外でもみられるようになったが、現状ではまだ、大多数のアスリートは組織的なサポートを受けることができず、自力でセカンドキャリアを開始せざるを得ない。将来的にそうした体制の構築が進んでいったとしても、アスリートすべてがサポートを受けられるようになるとは思われない。仮に受けられたとしても、組織的なサポートによるセカンドキャリア形成には限界があるだろう。

アスリートの望ましきセカンドキャリア形成のためには、組織レベルだけではなく、現場レベルでの個々の積極的な取り組みも不可欠である。アスリートは、セカンドキャリア形成へ向けて資本をいかに備えるか、備えた資本をいかに利用していくかなどに関するビジョンを持つことが重要であるが、前述のような競技スポーツ界で、それはアスリート個々の力だけでは難しい面がある。そのためには、指導の立場にある者の働きかけやサポートが必要であることはいうまでもない。アスリートの第二の人生をも考慮に入れた長期的視野に立った指導が求められる。この点に関して、サッカー元日本代表監督であるオフト（オフト・H、徳増浩司訳『日本サッカーの挑戦』講談社、一九九三年）の次のような指摘は示唆的である。「サッカーだけの世界に少年を駆り立ててしまったら、もしかしたら、その少年の一生を台なしにしてしまうかもしれない」。

# 第12章　現代都市社会の論理と「スポーツ」

田中研之輔

## 1. 問題の所在

都市社会は、多様な嗜好を持った人々を寛容に受け入れることで未曾有の人口を集積し、地理的規模をこれまで拡張し続けてきた。関心の異なる個人や集団が否応なくその身体を晒《さら》す都市的公共空間では、文化的活動の担い手たちが、時に競争や緊張関係に陥り、また時には同調や結合を取り結ぶ。このような個人間や集団間の相互行為を通じて社会的ネットワークが選択的に形成されることで、都市社会は農村や山村などの他の地域社会と比べて、社会的通念からいささか逸れた奇抜で異様な下位文化を豊穣に創出してきた（フィッシャー・C・S、松本康、前田尚子訳『都市的体験─都市生活の社会心理学』未來社、一九九七年）。

文化的活力を増幅させる装置としての都市は、社会が隠蔽する諸矛盾を曝け出す象徴的な空間的範域でもある。貧困、犯罪、売春、人口過密、景観・環境問題等、都市が抱える社会問題は、構造的な不可視性と複雑性ゆえに、その多くがいまも放置され続けている。貧困層の居住地区や犯罪の密集地区というように、生起する社会問題が特定の地理的エリアに集中して露呈することも都市の特性である。

すなわち、今日において都市社会とは、一方で、文化的シーンを牽引する現代社会のフロンティアを標榜し、他方で、社会的排除や空間的隔離と密接に結び付いた社会問題を内包した矛盾に満ちた範域なのである。

文化的活動と都市問題は、どちらも例外なく、人々が生活する日常的な空間に生起する。都市空間の利用をめぐる社会的秩序に関連して生じる、他の文化的活動の担い手や都市住民との交渉や折衝も、それ自体、都市の活力源でもある。とはいうものの、都市は、人々の生きられる経験に即して緩やかに空間を創造していくだけではない。

都市とは、空間を劇的に変貌させる破壊と再建を繰り返す。都市社会は、戦争や「テロ」による人為的破壊や、地震や洪水による自然災害的壊滅をこれまでに十二分に経験してきているし、そのたびごとに巨額の資本を投下し、膨大な労働力を動員し、日常的でない都市空間の危機を乗り越えてきた。また、平穏な暮らしからなる日常的な毎日においても、都市計画者や建築家らの恣意的なビジョンのもとに、都市はその空間を絶えず作り変えてきた（平山洋介『不完全都市―神戸・ニューヨーク・ベルリン』学芸出版社、二〇〇三年）。

問題が複雑に絡み合う都市社会の様相を可視化させようとする都市研究は、第一に微視的な都市の貌から都市の全体的な構造を浮かび上がらせていくミクロ・アプローチと、第二に都市を取り巻く国家や資本主義制度といったより大きな社会的・空間的文脈のなかで都市を位置づけ、そこで生起する問題に迫っていくマクロ・アプローチとの双方から、都市の歴史や具体的な現象、関心事を深く掘り下げ、その諸相に迫ってきた。上述した以外の観点では、①グローバル化時代における資本と人口の移動拠点としての世界都市、②情報化社会における情報集積機関としての都市、③高齢化と少子化等の社会福祉政策問題を抱える都市、④不安定就労者の社会的排除と都市間移動をめぐる構造的格差を再生産する都市、などが近年の成果として蓄積されてきている(中筋直哉「分野別研究動向(都市)―日本の都市社会学の動向と課題」『社会学評論』二〇〇五年)。

そこで本稿では、都市社会の諸相を浮かび上がらせる具体的なテーマとして「スポーツ」を新たに都市研究の従来の蓄積と関連づけていくことをねらいとする。それは同時に、スポーツを対象とした社会学的研究蓄積のなかに「都市」を埋め戻す試みへと連接していく。

## 2. 都市研究と「スポーツ」の接点

都市を対象とした社会学的研究の蓄積は、①古代・中世・近代都市の成立過程に、農村から都市への権力集中と市民共同体としての都市の可能性を歴史的に検証する近代都市論、②人間生態学的アプローチと方法としての都市民族誌をもとに社会解体の過程とコミュニティの生成に着目した初期シカゴ学派都市社会学、③初期シカゴ学派の都市イデオロギーを批判し、より大きな社会構造のメカニズム、とりわけ、資本主義体制のなかに、都市を位置づけていく新都市社会学、④新都市社会学の一国を単位とした国家と資本の分析を批判的に捉え、都市の外部と内部をめぐりグローバルな空間再編が共にせめぎ合う過程を解明した都市リストラクチュアリング論、の大きく四つの研究史的系譜に整理される（町村敬志、西澤晃彦『都市の社会学―社会がかたちをあらわすとき』有斐閣アルマ、二〇〇〇年。高橋勇悦監修『21世紀の都市社会学』学文社、二〇〇二年）。

これらの都市研究の蓄積のなかで、本節では、都市空間構造再編論、都市的公共空間論、都市的生活様式論、都市下位文化論、都市社会運動論、という五点の理論的視座との対話を念頭において、都市とスポーツとが交差する現代社会の諸相を検討していくことにしよう。

## ■都市空間構造再編の手段としての「スポーツ」――都市再開発を促進するメガ・スポーツイベント

二〇〇五年九月下旬、東京都が二〇一六年以降の夏季五輪大会の招致を正式に表明した。これにより、当面は五輪誘致を同じく表明している福岡市、札幌市との国内立候補地の選定に向けて、「都市」を主体とした誘致活動が展開される。東京が夏季五輪を誘致するねらいの一つは、五輪開催準備を契機にした大規模再開発による東京の都市改造にある。現代メガ・スポーツイベントの代表格である夏季五輪が、東京都の空間構造再編の手段として、いま再び選択されたわけである。

夏季五輪開催の歴史的経緯は、開催招致の立候補から国内開催候補地の決定に至るまでの誘致活動の主体が「都市」であること、そして、国内開催候補地の決定後、IOCに立候補を表明する段階からナショナルイベントとして「国家」が浮上してくることを、如実に物語る。我が国の都市社会学を牽引した代表的研究者の一人である磯村英一は、一九六四（昭和三九）年の東京五輪大会の経過を取り上げ、「東京都の影がかなり薄くなって、国の積極的な介入が目立つようになった」と指摘している（磯村英一「スポーツと政治」竹之下休蔵、磯村英一編著『スポーツの社会学』大修館書店、一九六五年）。

看過できないのは、「スポーツこそが人間の平等を完全にもたらし得るもの」だという過剰な期待をスポーツに寄せていた磯村が、東京五輪の招致と開催を通じて劇的な変化を遂げた東京の空間構造転換やこの間に噴出した都市問題に言及することなく、参加国増大による運営設備経費等の経済負担を賄うキャパシティを備え持つ「国家」の介入を指摘するに止まっている点である。

ここで問題視したいのは、メガ・スポーツイベントがナショナルな次元や政治の問題として取り上げる際の文化論的視座と、それにより見過ごされる「都市」という空間的範域についてである。メガ・イベントに着目したスポーツ研究の多くが、メガ・イベントを発信する情報メディアに焦点を当て、スポーツ文化に関わる人々の行動や振る舞いが、〈国家的なるもの〉を背景にして、醸成され、表出する様相の表象分析を加えてきた。

けれども、ナショナルな次元で語られる傾向の強いメガ・スポーツイベントは、現実レベルでは会場設置や宿泊施設をはじめ、開催に向けて都市を大規模に作り替えていく。会場周辺の空間を変貌させる大規模再開発を牽引するスポーツのインパクトは、文化論的な語り口では捉えきれない矛盾や問題を引き起こす。というのも、メガ・スポーツイベントは、多様で複層的な都市社会が抱える矛盾や問題から無縁ではいられないし、その反面で、メガ・スポーツイベントがこうした都市問題を助長し、また新たに引き起こしていることも十分に考えられるからである。

求められているのは、現実を一方的に読み解いてしまう便宜的な分析枠組みではなく、現実に身を寄せこだわり続けるなかで現代都市社会の様相を浮かび上がらせていくことである。スポーツを素材にしたときに適応されるナショナルな次元は、スポーツが存在する社会的現実との諸関係や諸々のコンフリクトを包み隠すナショナルという均質性を前提とした認識に基づく。ここでの均質性とは、断片化や序列化の位相を度外視したうえで成り立つ語り口なのである。

このように、メガ・イベントとしてのスポーツは、都市空間を構造的に再編していくときの有効な一つの手段として戦略的に利用されている。このとき重要なのが、スポーツの持つ象徴性が、いかなる都市の担い手によってグローバル資本主義社会における都市間競争に利用されることになるのか。それによって、既存の都市空間がどのような経緯を経て暴力的に解体されて、新たな容器としての都市建築空間が作られることになるのか。あるいは、そもそもスポーツのメガ・イベントと万国博覧会などの他のメガ・イベントとは、どこまでの相同性を持ち得て、どこからが決定的に異なるのだろうか。といったこれらの問いに、認識論的飛躍なしに現実の都市を事例に分析していくことである。

いずれにせよ、今日では、グローバル資本の流入なしにメガ・イベントの開催はあり得ない。メガ・スポーツイベントの実相とは、グローバルな資本が、都市の内部と外部をどのように再編していくのかを一つひとつ解明していくことによって、次第に明らかになる。

## ■都市的公共空間と「スポーツ」――風紀整備による社会的排除

都市で生活する人々にとって、構造的再編によって急激な変化を遂げるマクロな空間変容も、毎日の生活のなかで日々徐々に変化する身体感覚に即したミクロな空間の変化も、どちらも都市空間の経験であるに違いない。先に述べたメガ・スポーツイベントを契機にした都市空間の構造再編とは、空間的な隔離と社会的な排除の結び付きをスポーツという象徴的イベント性によって覆い隠したうえに成り立っている。

ウィルコックスとアンドリュースは、北米のコンテクストにおいて、スポーツと都市との相補的関係性を解き明かすことを目的に、街中でよく見かけるようになったストリート系の身体活動に注目する過程で「都市」に出会い、「都市」を発見していく（Wilcox, R., Andrews, D., Pitter, R. and Irwin, R., *Sporting Dystopias: The Making and Meanings of Urban Sport Cultures*, State University of New York, 2003.）。

スポーツと都市との関係に着目した既存の研究は、歴史学的視座、経済学的視座、政治学的視座の三点に整理することができるが、それに対してウィルコックスらは、都市とスポーツとの関係性の現状分析を社会学的視座で読み解いていくスタンスをとる。

そのなかで、都市とスポーツとの関係性に着目し、社会学的現状分析を展開した論考として注目に値するのは、マシーの論考である（Mathy, R., "No Christmas Dinner: The Effect of Major Sporting Evetns on Local Homelessness", Wilcox, R., et al., ibid.）。マシーは、アリゾナ州テンピでの参与観察を通して、メガ・スポーツイベント開催時の野宿者の生活ぶりをエスノグラフィカルに描き出す。具体的には、一九九六年一月に開催された二つのアメリカンフットボールの大会（The Fiesta Bowl, Super Bowl）を取り上げ、メガ・スポーツイベントが、都市にさまざまな経済効果をもたらす一方で、大会前後にはテンピ地区から野宿者を退去させる諸施策が講じられる現状に着目する。

そこで指摘されるのは、メガ・スポーツイベントの開催に伴い、低所得者層にも比較的手頃に入居できるテンピ地区の一時滞在施設の宿泊費の高騰などの副次的要因が、大学や空港や交通機関などの公共施設で寝泊まりする野宿者を増加させる過程についてである。行政による野宿者の一方的一時的な締め出しは、問題の根本的な解決にはならない。というのも、野宿生活者たちは、新たな寝床を見出す熟練者でもあるからだ。見方を換えるならば、マシーは、メガ・スポーツイベントがもたらす意図せざる結果を如実に描き出しているのである。こうした視点は、我が国のメガ・スポーツイベントの背景で実施される都市的公共空間の風紀整備や管理の強化の実態分析にも十分適応可能である。

マクロな空間再編とミクロな身体経験との社会的結び付きを真摯に突き止める社会学的視座は、文化的・歴史的・経済的・政治的分析ではこぼれ落ちてしまう社会領域を主題化する可能性を持つものである。

## ■生活様式の都市化と「スポーツ」——都市的生活にみる「スポーツ」の日常的浸透

スポーツは今日、一方で人々の生活の内部へと日常的に浸透し、他方で巨額の資本を調達し続けるたぐい稀な再生産装置にまで肥大している。スポーツが現代社会に及ぼす影響の甚大さを「社会全体がスポーツ化している」と捉えても過言ではない（大村英昭「『鎮めの文化』としてのスポーツ」『スポーツ社会学研究』二〇〇四年）。この社会認識に基づくメタファーを、ここでは生活様式の都市化とスポーツとの関連性に着目して、より現状に引きつけて捉えてみよう。

我が国の都市化は、実質的には一九五〇年代半ばから一九七〇年代初頭にかけての高度経済成長期に進展してきた。この時期の産業構造の転換、すなわち工業化に伴い、都市部は急激に人口を集積し、一九七五（昭和五〇）年には都市居住者が七五・九％を占めるようになった。近代都市としての東京が誕生した一九二〇（大正九）年には、都市居住者が約二割、都市部以外の居住者が約八割を占めていたことを振り返るなら、この約半世紀の間に、我が国は急激な都市化時代を迎えてきたといえる（高橋勇悦「今日の都市社会と都市社会学」高橋勇悦編『今日の都市社会学』学文社、一九九九年）。

これまで直接的に言及される機会は少なかったが、この都市化とスポーツの大衆化という二つの社会現象は、高度経済成長期に伴走するようにして日常生活に浸透してきた。都市化とは、一方で都市に特有な生活様式が人口密集地区に暮らす人々の日常空間に根づいていく過程であり、他方で資本の流入、機関の集積、権力構造の一極集中化をもたらした。今日、我が国においては、農村部や山間地区にまで都市的な生活様式が浸透しているがゆえに、都市部に特有の生活様式を見出すことは難しい。生活様式が都市化していく過程で、余暇生活行動様式の一つとしてスポーツが受容され、スポーツが大衆化してきたのである。

都市生活と余暇時間の過ごし方としてのスポーツとの関係性に着目したのが、都市社会学者の鈴木広である。鈴木は、スポーツを生活行動の一様式として捉え、スポーツ行動にみる近隣関係の欠落を指摘した。鈴木のスポーツへの着眼点は「祭礼を中心とするハレの行事を維持してきた共同体の生と感覚が、現代のスポーツ感覚にも受け継がれているはずだ」という点に凝縮されている。そして鈴木は、スポーツを素材に、都市化がハレとケからなる「快感給付のメカニズム」をいかに変容させてきたかについて論及した（鈴木広『都市化の研究』恒星社厚生閣、一九八六年）。

なかでも鈴木は、都市生活者の日常近隣空間におけるスポーツ活動の可能性について、「大都市の場合には、とくに（都心でのスポーツ・デパート式の大規模施設など、投資効率のある、量的・年齢的に限られた利用者層を予想した私企業と競合する問題よりも）ケの日常生活の根拠地たる近隣レベルで、スポーツのための空間とスポーツもする集団を育成していくことに公共投資を集中することが、スポーツを通じての市民社会形成という社会教育的意義からみて、優先すべきだ」（同前書）と述べている。

今日のスポーツ研究における残された課題として、鈴木の「問題は、スポーツを独立の行動状況として、他の諸生活行動から切り離して把握する近視眼的な危険性にある」（同上書）という、スポーツという生活行動と他の生活行動との関係性への示唆を受け止めておこう。

## ■「スポーツ」を媒介に形成される都市下位文化——〈寛容な〉都市の空間的隔離と社会的序列

都市社会に内在するスポーツの内実へと歩み寄るならば、近代スポーツと一括りにされる身体文化も、きわめて多種多様なルール・物質的空間・制度に依存する身体活動の集まりであることがわかる。また、近代スポーツの規範を必ずしも遵守しない、オルタナティブな身体文化も絶えず生み出されている。このように目的や頻度、実践の形態が多様化したスポーツのニーズに応じて、都市は必要な組織や機関を設置していく。フィッシャーが提唱した「アーバニズムの下位文化理論」に基づくならば、ニーズへの対応が可能な都市的な範域では、スポーツを含めた余暇下位文化への諸個人の関与を増大させていくと想定できよう（フィッシャー・C・S、松本康、前田尚子訳『友人のあいだで暮らす―北カリフォルニアのパーソナル・ネットワーク』未來社、二〇〇二年）。

けれども、現実社会とは、社会理論の想定を超えてさらに複雑化していく。一九七〇年代後半に、フィッシャーが自身の理論を再検証すべく行った米国北カリフォルニア州での面接調査の結果からは、都市度が高まることでスポーツへの関与が減少していく、という示唆が導き出されている。これは特筆に価する。というのも、明確に述べるならば、余暇下位文化としてのスポーツとはフィッシャーの「アーバニズムの下位文化理論」に合致しない特異な事例として位置づけられていることを意味するからである。だとするならば、いかなる身体活動が都市度と共に個人の参与を高めるものであるのか、逆にどのような身体活動が都市度と共に個人参与を減少させていくのかを、具体的な事例に即して捉えていくことが次なる課題となるだろう。

我が国においてこれまで報告されてきている統計調査等の結果も、スポーツ参与形態に限定して検証するのではなく、スポーツ参与形態とそれを取り巻く都市的範域がいかなる関係性にあるのかを改めて検討していかねばならない。と同時に、スポーツの下位文化の社会的世界を丹念に浮かび上がらせていく都市民族誌的アプローチも軽視されてはならない。

九〇年代後半のエクストリームスポーツの社会的世界に着目したラインハルトとシドノールは、エクストリームスポーツを素材にした研究者の論文とエクストリームスポーツのそれぞれの種目でのトップアスリートのエッセイを寄せ集め、学問的蓄積と現場での実践とを分け隔てなく取り扱う試みに果敢に挑戦している（Rinehart, R. and Sydnor, S., *To the Extreme: Alternative Sports, Inside and Out*, State University of New York, 2003.）。まずもって、本書では、既存の近代スポーツと比較すると新しく、支配的な価値基準を持ち込まないエクストリームスポーツ独自の意味世界の内実が問われている。そのうえで、本書を読む我々は、「オルタナティブなものに惹かれる研究者の嗜好性」を検討するのではなく、この作品がスポーツの社会学的蓄積をある方向で突き詰めた際にたどり着く一つの隘路を露呈していることに着目すべきであろう。それは、下位文化の社会的世界に迫る研究につきまとう難題でもある。

著作の緒言を読めば伺えるように、この研究者とアスリートとのコラボレーションによって、この作品はエクストリームスポーツの社会的世界に迫ろうとする。ここで目指されているある一つの方向とは、スポーツアスリートの自己体験的語りの抽出である。つまり、当事者である彼ら／彼女らの語りをもとに、エクストリームスポーツの実践者の社会的世界への接近を試みているわけである。だが皮肉にも、ラインハルトらの作品は都市を切り離し、スポーツ的世界の内部へと社会的世界を再び囲い込んでしまうのである。

社会的世界への追究は、ときにスポーツアスリートの生きられる空間を、他の日常的な空間とはまったく別の次元へと収斂させる危険性を抱えている。研究者と実践者との相互行為からなる対話の産物として、アスリートである彼ら／彼女らを取り巻く構造や社会的世界は言及されなければならない。この問題は、方法論的な次元で生じる社会的世界の記述への接近作法に関する問題としても捉えることができる。

今日の都市社会の活力の一端を担う下位文化集団を、「都市社会構造におけるアクセサリー的な皮相構造にすぎない」（鈴木榮太郎『都市社会学原理』有斐閣、一九五七年）と一蹴してしまうのは、あまりに早急であるにしても、都市下位文化の社会的世界の内部へとスポーツの担い手の実践を押し込めていくことも、問題を不可視の領域へと再び追いやってしまうことにもなりかねない。スポーツを素材にして社会的世界の探索と空間への着目の双方を考慮した社会学的記述を蓄積していくことが、スポーツの社会的世界の孤立と空間の不在に陥らない一つの糸口になると考える（田中研之輔「新宿ストリート・スケートボーディング―都市下位文化の日常性」吉見俊哉、若林幹夫編『東京スタディーズ』紀伊国屋書店、二〇〇五年）。

## ■都市社会運動と「スポーツ」――「スポーツ」を通じた民間非営利組織活動とボランタリズム

異なる関心を持った人々を多量に集積する都市は、文化を媒介にした市民活動組織を創出させる潜在力を抱えている。都市が抱える市民活動の潜在力は、ひとたび制度的なサポートを獲得したときに、組織として顕在化する。一九九八年に公布された特定非営利活動促進法（NPO法）は、都市社会における新たなアクターとして期待される市民活動団体に、その文化的活動拠点を設けてきた。NPO法により、原理的には、内閣府によって認定された市民による営利目的ではない社会貢献に取り組む活動団体には法人格が与えられ、従来の任意団体として活動時の諸制約を回避することができるようになった。スポーツを活動主旨に据えた市民活動団体も、社会福祉、社会教育、まちづくり、環境保全等の他の活動組織に劣らず、年々団体登録数を伸ばしている（内閣府国民生活局HP［http://www.npo-homepage.go.jp/index.html］、NPO団体の任意データベース検索［http://www.npo-hiroba.or.jp/］を参照）。スポーツ活動が従来、任意団体として地域での活動を続けてきたことからすると、NPO法人化するスポーツ団体は、今後も確実に増加していくであろう。

スポーツを基軸にした新たな市民活動が、第一に一九七〇年代以降に縮小していった我が国の住民運動の経緯と、第二に住民活動の縮小と対照的に展開してきた文化的アイデンティティの権利闘争である「新しい社会運動」と、そして第三に「新しい社会運動」と平行するように組織されてきた町内会・自治会を基盤にした「ボランタリーな市民活動」と、どのように連続しているのか、あるいは断絶しているのかについて、まずは個別な事例の通時的な分析から解き明かしていく必要があるだろう（似田貝香門「現代都市の地域集団―地域社会の再生の組織論」蓮見音彦、似田貝香門、矢澤澄子編『現代都市と地域形成―転換期とその社会形態』東京大学出版会、一九九七年)。

ＮＰＯ法人化したスポーツ団体の今後の課題は、まず狭義のスポーツ活動に収斂しないこと、そしてその一つの方向性として、まちづくりや環境といった他のＮＰＯ活動団体といかにして社会的ネットワークを構築し、そこでどのような対話や実践を都市社会で展開していくことができるかにかかっている。例えば、スポーツを通じたＮＰＯ活動が、まちづくりや環境といったテーマに都市で出会うとき、都市社会に埋め込まれた社会的利害関係や諸価値を転換していく契機を兼ね備えた集団行動の意識性が問われる。そのとき、スポーツを媒介にした活動を、都市的公的権力が先導する都市計画等への直接的な対抗軸を構築していくことにではなく、利害関係や諸価値がせめぎ合う流動的な都市のただなかにおいて、その支配的価値観を内側から揺るがしていくことに展開できるならば、それはゆっくりとした胎動ではあるが、着実に次なる社会への変革のモーメントとなり得るだろう。

スポーツという特定の関心領域を共有する都市住民が、ＮＰＯ法人という組織化を経て、集団活動を持続的に展開していくときのプロセスを都市構造の変容動向とつき合わせて分析していくことは可能だろう。このとき、〈都市的なるもの〉の意味の変容に着目したカステルの都市社会運動論が、我が国の今日的状況において改めて実践的な価値を帯びることになる（カステル・Ｍ、石河淳志監訳『都市とグラスルーツ――都市社会運動の比較文化理論』法政大学出版局、一九九七年)。つまり、より研究史的系譜に引きつけて述べるならば、都市とスポーツとが交差する領域とは、新都市社会学派と初期シカゴ学派が相互浸透する領域として、具体的には主体的活動と都市の構造的要因がいかなる関係性にあるかを解明する第一線級の実践的課題として、我々の前に姿を現すことになるのである。

## 3．都市とスポーツの社会学に向けて

本稿では、都市とスポーツが交差する問題領域を浮かび上がらせることを目的に、その方法として、都市研究の従来の理論的視座のなかにスポーツとの接点を呈示してきた。そもそも本稿の出発点として、筆者は、第一に都市研究とスポーツ研究の専門分化による都市とスポーツの関係性の看過という研究史的棲み分けと、第二に現代社会における都市とスポーツとのあまりに自明な結び付きを問題視してきた。率直に述べるなら、都市とスポーツがどのように結び付いているのか、そこにはどのような社会的作用が生じているのか、という問いに明確に答えていく素材と蓄積を未だ誰もが持ち合わせていない。こうした現状に対して、スポーツを専門に社会学的考察を加える研究者がこれらの問いを受け止め、いかにして応答していくことができるだろうか。

この点で、本稿は、都市とスポーツが巧緻なまでに結び付いている現代社会の不可視な構造を読み解いていくための、基礎的な作業として位置づけられるものである。それでは最後に、「都市」を対象化していく際に不可欠な「空間」と「文化」にフォーカスして、スポーツ社会学の今後の方向性とその展望を記しておこう。

我が国のスポーツ社会学は、文化論的視角に強みを持っている。文化論に慣れ親しんできたスポーツ社会学にとって、カルチュラル・スタディーズの研究動向の紹介は、九〇年代前半からの格好の吸収対象となった。いまから振り返るなら、我が国のスポーツ社会学は他の社会学分野に比べ、カルチュラル・スタ

ディーズの研究蓄積を柔軟に取り入れてきている。スポーツの社会学は、都市社会学の研究蓄積との対話の可能性を十分に持ちつつも、これまでは文化としてのスポーツを読み解くのに適した文化研究の蓄積を取り入れてきたのである。

確認したいのは、文化論とは、概して、我々の日常的な生活に社会的偏差を再生産し続ける「空間」を、①所与のものとして認識の前提に置くか、もしくは、②そもそも認識の欄外へと追いやることで成り立つ、ということである。我が国のスポーツ社会学でしばしば参照される北米のスポーツ社会学は、シカゴ学派都市社会学の「空間」への着目を横目で確認しながら、都市論に足場を求めるのではなく、文化論を準拠点にしてきた。

とはいうものの、「都市の文化とは、究極的にはその高度な社会的表明としての生活の文化である」とマンフォードがすでに指摘しているように、都市という範域での社会的現象レベルでは、空間と文化はそもそも結び付いている（マンフォード・L、生田勉訳『都市の文化』鹿島出版会、一九七四年）。

重要なのは、我々の日常的な生活において、何らかの影響をもたらしているとするごく身近で具体的な「空間」と「文化」との関係を問う試みである。ここで用いる「空間」とは、文化研究の中心的手法として知られる言説分析の際に想定される「意味の空間」とは異なる。

都市とスポーツとの関係性を読み解くための実践的な視座としての空間とは、第一に都市の日常的な生きられる経験によって立ち現れる空間と、第二に都市の歴史的構造再編を推し進める空間と、そして、第三に生きられる経験と構造的再編とがせめぎ合う空間からなる。これらの空間とは、都市に生きる人々との歴史性や毎日の暮らしや生き様と必ず何らかの関わりを持つものである。

本稿では、人々の生活に何らかの影響を及ぼしている空間的な範域として都市を対象として取り上げてきた。それゆえに、筆者は、都市と同じように空間的範域の現れであり、その人口の密度や歴史的経緯の異なる地域や農村とスポーツとの関係性を明らかにしてきた、これまでの研究蓄積も重要視している。都市と地域が、スポーツの社会学においてどのような差異をもたらすものであるのか。これは、都市と地域とスポーツとの関係性の解明に取り組むそれぞれの成果が蓄積されてから、再び検討されるべき課題である。

スポーツの社会学に都市という範域を埋め戻していくことで、その先に都市・地域社会学が見落としている問題をスポーツの社会学から発掘することも可能であろう。まずは、「都市とスポーツの社会学」と「地域とスポーツの社会学」をそれぞれに蓄積していくこと。そのうえで、この双方による蓄積を適宜、相互に連関させながら検討していくことで、文化研究の流行に翻弄されないスポーツ社会学の重厚な研究蓄積が、今後生み出されてくるに違いない。

# 第13章　スポーツ環境論の課題
## ――スポーツを「地域」に埋め戻す

松村和則

### 1．「スポーツ界」と闘争のアリーナ

スポーツを愛することからスポーツの科学は始まる。これはスポーツの世界（以下では「スポーツ界」）に身を置いて、スポーツを研究する者へ好むと好まざるとにかかわらず迫りくる不文律である。スポーツを愛好すること自体は、個人的な「趣味」の問題でことさら議論するに値しないといえる。しかし、ブルデューはこの「好み」すらも社会学的な「構造」との関わりがあり、本人の意識とは直接関わらない次元―ハビトゥスという用語で表現する―でその歴史的・社会的身体性が反映するという（ブルデュー・P「人はどのようにしてスポーツ好きになるのか」田原音和監訳『社会学の社会学』藤原書店、一九九一年[1]）。

「額に汗する」とか、からだで表現するということは、自然に反主知主義のニュアンスを含み、科学的

考察とは対立すると考えられる。すなわち、言葉で表現することのできないものをスポーツや身体活動は多く含むが、科学や知識人はつねにその対局に立たされることが多い。言うなれば、問わず語りに主知主義（科学＝理性・悟性）―反主知主義（スポーツ＝感性）、言語―からだ、（スポーツ）社会学者―体育指導者、といった単純な二項対立の図式へと導き入れられてしまうのである。

具体的には、運動の実践者とスポーツ社会学者、体育教師と医師であったりするわけだが、冒頭の「スポーツを愛する」という言葉の裏に、「スポーツ界」のパイを拡大するというイデオロギーが伏在しており、スポーツ科学はある種の「闘争のアリーナ」として存在する。つまり、「スポーツ界」の発展に寄与する科学とそうでない科学という対立構図が描かれている。もちろん、このことは通常語られることはない。

二〇〇四年秋、球界の大立者が「たかが選手が…」と発言して、日本プロ野球の選手会のみならず野球ファンから大変なブーイングを受けた。しかし、一時失脚したかに思われたその権力者は、いまでは何事もなかったように球界をコントロールする位置に復帰している。この例は、巨大なマスメディアを支配する権力者と「スポーツ界」の重要な一翼をなすはずの選手会会長は同じ「場」に登場してはいないことを示すものであり、「たかが選手が…」というもの言いを容認するスポーツの環境が実在することを意味している。「闘争のアリーナ」と述べてはみたが、力の力学が作用する場は幾層にも分かれており、その格差は歴然として存在する。[2] まさしく、単なるブーイングにすぎなかったというわけだ。

このようなスポーツ界と外的世界との力の差の問題は、これまでのスポーツ科学はむろんのこと、スポーツ実践の現場でも語られることはなく、「スポーツを愛すること」を前提としたスポーツ界の発展に寄与することがスポーツ科学に課せられた課題であったし、いまなおそうである。これは、スポーツ界が持つ強いイデオロギーであり、このイデオロギーの磁場が働いている間はスポーツ環境論が登場する余地はなかった。

しかしながら、近年のスポーツを取り巻くさまざまな環境は、こうした力の格差の問題をそのままにして、スポーツが人々の生活の深部にまで浸透するように変化してきた。つまり、結果としてスポーツが「力」を持つようになってきたと表現してもよい。それは、どのような「力」であって、それを可能にしたのはどのような「環境」なのだろうか。

## 2. なぜ、いまスポーツ環境論なのか

「スポーツ環境論」とは、大仰なネーミングである。仮に、スポーツの空間的環境と考えてみても、その広がりは無限大に広がることが予想され、宇宙空間もスポーツ環境だといっても、単に夢想だと片付けることはできない。

「環境」は、①生物の生活形態、機能、要求、行動の仕方に即しての〈環境基盤〉から選び出して固有の流儀で構成する独自のもの（主体別環境）。②主体が認知している〈認知環境〉と知覚の有無にかかわらずに作用する〈実質環境〉の区別があるが、主体の行動に対応するのは〈行動環境〉である（行動・機能別の環境）。この行動環境は、一時的な任意の行動環境と恒常的な環境とに分けられ、後者は労働環境、生活環境、レクリエーション環境などがある。③空間的な地域環境、すなわち地球環境、都市環境、国際

環境など（場所と地域別の環境）。④自然環境と文化環境、後者は精神環境、社会環境、経済環境、政治環境などに分けられる（構成要素別の環境）（西川治「環境」『平凡社百科事典』平凡社、一九八四年）。

上記のような網羅的な「環境」の定義との関わりでいえば、②の観点からスポーツ環境を論じることがこれまでのスポーツ科学の歴史を考慮すると自然であろう。そして、前述したスポーツ界が持つイデオロギーを所与のものとして考え、スポーツを実践する人を前提として、その人の外的条件（時間的、空間的、社会的、経済的、文化的）を改善することを目指すのがスポーツの環境論ということになる。このことは、一九世紀、西欧社会という特殊な時・空間のなかで生まれた近代スポーツが急速にグローバル化し、人々（＝庶民）の行動環境として恒常的なものとなり、さらに他のさまざまな文化環境との相互作用を深めることで、我々東アジア・日本の現代生活に不可欠な位座に定位したという社会進化論的発想を前提としている。

しかしながら、以上のような一般的な説明で、なぜいま「スポーツ環境」をことさら論じなくてはならないのかという問いに答えたことにはならない。つまり、西欧社会において成立した資本主義経済の非西欧社会への伝播の問題とその経済的土台を前提として、スポーツ環境の整備を目指すという定形化された理論に立脚した技術論に満足することはできない理由がある。すなわち、現代スポーツはスポーツに外在する諸条件（経済・政治・文化）に従属するものという理解を超えた存在に成り上がってきているのである。このような超近代的な制度としてスポーツが成立してくる背景を〈近代〉に遡ってさらに探る必要がある。

## ■眼差しの場

吉見俊哉は、大航海時代に誕生したひとつの眼差し（博物学的眼差し）の場を新しい資本主義のイデオロギー装置として自ら演出していこうとヨーロッパ諸国が意図したときに成立したのが博覧会であるという（吉見俊哉『博覧会の政治学』中公新書、一九九二年）。それは、「一方では国家や企業や社会諸組織のいかなる演出意図と結びつき、他方では、これに観客として集まる人々のどのような身体感覚において受容されていったのか」（同前書）をみていくとき、眼差しの制度としての〈近代〉が明らかになる。また、この眼差しの場がどのように都市の日常領域に浸透していったのかを明らかにするために、①帝国主義的プロパガンダの装置としての博覧会、②消費文化の広告装置としての博覧会、③大衆娯楽的な見せ物としての博覧会という三つのテーマを掲げた。もはや明らかであるが、吉見は国家の暴力的な権力作用といった文脈で博覧会を語るのではなく、フーコーが言う出来事（＝博覧会）の場が孕んできた微視的な権力作用を捉えようとする。氏はその技法をヒストリカル・エスノグラフィーと名づけている。さらに、氏はコーエン、ターナーなどの「政治」と「権力」をめぐる機能的概念を批判し、その対極にあるギアーツの現実の国家や政治が純粋に象徴的と考える「劇場的権力」論も退ける。そして、博覧会に展示されたモノやヒトはギアーツらが言う「象徴」ではなく、意味作用の多義性が欠落した「記号」というべきだと主張する（同上書）。そして、「ターナーが描いたような全感覚を動員する空間なのではなく、視覚を特権化」するスペクタクル空間が博覧会だと断じた。

さて、この吉見の記号論的スペクタクル論が注目する重要な点は、万国博覧会とオリンピックが「構造的な同型性」を持っているという指摘である。一九三六年のベルリン・オリンピックを境として万国博とオリンピックは主客逆転して、諸国家が幻想領域で覇権を争うのはまさしくオリンピックの「場」となった。

万国博（産業的技能）からオリンピック（運動的技能）への焦点の移行は、「我々の身体を直接的に捕捉する」ものであり、それはスタジアムに集める十数万人をはるかに超える人々をメディアが捉え、人々の意識を動員していくことが可能となった。周知のように、レニ・リーフェンシュタールの『民族の祭典』が我々の目前に提示したのは、オリンピックとメディアとの「結婚」、すなわち儀礼とスペクタクルとの複雑な絡み合いの「場」、地球規模のメディアスペクタクル時代の出現であった。

## ■スポーツ分解論

スポーツとメディア環境（構成要素別の環境）の関係で分水嶺ともいうべき時代区分は、テレビの大衆化時代である。日本では、平成天皇のご成婚から東京オリンピックにかけての時期である。スポーツのような複雑な身体パフォーマンスを正確に伝達できるのはテレビをおいて他にはない。テレビは、情報の量的・質的両方の面でスポーツをコントロールし得る位置にいるのであり、かつスポーツに大きく依存しているともいってよい。

簡単なデータを提示してみよう。最近のある日曜日、新聞の「テレビ欄」を取り上げてみる。活字の大きさやスペースの占有率などは、それなりの理由があって決定されているのであろう。スポーツの「テレビ欄」占有率を面積計算すると、一八・九％であった。もちろん日曜日であることなどを考慮するとこの数字の意味するところは、言わんとするほど大きくはない。しかし、余暇（レジャー）部門におけるこの

「見るスポーツ」の量的・質的占有率は大変大きなものであると言わざるを得ないだろう。

多木浩二は、近代ヨーロッパのイデオロギーによってスペクタクルとして発展させられ、いまはそうした近代的なあり方そのものを超えて、テクノロジーと生身の肉体とが相互に浸透してこそ可能となった超近代スポーツが社会に確たる位置を占めたと述べる。しかし、その結果、スポーツは特殊に訓練された技能になるか、大衆化された余暇の過ごし方になるかどちらかの道をたどらざるを得ない（多木浩二「スポーツという症候群」『零の修辞学』リブロポート、一九九二年）。筆者はそれを「スポーツ分解論」と呼んだ（松村和則編著『山村の開発と環境保全―レジャー・スポーツ化する中山間地域の課題』南窓社、一九九七年）。言うなれば、視覚を中心としてスポーツ環境が大きく再編成されていく時代にあって、このスポーツ分解論の仮説は「スポーツ環境論」として詳細に検討されなくてはならないだろう。すなわち、圧倒的な数の「見るスポーツ」を実践する人々に対して既存のスポーツ環境と見なすことであり、その大多数の見る人が望むのか、あるいはメディア・資本が望むのかを不問にしてもなお、スポーツ・ヒーロー／ヒロインが登場してくる環境が作られている。

## ■ゲーム化する社会とスポーツ

スポーツ・体育の専攻学生には際だって評判の悪い構造論的修辞学を多木浩二と内田隆三は展開する（多木浩二、前掲書。多木浩二『スポーツを考える―身体・資本・ナショナリズム』ちくま新書、一九九六年。内田隆三「現代スポーツの社会性」井上俊ほか編『スポーツ文化を学ぶ人のために』世界思想社、一九九九年）。両氏の身体ゲーム論はすでに概略を紹介してあるが（松村和則、前掲書）、以下では特に「社会性」

という次元に焦点化して、社会のゲーム化とスポーツのシンクロナイゼーションを考えてみよう。

スポーツ環境の激変の根底にあるのが、メディアテクノロジーの発展とスポーツの関係である。周知のように、映像技術とスポーツは切っても切れない関係にある。多木浩二は、マラソンはテレビの存在なしては生まれない競技であるという（多木浩二、一九九六年）。このメディアテクノロジーは三次元でのスポーツ中継をも可能にするだろうし、現実に展開するスポーツのシーンはいともたやすく複製されることとなる。さらには、現実のスポーツシーンに存在しないシーンをミクロなレベルで作り出してしまうだろう。

多木は、スポーツというゲームは、身体で行われるゲームでありながら、情報（記号）という視点からみることができるという。このゲームは、スポーツの特性である競争性と平等性を兼ね備えているが、「最後は常に不平等つまり勝者と敗者とに分かれる」（多木浩二、一九九六年）。つまり、タイムや得点の差異が結果として不平等を生み出すのである。さらに、この記号でしかない差異がスポーツのシーンを超えて社会の編成に機能する。

エチオピア、ケニアなどアフリカ諸国の選手が驚くべき能力を発揮して、長距離走の覇者となってきている。しかし、彼らの祖国では内戦、飢餓が日常的に存在している。それにもかかわらず、どうしてそんなに無理を押して世界的な大会に参加してくるのだろう。あのイラクのサッカーチームが、内戦の最中オリンピックでベスト4に入賞していることも驚異である。多木は、それらの国々の社会的な条件が低いので種目は限定されつつも、その生活条件や社会構造の実際の改革を行うより、スポーツによるこの差異＝情報を利用した国際社会への参画はずっと容易な実践であるという。そして、「…すでに文明化した世界を中心に形成されているスポーツという身体的かつ表象的なレベルに、見かけだけでも頭を並べ、まだ近代化も達成できていない歴史に世界の現状に適応する条件をつくる」（多木浩二、一九九六年）ことが可能となるのである。

このことは、国家（ネーション）が先導して行われているようにみえて、実際は極限的な身体を持った競技者が国家の意図とはまったく異なった次元でスポーツの実践を行っている。それが、経済的な利潤を求めて世界をまたにかけて飛び回るか、より強いものが集まるリーグへ「道場破り」を仕掛けるか、その動機はさまざまであるが、グローバル化した情報システム（メディア環境）を前提に展開されていることはいうまでもない。そのとき、スポーツの場はまったく異なった複数の意図（国家・企業・個人）が作用する場であることを知るだろう。同時に、すでに述べた微視的な権力作用の場であることの確認もしておこう。

スポーツがこの情報の差異化をめぐるゲームであることはすでに知ったが、このゲームは非日常的な身体活動であることに止まらず、現実社会の日常的身体感覚に見合ったゲームであることは忘れてはならない。つまり、二〇世紀初めの田園的なスポーツに対して、今日のそれは、種目を問わずダイナミックで機動力に富んだものとなっている。スポーツは、日常生活では見えないこの機動力あふれた身体感覚を目に見える形で凝縮して人々の目前に提示し、それを情報システムのなかに投入するのである。

## ■過剰な身体と「幻覚の領域」のスポーツ

英国の植民地主義を支えるエリート教育の一環として考案された近代スポーツは、規律・訓練のための身体を作り上げる道具として大いに機能した。近代的な軍隊を作り上げるための行軍は、学校教育との関係を深めることで「運動会」を発明し、軍事力・生産力としての「身体」を作り上げていった（吉見俊哉「運動会と近代」吉見俊哉ほか『運動会と日本近代』青弓社、二〇〇〇年）。このフーコーの「身体それ自体が歴史をもち、かつ政治的な関係のなか」で浮かび上がってくるという身体の政治技術は、学校、軍隊、工場で効率を求めて人々の身体を「従順な」それに変えていったのである（多木浩二、一九九六年）。

しかし、多木、内田のスポーツ論は、ゲーム化する社会と呼応するようにテクノロジーを組み込んだ「幻覚の領域」へスポーツが入り込んでしまったことを指摘する。彼らは、それを「巨大な力に押されて」発展した「超近代スポーツ」と呼ぶが、その基底には臓器移植などの通常化にみるように、「生と死の境界」があいまいになった現代という時代状況がある。「従順な規律・訓練の身体」というテーゼは、この段階では後景に退き、「過剰な身体」が登場してきている。

多木が「個々の競技者を越えたスポーツという領域がたどる運命」（多木浩二、一九九六年）といった地点から内田はさらに一歩進み、「システムの論理」に言及する。実態としての社会（経済・政治・文化）が、スポーツを生み出したり利用しているのではなく、新たな社会性を生み出すゲームが出現してきているのである。その社会性は、①「大衆の欲望のモード」、②「メディアの自己言及的な表現」、③「資本の価値増殖の運動」、④「テクノロジーの革新」という四つの位相において、それらが結合と切断を交えながら組み合わさって作り出されている（内田隆三、前掲書）。

この内田の言う「システムの論理」は、規律・訓練のシステムと生―権力の作動によって作られる位相を超えて、①人間による主体性が関与しないミクロな次元に分節される身体の「微視的な現実」が生み出す新たな社会性であり、②産業社会が消費社会化の過程に入り、資本とその欲望の形式が一人歩きする「自己準拠的システム」が生み出すものだと考えられている（内田隆三、前掲書）。

このような構造の論理を提示する修辞学に対して、からだを「資本」として生きる体育専攻学生、競技者は苛立つ。「スポーツする主体の健康、健全性、規律、鍛錬、克巳、英雄的成功などにかんする物語やディスクールは再版され、商品として消費されている」（内田隆三、前掲書）が、その幻覚的次元をリアルとする「過剰な世界」に彼ら自身がいる。彼らがこの自己矛盾に対して苛立つのか、単に言説を駆使する修辞学に対して苛立つのかは定かではない。しかし、この競技者の苛立ちはリアルなものではあるが、未だ力となって現実を作り上げる方向を見出していない。スポーツ環境論は、この苛立ちながらもスポーツを実践し続ける彼らと共に消費社会の「システムの論理」にくさびを打ち込む理論づくり運動を目指すものである。

## 3．「もう一つのスポーツ論」としての「地域」スポーツ論
### ――持続的社会の創造を目指す

前節で述べた過剰なスポーツを生み出す消費社会のシステムに対して、「もう一つのスポーツ論（Alternative Sport Perspective）」を作り上げる際に、引き継ぐべきスポーツ社会学研究の水脈はあるのだろうか。この点を再度検証してみなくてはならないだろう。

その前に、都市社会学での自己反省ともいうべき声に耳を傾けてみよう。都市という社会的存在は、それ自体では自立できないにもかかわらず、飢えることもなく「豊かで、快適に」過ごすことができたのは、

周囲からエネルギーの供給をつねに仰ぐことができたからである。ローマクラブの警鐘（一九七二年）、水俣市や四日市市などの地方都市のあえぎに耳を貸さなかった大都市圏の生活者も、大気汚染やヒートアイランド現象などが大都市圏を襲うに至って、ようやく環境問題に対して顔を向けるようになった。また、「大都市の電力は遠方の原子力発電所の立地に支えられ、大都市で大量に消費される紙は第三世界の熱帯の原始林の乱伐によって可能となっていることが、次第に都市生活者に『みえてきた』」（田中重好「環境研究に遅れてやってきた都市社会学—総合環境社会学への貢献と新しいパラダイムの創造」『日本都市社会学会年報』第二二号、二〇〇四年）。しかし、都市という存在そのものや都市的生活様式のあり方への反省、「根本的な問い直し」は起こってはこなかったという。

筆者は、これまで農山村をフィールドとしてスポーツの研究も進めてきた。研究仲間からなぜ「都市のスポーツ」を研究しないのか、と訝しげにみられることが多かった。つまり、スポーツは都市の文化であり、都市的生活様式であるとの認識のもとに、農山村をフィールドとすることの不毛さを諭す発言であった。しかし、筆者は、都市が都市だけで成立しているのではないこと、農山村に大きく依存しているというその「構造的同型性」を踏まえ、アジア・アフリカの開発途上地域と日本は「地続き」であることを確認することから「もう一つのスポーツ論」を構想する必要があるとずっと考えてきた。(3)

## ■〈ダウンストリーム〉のスポーツ環境論

長谷川公一は、「専門処理システムへの依存を自明視し、それの持つ問題性、ダウンストリーム問題の深刻さを射程の外に置いてきたといえる。都市的生活様式論からは、循環や共生を重視するエコロジカルなライフスタイルを評価する視点は生まれがたい」（長谷川公一『環境運動と新しい公共圏』有斐閣、二〇〇三年。田中重好、前掲書）と都市社会学を批判した。ここで言う〈ダウンストリーム〉とは、核燃料サイクルの用語法で、再処理や廃棄物処理のプロセス（負材が排出され、処理される過程）であり、対して、〈アップストリーム〉はウラン採掘から燃料集合体にまで加工される過程（有用な財が供給されるまで）をさす（同前書）。長谷川は、都市社会学の主流である「生活の社会化論」を、私的自治と専門的処理を組み合わせれば問題は解決されるという楽観的な立場であると論難している。

さて、長谷川が言う「環境問題の社会学」（田中は、「前衛の環境研究」という）と「環境共存の社会学」（田中：「後衛の環境研究」）は、それぞれ、前者は環境汚染・環境負荷に関わる社会問題を社会学することであり、後者の焦点は人々の環境観や環境意識・環境倫理、人間・社会と環境との相互作用様式、環境に関わる生活文化、町並みなどの歴史的環境などにある（同上書）。

このような類型的な整理をスポーツ環境論の文脈に当てはめるならば、スポーツの〈ダウンストリーム〉研究は、競技者の薬物接種による内的自然ともいうべき身体の破壊（ドーピング）やスキー場・ゴルフ場建設による自然環境破壊（前衛のスポーツ環境研究）とスポーツ開発を受け入れる地域社会のあり方、「スポーツと環境」に関わる人々の意識や環境倫理など（後衛のスポーツ環境研究）となるだろう。

残念ではあるが、こうしたスポーツの〈ダウンストリーム〉研究はこれまでほとんど蓄積されてこなかった。それは、すでに述べたようにスポーツ＝都市文化→都市的生活様式という暗黙の前提があり、自由で望ましい都市生活のツールとしてスポーツが存在すると考えられていたといってよい。その意味で、スポーツ社会学の研究は多岐にわたるが、スポーツの〈アップストリーム〉の研究以外は「望ましくない」

との判断が共有されてきたように思う。文部科学省の自主財源づくりのために考案された「サッカーくじ」に関しても、それが「スポーツ振興」のためという名目を掲げつつ、国立大学に職を持つ「研究者」が学会のシンポジウムで売り上げ額の予想をし、スポーツ振興への還元が一八〇億円であることをスポークスマンとして明言することに何らためらいがない「スポーツ環境」がある。

スポーツのパイを拡大することを命題とした「生産主義」のイデオロギーに支配されたスポーツ環境のなかでは、〈ダウンストリーム〉のスポーツ研究は生まれにくい。また、政策立案のための策定作業にスポーツ研究者が直接関わり提案する政策論、住民のエネルギーを結集して制度改変を目指す運動論は、体育学領域では育ちにくい環境であったと言わざるを得ないだろう。

筆者らの研究(松村和則、前掲書)は、林政学、農業経済学、農村社会学などスポーツ以外の研究者による援助が不可欠であった。このような状況は依然として続いているがゆえに、後衛のスポーツ環境研究が登場するにはまだまだ時間がかかると思う。しかしながら、唯一、研究の蓄積のなかからこの「後衛のスポーツ環境」論を展開し得る可能性のある領域がある。それは、スポーツ社会学領域のなかでも蓄積のある領域である地域スポーツの研究である。

■スポーツによるコミュニティ形成と地域づくり

筆者がかつて整理をした社会体育論→コミュニティ・スポーツ論→生涯スポーツ論という地域に深く関連した一連のスポーツ論(松村和則「生涯スポーツ、コミュニティ・スポーツを考える」森川貞夫ほか編『スポーツ社会学講義』大修館書店、一九八八年)では、競技スポーツよりも一般の人々のレクリエーションやレジャーとしてのスポーツが想定され、スポーツの「場」の社会的機能を期待されて、「上から」の政策的な提案が地域におりていることが明らかになった。「生涯スポーツ」の国際的なキャンペーン（みんなのスポーツ運動）は、日本においてはこの地域的共同の社会的機能に加えて、労働問題、環境問題が引き起こす社会問題解決のためのスポーツという大きな課題を背負わされての登場であった。しかし、言うまでもないが、こうした過大な期待を背負った生涯スポーツ・みんなのスポーツ運動であったが、その課題解決能力がどの程度あったのか、実際にどうだったのかという評価はほとんどされることなく時代が流れたといってもよいだろう。

さて、社会体育論からコミュニティ・スポーツ論へと行政施策の関心が変遷していくなかで、みんなのスポーツがコミュニティ形成に貢献し、ひいては地域づくりへと展開するという命題は首尾一貫してあり、今日の「総合型地域スポーツクラブ」の推進政策においても依然として中心にあるコンセプトであるといってよいだろう。海老原修は、松原治郎のシビルミニマム論批判を敷衍して、それは地方行政体側の作成した官製基準であり、この基準が行政の許容基準、住民の受忍基準となること、さらに、自治体全体の目標設定が必ずしも普遍的地域格差を是正しない、下位地域間の格差を招来する点を指摘した。そして、この松原の批判は、「総合型地域スポーツクラブ」構想にも当てはまり、既存の組織存続や組織目標の補完的機能を果たすにすぎないと述べている（海老原修「地域スポーツのこれまでとこれから―コミュニティ型スポーツの限界とアソシエーション型スポーツの可能性」『体育の科学』第五〇巻、二〇〇〇年）。この主張に賛同する面が確かにあるが、海老原のセルフ・ヘルプ論、アソシエーション型スポーツ論には、プライマリーケア重視による医療費の抑制政策同様、自己責任を強調するネオリベラリズム社会政策が持つ社会的排除の問題を生み出すおそれがあるように思える（渋谷望『魂の労働―ネオリベラリズムの権力論』青土社、二〇〇三年）。

さて、田中は戦後の地域社会学を総括して次のように言う。

戦後の地域社会学では、一貫して『共同体からの解放』『個の自立』が求められてきた。それと平行して、『コミュニティの探求』が続けられてきた。近年、ボランティアの隆盛に象徴されるように、『共同性の発現』がみられるようになり、さらに、思想的にも共同性を評価する傾向が強まっている。こうした『共同性の再評価』ともいうべき現実的、思想的な動きが、ちょうど、日本社会の構造転換と時を同じくして進んでいる」（田中重好「戦後日本の地域的共同性の変遷」『法学研究』第七七巻第一号、慶応義塾大学、二〇〇四年）。続いて、「有賀喜左衛門やきだみのるの意見は少数派の意見であって、大多数の研究者は、生産力の発展により『個人の自立』が可能となり、ムラの『前近代性の克服』によって日本社会の『近代化』は大きく前進すると考えた。…伝統的な共同性は『封建的なもの』と見なされ、否定された」（同前書）。

共同体からコミュニティ・アソシエーションへという単線的な社会進化を想定するのではなく、阪神大震災の被災者が「共通に」水不足に悩まされたときに顕現化されてきた「水をめぐる共同体」が「潜在的な共同性」を伏在させていると田中は考える。増田四郎を引き、都市空間も共同性のうえに成り立っているのであり、都市は、独立することができない計画性、仕組みのうえに成り立っており、都市空間は共同生活の場だという。この主張の背景にあるのは、倉沢進の問題処理主体（専門機関）の議論で看過されている、都市は「共同のもの」「公共のもの」という視点であるという。

田中が言う、都市は「潜在的な共同性」を持ち続けているという主張に注目したい。筆者はこの「潜在的な共同性」と〈ダウンストリーム〉のスポーツ環境論が交錯する地点を模索する必要があると思う。それは、ある意味でイデオロギー的な主張でもある。持続的社会の創造。この命題は、観念論的に主張することはたやすいといえる。しかし、仮に「都市空間」を具体的に、計画論的に考えつつ、スポーツの議論と交錯させようとするとき、どのような像を描くことができるだろうか。「潜在的な共同性」を「生存のレベルの共同性」と言い換えたにしても、日常的な生活でそのことをスポーツ実践と関わらせて考察する具体的な方法は見つかるだろうか。リスク管理という危機的状況をも想定する「地域」スポーツ論を構想する必要があるだろう。

## 4. 実践への道標《みちしるべ》

スポーツを「地域」に埋め戻すというサブタイトルの表現は、客観的な図式を作成することに腐心するのではなく、自らが地域に身を投じて、さまざまなレベルの共同性が立ち上がる現場に就くという宣揚である。また、そのときにウイリスが提起した「遊び」と見なされている若者の活動が創造的な仕事となる「シンボリック・ワーク」の概念を想起したい（渋谷望、前掲書）。筆者なりにこの概念を現実に投影し、研究方法を再考すると、環境創造に連なる職場創設の実践を地域の人々と行うことでみえてくる協働・共同性の内実を見据えること、そのなかで浮き彫りとなる権力性をも記述すること、である。

スポーツを埋め戻すべき「地域」とは何か、という問題は依然として残っている。物的基盤を持つ歴史的共同体でも、あるべきコミュニティとも異なり、「水」「土」を契機とした共同性に深く彩られた日常生活圏域を想定している。しかし、それは定形化された空間ではなく、いうまでもないが行政効率を重視した学校区とも異なる、「生活を低いところで安定化する」（松村和則「白いスタジアムのある風景」松村和則編著『メガ・スポーツイベントの社会学―白いスタジアムのある風景』南窓社、二〇〇六年）というイデオロギーに支えられたローカルな不定形の空間である。つまり、鈴木栄太郎がいう共同防衛の機能と生活協力の機能を有する「聚落社会」（笹森秀雄ほか編『都市社会学原理』鈴木栄太郎著作集第VI巻、未来社、一九六九年）を創り出そうとする「潜在的な共同性」を持った範域と言い換えてもそれほど的はずれではないだろう。

さらに、本稿ではまったく議論できなかったが、ここで考えているスポーツとはどんなスポーツであろうか。さまざまなレベルのスポーツを一括りにして語れるほど現実は単純ではない。「見るスポーツ」などという造語も定着したが、一般的にはスポーツは高度な技術をパフォーマティブに表現する「競技スポーツ」を中心として、人々は日常考えている。この人々が考えるスポーツとはどんなスポーツか、課題として残されている。

最後に、前節で述べた苛立つ競技者と共に消費社会の「システムの論理」にくさびを打ち込む理論づくり運動もスポーツ環境論・「地域」スポーツ論の課題である。本節冒頭に上げた「引き継ぐべき研究」の水脈は弱々しいが、一本一本の水系をたどることから再出発する必要があるだろう。当面、筆者は我々が実施したモノグラフ研究（松村和則「『地域』におけるスポーツ活動分析の一試論」『体育社会学研究』第七巻、一九七八年。松村和則、前田和司「混住化地域における『生活拡充集団』の生成・展開過程—『洞ヶ崎』再訪」『体育・スポーツ社会学研究』第八巻、一九八九年）を下敷きにして、「潜在的な共同性」とスポーツが作り上げた共同性の内実とそれらの諸関係を愚直にフィールドワークしていくことから研究を再開したい。

［註］

(1) ブルデューの「身体」を介在させて実践と構造を繋ごうとするアイデアは、フランス社会を念頭において階級的な「区別立て」の論理として理解するのが一般的である。日本の社会構成を考えたときに、この固定的な階級論へとブルデューのアイデアを押し込めるのは得策ではない。ブルデューの認識論的立場については「P・ブルデューの『スポーツの社会学』」（松村和則『地域づくりとスポーツの社会学』道和書院、一九九三年）で触れてある。

(2) しかしながら、筆者が教鞭を執る大学は、このスポーツ界に君臨する指導的な位置にあると内外から見なされている。入学したての一年生は、筆者のこの構造的説明に例外なく憤慨する。我々スポーツのエリートこそが主役であるというのである。この反論は、むべなるかなという思いであるが、すでに述べた二項対立の図式にすんなりと取り込まれてしまっている。

(3) その流れの基礎的研究として、石岡丈昇「第3世界スポーツ論の問題構制—認識論的検討とフィールドワークの『構え』」『スポーツ社会学研究』第一二巻、二〇〇四年。坂本幹「ガーナにおけるサッカーのローカル化—生活保証としての『約束金システム』をめぐって」『スポーツ社会学研究』第一四巻、二〇〇六年。

# スポーツ空間の文化的構成について

川口裕之

今日我々が生きる現代社会における社会的および文化的条件は、テクノロジーの発達などによって、これまで信じられてきた空間的な条件や時間的な制約などから緩やかに分離されてきたといえよう。この条件の下で諸個人が多種多様な行動様式や結び付きを持つようになった。このことは、高度に発達したメディアによりあらゆる情報に接し、張り巡らされた交通網によりあらゆる地域を移動し、日常生活の身近な場面でさまざまな人々と出会ったりすることなどからも明らかであろう。このような状況において、従来考えられていたような空間的な仕切りの効果は薄れ、多様な社会現象が、ある特定の場所に定着することなく現れているようにみえる。

あらかじめ断っておけば、筆者はこのような空間における秩序の変容を憂い、空間秩序の再編成を目指しているわけではない。本コラムにおける「空間」とは、地理的な位置づけといった物理的な範域としての空間だけではなく、空間に関わる人々や社会によって生産されるものとして捉えたうえで、その「空間」の意味や効果が文化などの表象を媒介として構成されていると捉えたい。そのうえで、いま現在、捉えられる状況に目を向け、それがどのように成立しているかを問うていきたいと思う。ここでは、スポーツはどのような空間に立ち現れてきているのかを考え、なぜ空間という視点からスポーツを考えていく必要があるか簡単に述べてみたい。

空間という概念がスポーツの研究において主題として論じられるようになったのは最近のことである。そして近年、スポーツイベントやスポーツとその周辺に対する空間的・環境的インパクトに関する研究が盛んに行われるようになった。ジョン・ベイルの研究に代表されるように（池田勝、土肥隆、高見彰訳『サッカースタジアムと都市』体育施設出版、一九九七年）、経済学を援用したスタジアムとその周辺へのインパクトを研究したものの他、人文地理学や現象学的地理学といった地理学の潮流に依拠した論考もみられるようになった。

我が国におけるこれまでの多くの研究において、スポーツの空間は大きく分けると以下のような二つの捉え方で論じられてきた。まず、コミュニティにおけるスポーツの経験的な分析から、スポーツの「すばらしさ」を体験できる空間として、または「連帯感」が醸成される空間として捉える研究がある。このような研究では、体育・スポーツ研究という学問の独特の背景も関係するであろうが、その空間に関する理解の背後に暗黙裡の前提として、スポーツの振興という主張があったことは明らかである。そしてもう一方は、社会の全体的な空間とスポーツの空間を分離したものとして、すなわちスポーツの空間、もしくはそれを取り巻く社会空間のどちらかにのみ焦点を置いた捉え方である。このような研究においては、スポーツ施設やスポーツの空間を「ハコモノ」として、つまりスポーツの空間がある機能を持った空間として、あらかじめ措定された所与のものとして語られ、スポーツの空間の特殊性や独自性を強調してきたといえよう。

しかしながら、この二つの捉え方ともスポーツの空間の可能性の捉え方としては、一面的に過ぎないだろうか。また、スポーツの空間と社会空間の関係も、単純に社会空間がスポーツの空間と包括的に関係しているわけでもなく、かといってまったく分離した空間でもないはずだ。

例を挙げてみよう。ここで紹介するA町は、長い間「取り残された町」といわれてきた。いまから数十年前に隣町を中心とする工場の誘致計画があり、A町にも同時に大規模な工場ができる予定であった。しかし、大部分は工場の従業員のための団地が建設され、町のほぼ全域を農業振興地域としてゾーニングされた。その後年月を経て、農業技術の発達や減反政策、農業離れなどのさまざまな要因により、不耕作農地が町のなかに点在するようになった。Bさんは、そんなA町に住む。Bさんの家ではもともとは農業を営んでいたが、Bさんの父親の代から宿泊施設を営むようになった。そして、十数年前から自分の土地や町の施設を利用してスポーツ合宿をメインとする集客をするようになった。数年前のある時、あるスポーツ関係者や旅行業者から「これからのグラウンドは芝生にしないとやっていけないよ。もし芝生にしたらきっとお客さんがたくさん来るようになるよ」とアドバイスされた。そこで、試しに自分の土地を芝生のグラウンドにしてみたところ、利用者におおむね好評だった。これを機に、町内の他の宿泊業者も芝生のグラウンドを造成しはじめた。Bさんのように自分の土地にグラウンドを造成できる業者は、自前のグラウンドを所有したが、いかんせんその広さには限りがあった。そこでBさんたちや広大な土地を所有していない宿泊業者が目につけたのが、不耕作農地だった。その後、現在では町内のいたるところに芝生のグラウンドが点在することとなった。

実際の話はもう少し複雑だが、不耕作農地がスポーツのグラウンドに様変わりし、周辺の宿泊施設と連携をとり、合宿地と化すことや、「連帯感」が体現できるからという理由からスポーツイベントを催し、「まちおこし」に利用した事例としてA町を描き出すこともできるだろう。もしくは、資本や情報の流れやスポーツの機能的な側面に着目し、空き地の「有効な」利用法として野球場やサッカー場にした事例として描き出すことも可能である。また、そこにスポーツの空間の「美しき未来の姿」を想像しながら計画した事例として描けるかもしれない。しかしながら、その空間を利用する人々の行動は、計画した人の想像や意図とは異なる。そして、そうした諸々の相互関係のなかで空間は生み出され続けていると考えられる。

筆者は、空間は社会の単なる反映ではなく、つまりそれは、経済的な相互関係や政治的な作用のみによって形作られるのではなく、人々の文化に加えて、空間を利用するさまざまな人々とその空間が持っている社会性をも含めた相互作用によって構成されるものだと考える。そのことは、不耕作農地や駅前のビルのフロアに忽然と立ち現れるスポーツの空間を、避けられない資本や情報の流れにより社会的に生み出された結果として考えること、あるいは、我々が創造し自らを規定する、我々の日常的な行動によって維持されている何かによって生み出されていると理解することでもなく、これら二つの対立する力が相互に作用し合う関係によって生み出されていると考えるものである。このような理解の違いは些細にみえるけれども、我々のスポーツに関する理解、さらには我々の生活に違いをもたらすと考えることができよう。

# Ⅳ

## 絡まり合って表出する
## ポリティクスとアスリート

# 第14章　スポーツ文化と男性性の理想
## ――消されたオリンピック

岡田　桂

### 1．「ゲイ・オリンピック・ゲームス」から「ゲイ・ゲームス」へ

ゲイ・ゲームスは、オリンピックと同様、四年に一度開催される世界規模のスポーツ大会である。その規模も、初回から数えて六番目となる二〇〇二年のシドニー大会では、じつに八〇か国から一万一千人の参加者を集めるまでに成長しており、アマチュア・レベルからオリンピック経験者まで、多様な層の競技者が一堂に会している。しかし、いまでこそ「ゲイ・ゲームス（Gay Games）」の名称で知られているこのスポーツ大会が、もとは「ゲイ・オリンピック・ゲームス（Gay Olympic Games）」となるはずだったことは、日本ではあまり知られていない。

一九八二年、第一回ゲイ・ゲームスが、メキシコ・オリンピック出場の十種競技選手でもあったトム・

ワデル氏を中心とする団体SFAA（サンフランシスコ・アート&アスレティックス）によって、カリフォルニア州サンフランシスコのケザー・スタジアムで開催された。しかし、大会当日、会場やその周辺で人々の目に映ったものは、およそ新しい大会の門出には似つかわしくないものだった。なぜなら、大会のポスターやバナー、パンフレットなどの配布物、Tシャツ、記念バッジに至るまで、そこに記載された大会名から〝Olympic〟の文字がすべて塗りつぶされていたからである。

トム・ワデルは自身の競技者としての経験から、セクシュアル・マイノリティがスポーツを通じてつながりを深め、社会的な認知と尊重を高める機会が必要だと考え、一九八一年にSFAAを設立し、ゲイのオリンピック開催に向けて活動を開始した。準備は順調に進み、一九八二年八月二八日に開会式を行う予定になっていたが、直前になってアメリカ・オリンピック委員会（USOC）は、「Olympic」という名称の使用差し止めを求めて連邦裁判所に提訴した。連邦議会は、一九七八年にUSOCに対してこの名称の排他的使用を認めていたため、結果として「Olympic」という単語は使用できなくなり、SFAAのメンバーたちは突貫作業ですべての印刷物や関連物

写真１　「Olympic」の文字を塗りつぶすワデル氏

Waddell, Tom and Schaap, Dick, *Gay Olympian: The Life and Death of Dr. Tom Waddell*. New York: Alfred A. Knopf, 1996.より転載

品の文字を塗りつぶさなければならなかった（写真1）。こうして、「ゲイ・オリンピック・ゲームス」は「ゲイ・ゲームス」になったのである。

このような妨害にもかかわらず、第一回ゲイ・ゲームスは一二か国から一三五〇名の参加者を集めて成功裡に幕を閉じ、今日まで続くその第一歩を踏み出すことになった。しかしながら、USOCとSFAAの間の法廷闘争は、その後も数年間にわたって継続した。そもそも、ギリシャ時代からの長い歴史を持つ「オリンピック」という名詞を、なぜ特定の団体が排他的に使用できるのかという疑問はさておくとしても、ワデルをはじめとしたSFAA側の主張は、USOCがゲイ・オリンピック・ゲームスの名称を問題化した時点でも、「ねずみオリンピック」や「カニ料理オリンピック」「ポリス・オリンピック」などの名称は黙認されているというものであった。実際には、近代オリンピックの成立以降、「オリンピック」の名称使用に関して何度か問題が持ち上がったことはあったが、法的手段に訴えての使用禁止はゲイ・ゲームスの例が初めてであり、明らかに同性愛嫌悪に基づいた恣意的な妨害であったといえる。開会式の際、ゲイ・ゲームス側の弁護士メアリー・C・ダンラップは「USOCのゲイに対するホモフォビックな攻撃に対して戦う」ことを約束し、群衆の支持を得たという（Cockerline, D., "Gay Olympic Games: sweat and fun, despite injunction", *The Body Politic*, No.88, 1982.）。

だが、一九八七年に連邦最高裁は五対四の僅差でUSOCの主張を認めたため、USOCは訴訟費用九万二千ドルの抵当として、エイズによる闘病生活を送っていたワデルの自宅を差し押さえてしまった。この処置は、ワデルの死後、一九九三年にUSOCが態度を変え、その請求を放棄するまで継続した。各国に設置されるオリンピック委員会は、国際オリンピック委員会の下部組織として公的な性格を強く持つものであり、こうしたUSOCの行動は、オリンピックという運動の持つ性的なイデオロギーを半ば公的に表明したものだともいえる。少なくとも、アメリカにおけるオリンピック・ムーブメントは、同性愛者を必要としていない―というよりは積極的に排除した―といえるだろう。では、なぜオリンピックというスポーツ大会／文化／組織は、同性愛者を拒まなければならないのだろうか。この疑問に答えるには、近代オリンピックの成り立ちと、そのコンテンツであるスポーツ自体が持つ性規範について考える必要がある。

## 2. 近代オリンピック・スポーツ文化・男らしさの理想

現在、私たちが目にしているオリンピックが、一八九六年にフランスのクーベルタンによって創始された近代の発明の一つであることはよく知られている。彼は、それほど顧みられることもなかった古代ギリシャのオリンピック競技会に範を見出し、結果として、自らの大会に仮の伝統と真正性のオーラをまとわせることに成功した。近代オリンピックの形成過程と古代ギリシャのイメージとの（不）連続に関しては、すでに数多くの研究が存在するため、ここで詳しくは触れない。しかし、クーベルタンが自らのオリンピックを創始するにあたって、その競技的な理想をイギリスのチーム・スポーツに求めたということは強調しておく必要がある。

一九世紀の後半、イギリスのパブリック・スクールを視察したクーベルタンは、そこで行われていたスポーツ活動に大いに感銘を受け、特にその徳育的側面に価値を見出した。彼にとってオリンピックにおけるスポーツ競技とは、単なる記録のための競争ではなく、その理想的価値観を競技者の身体を通じて送り出す、それこそ一つの〝ムーブメント〟であった。近代スポーツの多くは、一九世紀のイギリスにおいて、主にパブリック・スクールなどの機関における教育手段として整備され、制度化したとされているが、そこで施される教育とは、近代社会に有用な管理者階層の人材を送り出すための人格陶冶に主眼を置くものであった。特に、チーム・スポーツを通じて養われるとされるフェア・プレイの精神や、その人格化としてのスポーツマンシップは、進展しつつあるイギリス近代社会において重んじられるようになっていた「リスペクタビリティ」を身につけ、一人前の人物として社会に出ていくために、非常に重要な要素と見なされた。結果として、スポーツはこれらの好ましいモラルを醸成するための徳育手段として発達していくことになったが、ここで想定される「一人前の人間」が、実際には「一人前の男」というジェンダー化された人格であったことは重要である。

この時期、スポーツを通じた徳育が広まりをみせるうえで強力な思想的背景となったのが、いわゆるマスキュラー・クリスチャニティであり、それが期待するような壮健な身体の育成とキリスト教的な人格・精神の形成は、スポーツ競技によって同時に達成されるという発想であった。また、ここで期待される筋力中心の身体的たくましさや強さは、すべて男性を想定したものであり、そこで育成されるモラルとは、そのまま「男らしさ」と言い換え可能であった。「健全なる魂は健全なる身体に宿る」という言葉は、こうしたイギリスの近代スポーツが持つ価値観を端的に示すものとして、一九世紀後半から二〇世紀初頭を通じて盛んに用いられたが、これは換言すれば、スポーツ競技を通じて証明されるような身体的な能力は健全なる精神をも担保するということである。

さらに加えれば、当時、女性はこうしたスポーツ活動への道を制度的にも閉ざされていた（Beynon, J.,

*Masculinities and Culture*, Buckingham & Philadelphia, Open UP, 2002.）。スポーツ活動の中心に位置していたパブリック・スクールやオックスブリッジは、そもそも女性の入学を認めていなかったし、こうした教育機関以外で組織的なスポーツ活動を行える場がほとんどなかったことを考えれば、その当初から近代スポーツとは女性を度外視して発展した制度だといえる。これは、現在まで残る多くのスポーツ種目が、主に速さや力強さといった筋力的な要素が有利に働く、つまりは男性の身体的特質に利するように形作られており、女性が男性を上回るような可能性のある競技は、公的な制度からは除外されていることからも理解できよう。

## 3. ホモソーシャルなスポーツ文化

このように、近代スポーツは「健全な男らしさ」を養成する装置として成り立っており、女性はその領域から排除されてきた。しかしながら、近代社会の価値観が追い求めてきた「男らしさ」の理想像にとって、女性以外にも取り除かなければならない更なる危険があった。それは同性愛者である。

フーコーが述べるように、近代を迎えた社会では、疑似科学・医学的な言説によってさまざまな分野で正常と異常の弁別が推し進められ、なかでも、性／セクシュアリティはその顕著な領域であった。イギリスもその例に漏れず（というよりも、その「ヴィクトリア朝」という特徴的な時代性によってまさに）、一九世紀後半を通じて、急速にセクシュアリティの規格化・取り締まりを強めつつあった。この時期のイギリスでは、自然淘汰による適者生存というレトリックの馴染みやすさゆえに、進化論が社会のさまざまな事象の説明に当てはめられ、俗流の解釈としての社会ダーウィニズムが蔓延しつつあった。そして、のちに登場した優生学の言説とも相俟って、進化論の否定的側面としての「退化」「退廃」の概念が、広く危機感を持って社会に浸透することになる。

そして同性愛は、この「退化・退廃」の代表的な兆候として、具体的な放逐の対象となっていった。スポーツは、それを通じた身体の壮健な発達によって、これら退化の兆候を払拭し、健全なる精神を育む活動とされたのであり、ここで再び「健全なる魂は健全なる身体に宿る」の理想は、その「健全なる魂」のリストに「異性愛」をも書き込むこととなった。ホルトは、この時期のパブリック・スクールにおけるスポーツが、好ましい男らしさを達成するうえで中心的な役割を担っており、また、この「男らしさ」が、その身体的な定義（どのような外見が男らしいと見なされるか）と新たな道徳観を提示することによって、性的な要素を分離し得ていたと述べる。そして、「男らしさの新たな道徳観が効力を発揮してゆくまさにその時期、〝男らしさ〟の対極をなす存在の具現化として、同性愛者という像が定義された」のであり（Holt, R., *Sport and British: A Modern History*, Clarendon Press; Oxford University Press, 1989.）、「唯美主義者と同性愛者が男性性のアンチテーゼであるがゆえに、男らしさとスポーツは互いに手を携えることとなった」（Townson, N., *The British at Play: A Social History of British Sport From 1600 to the Present*, Cavallioti Publishers, 1997.）のである。結果としてスポーツは、先に述べた女性の排除に加えて、セクシュアリティのうえでも異性愛に限定された文化領域として存続していくこととなった。

セジウィックは、一九世紀イギリス文学の分析を通じて、その物語の主たる関係性が、女性を媒介（交換物）としながらも、むしろ男性同士の緊密な結び付きに満たされていることを明らかにし、こうした異性愛男性同士の強い絆を「ホモソーシャルな欲望」として提示した。女性嫌悪（ミソジニー）によって女性をその排他的な権利関係から排除し、男性同士の関係に内在する脅威としての同性愛を同性愛嫌悪（ホモフォビア）によって顕在化する、このホモソーシャリティの概念は、これまで説明してきたスポーツという領域に非常によく当てはまる。そもそもが、男性のみを集めて組織されるスポーツ活動・環境は、それ自体があらかじめ女性を排除しており、なおかつ単一のジェンダー（男）ばかりを集合させることで自らホモセクシュアリティの存在可能性を高めているともいえ、結果として、その取り締まりのためのホモフォビアもまた先鋭化される。事実、現在に至るまで、スポーツ領域では他の社会・文化領域と比較しても強い同性愛者差別が存在し、制度的に同性愛者の参入を阻み続けている（岡田桂「喚起的なキス―サッカーにおける男らしさとホモソーシャリティ」『スポーツ社会学研究』第一二巻、二〇〇四年）。スポーツは、近代が求める「男らしさ」の理想を生産していくまさに代表的な仕組みであるがゆえに、その内側に矛盾としての同性愛者を含み込むことは許容できず、現代においても、軍隊と並んで最もホモソーシャルな制度であるといえる。

## 4．ギリシャ文明は猥褻か――アテネ・オリンピック開会式をめぐる性の軋轢

オリンピックが、数ある組織的なスポーツ活動のなかにあって、おそらく最も高い公共性の次元で成立していることは疑いがない。規模のうえでも制度のうえでも、極大化を成し遂げた現代のオリンピック・ゲームが、そのモラル（価値観）のうえでも、それを求める人々の最大公約数を反映する方向へと向かう

のは、ごく自然なことだろう。現代においても、スポーツの持つイメージが「フェアであること」や「爽やかさ」「たくましさ」といったポジティブなものと結び付いているとすれば、それはすなわち、近代スポーツ黎明期の理想が、いま現在も生き続けているということである。そうであれば、こうしたスポーツ的価値観を表明する最大の場であるオリンピックは、これまで考察してきたようなホモソーシャルな欲望をも最大限発揮する機会ともなるのかもしれない。事実、訴訟という具体的な強制力を発揮して、その名称の差し止め請求を行った唯一の大会事例がゲイ・ゲームスであったことからは、オリンピックの価値観が、特定の性規範（好ましい性のあり方）というものを意図的に庇護していることが伺える。そして、二〇〇四年のアテネ・オリンピック大会において、この性規範をめぐる軋轢が再び顕在化することになった。

二〇〇四年の夏、近代オリンピック大会は、その発祥地であるギリシャの首都アテネへと里帰りを果たした。会場整備の遅れや、九・一一以降に生じたセキュリティ対策に関する懸念などから、一部にはその開催を危ぶむ声もあったが、結果としてアテネ五輪は成功のうちに幕を閉じた。しかし、それから数か月後、アメリカでは、このオリンピックの開会セレモニーをめぐって問題が持ち上がっていた。アメリカの放送・通信を管理する連邦通信委員会の監査機関が、開会式の放送内容に〝猥褻〟な描写があったとして、視聴者からの苦情を基に、これらを放映したNBC放送に対してビデオテープの提出を求め、調査に乗り出すと報じられたためである。

アテネの開会式では、ギリシャ文化を題材としたさまざまな趣向を凝らした演し物が上演されたが、なかでも印象的だったのが、古代の神々やギリシャ彫刻を実際の人間が演じ、乳白色の彫像に見えたものが生身の人間として動き出すという演出だった。これらのなかには、男性の全裸に見えるものや、胸を露出

写真2　アテネ・オリンピック開会式の演出
© Tim de Waele/Corbis, 2004

した女性などが多数含まれていた（写真2）。連邦通信委員会の調査理由は、こうした裸体像や交歓する恋人たちの描写が、放送に不適切（猥褻）であったとするものだが、全世界で三九億人以上が視聴した開会式に対してこのような反応をとったのはアメリカだけであり、当然、この処置には多くの疑問が寄せられた。

なかでも、翌二〇〇五年一月一六日のロサンゼルス・タイムスに寄せられた、アテネ・オリンピック組織委員長ジアンナ・アンゲロプロス氏の抗議は、その糾弾対象となっている当事者からの反論として注目に値するものといえるだろう。『ギリシャ文化はいつから猥褻になったのか？』と題されたこの論説は、「ギリシャは、アメリカの文化戦争に巻き込まれることを望んでいない。しかしながら、それはまさに起こってしまっている」という一文で始められている。アンゲロプロスは、スポンサーによる過剰な商業化と闘いながら、困難な条件を乗り越えて開催準備を間に合わせたことを述べ、開会式の演出について以下のように説明する。

開会セレモニーは、ギリシャ起源である民主主義、哲学、演劇、スポーツ、そしてオリンピックを表している。こうした文脈で私たちは、人々が博物館で目にするギリシャ彫刻を、神が創りたもうたものとしての現実の人間で表現した。また、ギリシャの海とお互いへの愛を楽しむ恋人たちも表現した。そして、私たちは愛の神であるエロスの歴史も示した。愛や情熱や欲望を神に転じることは、ギリシャ人が行った文明に対する貢献の一つである。

また、ギリシャ文明の原点の表現がテレビ放映に適さないというレッテルを貼ることになりかねない取り調べにアメリカの政府機関が乗り出すというのは、驚くほど愚かな行為であるとも述べ、次のように警告する。

アメリカの人々もきっと気づいているはずだが、今日の世界には、どこか他所で作られた一元的な価値基準が各地域の文化をおとしめ、減衰させていくような文化支配に対する、強い敵意がある。また、近代化主義と原理主義の勢力の狭間で猛威をふるう、暴力的で広漠たるグローバル文化戦争という結末の知れない闘いも存在している。(Angelopoulos-Daskalaki, G., "Since When Is Greece's Culture Obscene?", *Los Angeles Times*, Calif., January 16. 2005.)

アンゲロプロスは、かつて世界に開かれた文化を持っていたアメリカが、その好ましい伝統から離れ、狭量な了見と頑なな思考で他国との関係とアメリカ自身を危機に陥れているとし、アメリカの人々がNBCを訴追せず、自分たちをあるがままに受け止めてくれることを望むと締め括った。

この出来事は、オリンピックと、性的な〝清潔さ〟をめぐる諍いとして捉えることができる。しかし、すでに明らかなように、ここには一つの大きな捻れが生じている。つまり、スポーツによる好ましいジェンダー（セクシュアリティ）観を送り出す中心としてあるはずのオリンピック大会自体が、その性的な逸脱によって訴追の対象になってしまっているという点である。この捻れは、なぜ生じてしまったのだろうか。

## 5. オリンピックは誰のものか――アメリカンなスポーツ、アメリカンなオリンピック

ここで、これまで述べてきたオリンピックの性規範をめぐるトラブルをもう一度見直してみると、ゲイ・ゲームスの場合もアテネにおける開会式の事例も、その争いの舞台はアメリカであることがわかる。いずれの場合も、異議申し立てを行った主体はアメリカの公の組織であり、そこに共通するのは「スポーツと好ましい性のあり方」の蜜月を危うくする要素を問題化する視点だと言ってよい。この「好ましい性のあり方」は、竹村にならって「正常なセクシュアリティ」と呼び換えてもいいだろう。

竹村は、セクシュアリティ概念を狭義の「性的指向」ではなく、フーコー以降の「性現象」「性的欲望」の意味を念頭に置きながらさらに考察を進め、セクシュアリティとジェンダーとセックスが同延上に重ね合わせて理解されることで、近代市民社会≒資本主義社会を支えるある種の異性愛を強制する〔ヘテロ〕セクシズムが作られていったと述べる。この考察に従えば、一九世紀以降に始まったと理解される同性愛差別は、近代市民・資本主義社会の性差別を前提とし、さらにはそれを促進する装置として編成されており、「男のホモソーシャリティの基盤をなすものが同性愛者嫌悪と女性蔑視であることからも明らかなよ

うに、異性愛主義と性差別は別個に存在しているのではなく、近代の性力学を推進する言説の両輪をなすものである」という(竹村和子『愛について―アイデンティティと欲望の政治学』岩波書店、二〇〇二年)。さらに、これらの二つが不可分に結び付いているならば、規範として近代社会が再生産し続けているのは、異性愛一般というよりも、ただ一つの「正しいセクシュアリティ」の規範ではないかと続ける。

ここで述べられている「正しいセクシュアリティ」とは、近代社会が要請する、社会でヘゲモニーを得ている階級の次世代再生産と、それが前提とする終身的な単婚を基盤としたものであり、これらはそれぞれ必然的に、生殖/制度(合法的異性愛の特権化)という言説を通じて、〔ヘテロ〕セクシズムを下支えしていくこととなる。

上記の分析からみえてくるのは、生殖と階級の再生産という要素からも明らかなように、こうした単一のセクシュアリティをめぐる制度化にとっては、やはり近代と不可分である資本主義の役割が大きいということだろう。すでに説明した通り、そもそも近代スポーツは資本主義社会における経営・管理層の教育を目的として、近代と資本主義両方の生みの親であるイギリスで発達したものであり、その目的上、異性愛主義(〔ヘテロ〕セクシズム)の強力な牽引役であったはずである。また、この資本主義の理念に忠実な発展を遂げ、そのシステムから大きな利益を上げている社会ほど、その社会の維持に必要な「正しいセクシュアリティ」の再生産にもとりわけ執心せざるを得ないということになろう。そうであれば、資本主義化の進んだ社会では、「正しいセクシュアリティ」の理想から逸脱するスポーツのあり方に対する取り締まりは、より厳しいものとなるはずである。

この文脈でアメリカという社会を持ち出すならば、もはや答えは明白といえる。アメリカが、今日の世界で最も資本主義的発展を遂げた社会であることには、疑いの余地はないだろう。もちろん、資本主義の度合いを単純に比較することは困難であるし、生産手段や労働力の流動化、流通の技術革新などによって、必ずしも一つの国家という単位で経済の流れを区切ることができるわけでもない。また、グローバル化と文化帝国主義という単語で個々の事象を一般化してしまうことの危険も避けなければならない。しかし、それでもなお、現在の高度に商業化したオリンピック大会とアメリカ的セクシュアリティとの間には、分かち難いつながりが確かに存在する。

振り返ってみれば、オリンピックが現在のような商業的に利益を生むイベントとして変貌を遂げたのは、一九八四年ロサンゼルス大会からだとされており、それ以前は、開催国にとって負担の大きい、一時期はある意味〝お荷物〟扱いをされる存在ですらあった。それが、アマチュアリズムから決別して莫大な利益を生む一大商業イベントとなった背景には、それを可能にするアメリカの大企業からの資金流入があった。以降、現在に至るまでオリンピックの代表的なスポンサーには、アメリカの大企業がその名を連ね続けている。商業イベントが、そのスポンサーの意向と無関係でいられるはずはなく、八〇年代以降、オリンピック大会がアメリカ的価値観（グローバリズム）を強めていることは確かである。また、一九八四年がこうした価値観の転機となっているということは、その変化の胎動は一九八〇年（モスクワ大会）からの四年間に始まっているはずであり、先のゲイ・ゲームスの出来事がその狭間の一九八二年に起こったことに意味を見出そうとするのは、勘ぐり過ぎというものだろうか。

アンゲロプロスが指摘したように、資本を後ろ盾にしたアメリカニズムと〝グローバル文化戦争〟は、オリンピック文化のありようを一元化する方向へ向かっており、その流れから外れる価値観はさまざまな困難に晒されることになる。そして、今回のアテネ五輪開会式をめぐる出来事は、もはやオリンピックを主宰する公式のナショナル・コミッティーですら（たとえそれが架空の起源として参照され、その正統性の拠り所とされ続けてきたオリンピック発祥地アテネの文化であっても）、こうした一元化の諸力からは免れ得ないことを示している。[1] イギリス近代の申し子であるスポーツとアメリカ的資本主義が手を携えたアングロ・アメリカンな価値観によるオリンピック大会への非難という捻れは、こうした状況から生じた。本節の冒頭「オリンピックは誰のものか」という問いに戻るならば、現在のオリンピックは単純に、「資本を支配する人々のもの」だという答えが最も適当といえるだろう。

## 6. 不確かな未来へ ── ジェンダーから自由なスポーツは想定可能か

近代スポーツは、資本主義と提携して「正常なセクシュアリティ」の再生産に努めてきた。したがって、その範疇から外れる同性愛者のスポーツ実践や、スポーツの場における性的な過剰（裸体や逸脱的行動）は取り締まりを受け、女性のスポーツ実践は男性のそれと比べて些末化されてきた。はたして、こうした状況は今後も継続するのだろうか。

その展望に関して、ここで再び竹村の議論を参照したい。竹村は、資本主義の進展とセクシュアリティの関係に関して、以下のように述べる。

そもそも個人消費を推奨する後期資本主義社会においては、産業資本主義を生産面から支えていた核家族の神話は解体せざるを得なくなり、それとともに、核家族を基盤づけていた〈男らしさ〉や〈女らしさ〉のジェンダー・ファンタジーが実体を失いつつある。このような時代では、ジェンダー配置に結びつかない商品が、家庭を離れた個人を対象に生産・消費され、商品のユニセックス化、セックスレス化が進む。そして商品のユニセックス化やセックスレス化に貢献するのが、イメージとしてのゲイである（竹村和子、前掲書）。

そして、その典型的な事例が、ファッションや映画などの産業分野で進展していると指摘する。もちろん、これらは必ずしも好ましい現象ではなく、〔ヘテロ〕セクシズムの抑圧構造を維持したままの商品＝記号としてのゲイネスの流通を招き、レズビアンやゲイ男性のエロスを無化する形で、彼らが後期資本主義社会のイコンとなっていく恐れがあることも指摘されている。しかしながら、こうした変化は、確かに社会の複数領域で進展しており、近年コマーシャルな分野でゲイ（主に男性）の可視性が増しているのは確かである。

ただし、ここでひとたびスポーツを考えてみれば、未だ上記のような段階にはないといえる。なぜなら、これまでも多くの指摘がなされてきたように、スポーツという領域は、身体そのものによるパフォーマンスを可視的に競い合う、現在まで残された数少ない文化領域であるからだ。先に述べたように、近代スポーツで問われる〝身体能力〟とは、実際のところ「筋力」に偏向した男性有利の尺度であり、この枠組みのなかに止まるかぎり、男性は身体能力の見かけ上の優位を主張できる。そして（それだからこそ）、スポーツにおけるパフォーマンスの差異は、多くの労働が身体能力とは無縁の尺度で計られる後期資本主義社会の現在にあっても、自然な男女の能力差として翻訳され、近代のジェンダー区分を維持したい人々にとって格好の口実を提供し続けてきた。こうした意味で、現代スポーツは、未だ十分に近代スポーツだといえるだろう。そしてオリンピックもまた、いかにその外見が商業／消費主義の一つの到達点としてのポスト近代的な体裁をまとっているにせよ、近代の価値観を色濃く残した存在だといえる。

近代スポーツが〈ヘテロ〉セクシズムの片輪である性差別を前提としてしまっている構造である以上、もう一方の異性愛主義のみを緩和していくことは（それが仮に資本からの要請であったとしても）、他の領域と比較して困難であろう。さらに複雑なことには、実のところ、（狭義の）セクシュアリティいかんにかかわらず、ジェンダー的理想像というものが共有されてしまっている状況がある。事実、スポーツと「正常なセクシュアリティ」の恣意的な提携に異を唱える中心的な役割を担うはずのゲイ・ゲームスの内部からですら、こうした〝ジェンダーの理想〟をめぐる葛藤が生じている。

ニューヨーク・タイムズ（一九九八年八月一日号）に掲載された『ゲイ・ゲームス―偏見と闘うイベントが自らの偏見によって非難されている』と題された記事は、一九九八年ゲイ・ゲームス・アムステルダム大会でのジェンダーをめぐる論争を報じている。この内容に従えば、開催国オランダの実行委員会が社交ダンスのプログラムにおいて男女混合のペアで競技することを禁じたために、激しい論争が生じたという。(2) 彼らの主張によれば、「（ゲイ・ゲームスの）目標は、同性愛のアスリートたちにとってのある種の国際的な披露の場（showcase）―男性は男性と踊り、女性は女性と踊る―を提供することにある」のであり、結果として、あるレズビアン選手はダンス・パートナーであるゲイ男性と踊ることを許されなかった。つまり、ゲイかどうかにかかわらず、反対のジェンダー同士の組み合わせはふさわしくないということである。

　また、この〝ジェンダー志向〟の規定は、トランスジェンダーの選手に対して医師の公式証明書などを含む厳格な「ジェンダー移行完了」の証明を課するという結果となり、ゲイやトランスジェンダーの人権団体・コミュニティからも批判を招くことになった。記事のなかで、トランスジェンダー支援団体のリキ・アン・ウィルキンスは、「ゲイがオープンな競技の場を持てなかったために組織されたゲイ・ゲームスが、いまでは別のアスリートのグループに対して邪魔者としての汚名を着せたり、クローゼットに戻るよう強いているのは、なんとも皮肉なことだ」と述べている。またローレン・キャメロンは「〝ノーマルな基準〟にとらわれない包含性の称揚こそがゲイ・ゲームスの精神ではなかったのか」と疑問を呈した。

　一方で、一九九四年ニューヨーク大会の実行委員だったリー・P・シャーマットは、ゲイ・ゲームスの持つゲイ文化のショーケースとしての役割と、ゲイ女性・男性の結束を深めるための機能との間で、絶妙のバランスをとることの難しさを指摘する。そして、自分自身ダンサーとして新規定には不賛成だとしながらも、ゲイ・ゲームスをより広範に受け入れられるようにすることは、同性愛者と異性愛者の間の障壁を取り払うためにも重要であると述べる。

　ゲイ・ゲームスが、これまで抑圧されてきた選手たちにとって貴重な活動の場となり、重要なエンパワーメントの手段となってきたことは紛れもない事実であり、今後も果たしていくであろうその役割を過小評価することはもちろんできない。しかしながら、ゲイ・ゲームスもまた、スポーツという強固に（男性）ジェンダー化された枠組みを通じてリベレーション（解放運動）を継続する以上、上記のような葛藤を完全に解消することは困難であろう。これは図らずも、この大会の規模と認知度の高まりゆえの葛藤でもある。「正常なセクシュアリティ」を堅持しようとする社会に向けて異議を唱えるための影響力を高めようとすれば、〝リスペクタブルな〟同性愛者像を提示しなければならないというプレッシャーに迫られ、一方で、その機会が限られているがゆえに過剰な代表性を担わされることにもなる。人間の性が二つだけではないように、セクシュアリティもまた一様ではない。こうした意味からいえば、「ゲイのスポーツ実践」が持つ多様な意味のすべてを、ゲイ・ゲームスという一つの乗り物に載せて送り出すことは不可能である。

事実、二〇〇六年より新たに「アウト・ゲームス（the World Out Games）」の開催が決定している。アウト・ゲームスは、上述したようなゲイ・ゲームス内部の意見の相違をきっかけとして生まれたとされており、その運営方針はさらに間口の広いものとなっている。しかし、これはコミュニティ内の分裂としてではなく、更なる多様性へ向けた過渡期として捉えるべきであろう。原理的には、スポーツによる性的なリベレーションを完遂するためには、ジェンダー化された制度である近代スポーツそのものを解体する必要がある。しかし、仮にジェンダーの影響を排した身体活動というものを想定し得たとしても、それはすでに、あえて「スポーツ」の概念で呼び習わすべきものであるかは疑問である。また、現在あるスポーツの影響力と、すでにそれを通じた自己実現を行っている人々の存在を考えれば、現実的には、いまあるスポーツを通じて最大限の多様性を確保する道を模索する他はない。たとえそれが、論理的にはセクシュアリティに基づくアイデンティティの普遍化という陥穽に陥る可能性をはらんでいるとしても。

[註]

(1) こうした資本主義とグローバリズムによる一元化の進行を考えるうえで、一九三六年ベルリン大会の記録映画『オリンピア』の内容は興味深い。片や映画というメディアの違いはあれど、第一部「民族の祭典」冒頭シーンでは、ギリシャ彫刻が裸の男性にオーバーラップして映し出され、生身の人間となって動き出すという、二〇〇四年アテネ大会開会式とほぼ同様の演出がなされている。また、全裸とおぼしき男性・女性が複数登場するが、これらのシーンが〝猥褻〟視されたという話は聞かない。

(2) ただし、この規定はFGG（ゲイ・ゲームス・フェデレーション）の提案をより厳格に履行する形でアムステルダムの実行委員会で決定されたものである。一つ前のニューヨーク大会で議題に上げられた同様の規定は採択されず、それゆえに、一部の「メインストリーム社会に向けた大会であるべき」と考える人々からは激しい批判が寄せられたという（Johnson, K., "GAY GAMES: Event Founded to Fight Bias Is Accused of It", *The New York Times*, August 1, 1998.）。

[参考文献]

・フーコー・M、渡辺守章訳『性の歴史I　知への意志』新潮社、一九八六年
・Waddell, T. and Schaap, D., *Gay Olympian: The Life and Death of Dr. Tom Waddell*, Alfred A. Knopf, 1996.

# 第15章　絡み合うジェンダーとセクシュアリティ
## ――スポーツにおける異性愛主義

稲葉佳奈子

### 1. ジェンダーの「問題」をめぐって

ジェンダーの「問題」とはどのようなものであり、それはスポーツとどのような関わりを持つのか。この問いに対して答えを出すことは、じつはそう簡単ではない。スポーツに関する具体的な現場が、ジェンダーをめぐる問題を抱えていることは、すでに国内外の研究において指摘されている（飯田貴子、井谷恵子編『スポーツ・ジェンダー学への招待』明石書店、二〇〇三年。Hargreaves, J., "Sporting Females", Routledge, 1994.）。スポーツにアクセスする機会やスポーツ実践に必要な資源配分の「男女平等」は、未だに達成されているとは言い難い。また、今日流通しているスポーツ表象、特に女性アスリート表象の多くは、男性中心主義的な価値体系に過剰なまでに忠実である。さらには男性指導者による女性アスリートへの性的嫌がらせも、その実態が調査され、明らかにされ始めた。そうした状況が今後も問題化され、問題の解消を志向する議論が重ねられるべきであることは、いうまでもない。ただし、スポーツにおけるジェンダーについて考えるということは、単にスポーツに関係する「男女差別」を告発することとは違う。また、ジェンダーの問題を考えるとき、個々の問題を「男」対「女」という固定的な構図だけで捉えることは避けなければならない。なぜなら、これはスポーツに限ったことではないが、「性」にまつわるカテゴリー同士の非対称性は、男性による女性の一方的な従属化という見方では正確に把握できるものではないし、ジェンダーの問題とは、単に「男」と「女」の間に生じる制度的・慣習的な差別や不平等だけを指すのではないのだから。さらにいえば、こうした議論を通じて目指されるものが、はたして「男女平等」と表現すべきものなのかという問いさえも、一方では存在しているのである。

「性」的に不平等な関係あるいは抑圧的な状況を問題化し、分析する際のツールとしてのジェンダーという概念は、フェミニズムと呼ばれる思想を基盤とした運動および理論の成果であった。フェミニズムは、これまで一貫して「性」をめぐる権力関係を問題化してきたが、一方では、時代の流れや思想の広まりに伴って主張は変化し、課題が枝分かれしたため、現在では非常に複雑な様相を呈している。それでも、ここではあえて限りなく単純化してその流れを説明するならば、以下のことがいえる。

まず、一九世紀末の英米で興った初期のフェミニズム運動を通じて要求されていたのは、法のうえでの男女平等や制度的な女性の権利の獲得であった。その後、一九六〇年代以降の第二波フェミニズムにおいては、法的・制度的な男女不平等を支える根本的な「性」認識（「らしさ」や「性役割」）に異議が唱えられた。そして八〇年代以降、それまでの「女の連帯」というフェミニズムのスローガンを支える「女」というカテゴリーの自明性が、あるいは「男／女」「セックス／ジェンダー」という二項対立的な認識が、フェミニストたち自身から批判されるに至った。このことは、「女」の内部における、人種や民族、階級、宗教、セクシュアリティなどを根拠にした排除や周縁化に端を発しており、もはや一枚岩的な「連帯」や普遍的な理論などではフェミニズムが語れないということを示している。そして、このようなフェミニズムの歴史的展開から、ジェンダーを問題化することとは、「男」・「女」というカテゴリーを絶対視したうえでの「男女平等」を主張することでも、「女」が一致団結して「男」に「抵抗」することでもない、ということがわかる。むしろ、現在問題とされているのは、「男／女」という二項対立的な認識であり、「男」・「女」というカテゴリーそれ自体なのである。

以上、ジェンダー概念とフェミニズムに関する若干の前提を置きながら、本章では、現代スポーツにおけるジェンダーの問題を、ある女性アスリートの物語を通して考えてみたい。彼女が直面した問題とは、どのようなものなのか。その問題は、スポーツとどのような関わりを持つのか。その問題は、どのような意味において、ジェンダーの問題なのか。私たちは、どのように問題と向き合ったらよいのか。これから示すいくつかのエピソードは、それらを私たちに示してくれるだろう。

## 2. 映画『ベッカムに恋して』を考える

### ■サッカーする女の子

『ベッカムに恋して』というイギリス映画をご存知だろうか。日本では決して大ヒットしたとはいえないが、少なくともサッカー、特に女子サッカーに興味がある人ならば、題名だけなら聞いたことがあるかもしれない。まず、この映画のストーリーを少し紹介しよう。主人公ジェスは、現代のイギリスに生きる、インド系イギリス人の女子高生である。彼女はサッカーが大好きで、唯一の楽しみは、公園で同年代の男の子たちとサッカーをすること。しかし彼女の両親、特に母親は、インド人社会の伝統的価値観と習慣を重んじており、女の子であるジェスがサッカーするのを許さない。ある日、いつものように公園でサッカーを楽しんでいたジェスは、地元の女子サッカーチームのエースストライカー、ジュールズに実力を見込まれて勧誘される。女子チームで本格的にサッカーに取り組み始め、サッカープレイヤーとして順調に成長する一方で、相変わらず両親は彼女がサッカーをすることに反対し、さらには白人男性であるコーチとの恋やジュールズとの友情をめぐるトラブルが、次々と発生してしまう。しかし最後には、そうしたトラブルはすべて丸く収まり、ジェスはジュールズと共にプロ・サッカー選手を目指すため、両親に見送られながらアメリカに旅立つ。基本的にコメディ要素を含んだ青春サクセスストーリーであるため、多少ご都合主義的な部分を含みながら、ジェスの物語は当然のごとく「ハッピーエンド」を迎える。

この映画の原題は『Bend It like Beckham』（直訳すると「ベッカムのように曲げろ」）というのだが、どのような経緯を経た結果なのか、日本で公開されるときには『ベッカムに恋して』というタイトルになってしまった。確かにジェスはベッカムの大ファンであり、部屋に貼った特大ポスターに向かって話しかけたりもする。しかし彼女は、彼に恋をしているわけではない。映画の冒頭で、彼女はプレミアリーグの試合を見ながら、ベッカムと共にマンチェスター・ユナイテッドの一員としてピッチに立ち、ベッカムの正確なクロスを受けて点を決める自分を想像して楽しむ。つまり、ジェスはヴィクトリアになりたいのではなく、ベッカムのように、あるいはベッカムと共にプレイしたいのである。それでは、ベッカムのようにプレイすること、すなわち「ベッカムのように（ボールを）曲げる」ことは、この映画においてどのような意味を持つのか。インターネット上の解説や感想を読むかぎり、監督のコメントをもとにした以下のような解釈が主流となっているようである。すなわち、フリーキックでベッカムの蹴ったボールが、見事な弧を描いてゴール前に立ちはだかる敵の壁を乗り越え、ゴールキーパーのセービングをかわし、ゴールネットを揺らすように、ジェスは、自らの実力と意志で古い因習やそれに伴う困難を乗り越えたのだ、と。

## ■「ハッピーエンド」？

ここではひとまずそのような解釈に従うとして、それでは、古い因習やそれに伴う困難とは、何を指すのだろうか。わかりやすいものとして、まず、ジェスやジュールズの母親たちが持つ、「女の子がサッカーなんて」という価値観が挙げられるだろう。ジェスの場合、保守的で厳格な家庭環境にあるため、娘がサッカーをすることに対する母親の拒否反応は特に激しい。チームのユニフォームを着たジェスに対して、母親は「嫁入り前の娘が半裸で駆け回るなんて、はしたない、許さない」と叱る。一方、イギリスの比較的リベラルな白人中流家庭に育ったジュールズとて、同種の偏見から完全に自由であったわけではない。確かに、自ら大のサッカーファンであるジュールズの父親は、サッカープレイヤーとして成功したいという娘の意志をつねに尊重し、応援する。ときにはサッカーゴールを置いた庭で娘とともにサッカーボールを追いかけ、試合があれば会場に駆けつける。それに対して母親は、娘の生活がサッカー一色になっていることを、決して快く思わない。彼女は娘に対して、「普通の女らしさ」を求めている。つまり、おしゃれをすることや男の子との付き合いに、もっと興味を持ってほしいと思っている。ところがジュールズは、ランジェリーショップへ行けば豊胸効果のあるブラジャーではなく、何の飾り気もないスポーツブラを手にとる。部屋に飾ってあるのはボーイフレンドの写真ではなく、「筋肉女」のポスターだ（ジェスの両親にとってベッカムがただの「坊主頭」であるのと同様、アメリカ女子サッカーのスタープレイヤーであるミア・ハムも「筋肉女」なのだ）。ジュールズの母親は、ジェスの母親と違ってサッカーをプレイすること自体に反対しているわけではない。しかし、自分の娘が「女らしさ」に欠けているのは、男がするスポーツ、つまりサッカーのせいだと考え、サッカーを恨んでいるのである。

こうした状況を、スポーツにおけるジェンダーの問題として、次のように捉えることもできよう。歴史的に、スポーツの世界では、女性はつねに排除されるか、周縁に置かれてきた。そして、そのなかで、「女性に向いている」スポーツあるいは「女性に向かない」スポーツが制度的・文化的に規定されてきた。後者は時代の推移と共に確実に減少しつつあるが、それでも近年まで根強く残っていたのが、特に「男性的」と見なされるスポーツであり、その一つがサッカーである。ジェスのように、「女性に向かない」スポーツへ女性がアクセスするとき、それは「女だてらに」といった否定的な眼差しによって、つねに制限を受ける。それは、スポーツにおけるジェンダー・バイアスの最も認識しやすい形である、と。ところが、そうしたジェンダー・バイアスにもかかわらず、この映画における少女たちはそれに屈しない。母親が「サッカーする女」に対してネガティブな感情を抱いているという状況にありながらも、ジェスとジュールズは、プロリーグでサッカーを続けるという自らの夢を追い続け、最後には、その思いは報われる。母親たちは、もう決して娘に「女の子がサッカーなんて」などと言うことはないだろう。なるほど、そのように考えると、確かにジェスは、目の前に立ちはだかる困難を、ベッカムがフリーキックを決めるように上手に乗り越えたかのようである。

しかし、この展開を手放しで喜び、爽快感にひたる前に、ストーリーの細かい部分にもう少し「ツッコミ」の目を向けてみよう。もちろん、映画の善し悪しを云々するためではない。そうすることで、厳然と存在しているにもかかわらず「ハッピーエンド」によって隠れてしまった、スポーツとジェンダーの別の問題がみえてくるからである。例えば、ジュールズの母親は、なぜ娘がサッカーすることを認めたのだろうか。まず、この問いについて、「娘のサッカーへの熱意に打たれた」という理由以外の何かを考えるところから始めたい。

## 3. スポーツと異性愛主義

### ■「ベッカムに恋して」いたのは誰か

「レズビアンっぽくないな」。ジェスの試合を見に来た草サッカー仲間の男性が、グラウンド上のユニフォームを着た女性たちを見て、思わずそう口にする。なぜ彼は、そのような感想を洩らしたのだろうか。そこには、欧米における女性アスリートをめぐる、ある文化的背景が存在する。すなわち、スポーツ実践に必要な強靭さや闘争心をまとった「男のような」身体ゆえに、女性アスリートは、スポーツに没頭するほどレズビアンの嫌疑をかけられやすく、サッカーの場合はその傾向がさらに強まるのである。さらにいえば、ひとたびレズビアンであるとされてしまえば、彼女が有名であればあるほど、自らの周囲のみならず、広く社会的にネガティブな対応や評価を受けることは避けられない。レズビアンであることを自らカムアウトした、テニスプレイヤーのマルチナ・ナブラチロワのような例はあくまで希少であり、多くの女性アスリートは、真偽がどうであれ「汚名」を逃れるために、自らの異性愛的な「女らしさ」を主体的かつ積極的に表明していく。

そうであるとき、サッカー一筋で「女らしくない」娘を心配するジュールズの母親の姿からは、先ほど述べたことに収まりきらない、別の側面がみえてくる。先に述べた通り、ジュールズは、おしゃれや男の子よりサッカーをすることが好きで、部屋には「筋肉女」のポスターを貼っている。母親にとってはそれだけでも十分「素質アリ」なのに、そのうえ、さらに面倒な出来事が起こってしまう。ジュールズがジェスと部屋で言い争っているのを聞いた母親は、たまたま耳に入ったやり取りから、完全に誤解してしまうのだ。娘はレズビアンであり、その相手はサッカーのチームメイトだ、と。そして、サッカーの試合でジュールズがジェスと（実際は仲間同士の）キスやハグをする姿を見て、ますます確信を強め、落胆し、娘をレズビアンにしてしまったサッカーを恨むようになる。

ところが、「ママ、短パンでサッカーをしてもレズビアンじゃないわ」というジュールズの言葉によって誤解が解けると、事態は急変する。じつは母親は、「レズビアン疑惑」以前からも少しずつ娘のサッカーを応援しようという気になっていたのである（そのとき「イングランド代表には結婚して子持ちの選手がいる」という事実は彼女を大いに勇気づけたに違いない）。そこへきて、娘がじつはレズビアンではなかったことがわかれば、もはやジェスと「ペアで」アメリカに行くことに反対する理由はない。そして、自分の娘がそうではないのなら、レズビアンがいたって別にかまわない。「当然だわ、ママは平気よ、ナプラチロワのファンだったしね」。存在は認めるが、身近な人間がそうであることは許さない。彼女にとって、同性愛者は差別の対象ではないものの、あくまで逸脱者なのだ。このように、あるアスリートがレズビアンだと見なされることを避けようとするのは、性的逸脱者として公私にわたるネガティブな対応や評価を受けることを恐れたためであると同時に、多くの場合、そのような対応や評価をする価値観を、アスリートの家族を含む周囲の人々やアスリート自身が内面化しているためでもある。

## ■「男/女」というカテゴリー分けは絶対か

ここまで述べてきたことについて、話が「ジェンダーの問題」とは離れてしまったと感じる人がいるかもしれない。しかし、ジュールズと母親のエピソードは「同性愛（者）」の問題に止まるものであり、ジェンダーの問題とは別物なのかというと、じつはそうではない。これはむしろ、本章が問題としている「男」・「女」というカテゴリーに深く関わっているのである。例えば、「同性愛」について語る際にみられる一般的な見解の一つに、「生殖という本能、すなわち自然に反している。だからゲイやレズビアンは異常な人々である」というものがある。そして、それがゲイやレズビアンに対する差別の根拠となる場合もあるだろう。生殖、つまり次世代再生産をもたらす「自然」で「正しいセクシュアリティ」と、それを核とした関係性、「女」を愛する「男」と「男」を愛する「女」の関係性のみが公的に承認され、その関係性を基準にして社会的制度や文化的習慣が構築されていく。実のところ、人の性行為は複雑多様であり、それが異性間のものであっても、つねに生殖につながるものであるとは限らないにもかかわらず。私たちが生きているのは、そのように、「男」と「女」の異性愛関係を中心として成り立つ異性愛主義社会である。そして、そのような社会において、「男」と「女」はつねに最も重要視・自明視された強固なカテゴリーであり続ける。というより、社会の異性愛主義的なシステムと価値体系を維持するためには、人々にとって重要で自明で強固であることがどうしても必要となる。それゆえに、私たちの社会において、異性愛主義に基づいたカテゴライズ、すなわち「男／女」の枠組みは、ときに規範的であり、抑圧的でさえある。そして、制度であれ、習慣であれ、外見であれ、動作であれ、心的生活であれ、性的欲望あるいは行為であれ、その枠組みを越境するさまざまな身振りは、ときに撹乱的であり、だからこそ怒りや反発、嫌悪、嘲笑といったネガティブな反応を買うことになってしまう。したがって、レズビアンやゲイが「自然に反した異常な人々」であると認識することの根底には、「正しいセクシュアリティ」を頂点に置く性の階層化と、それに基づく異性愛主義的な社会の価値体系があるのだ。

しかし、「そうだとしても、男と女は身体的に異なっている。それを基にしてカテゴライズすることは、おかしいことではないのではないか」。そのような見解も、当然あるだろう。しかし、「身体的に異なっている」とは、どういうことか。確かに、「男」と「女」の間に身体的な差異は少なからず「ある」だろう。事実、身体的あるいは生物学的な性差といわれるそれらは、多くの「科学」によって実証されてきた。そのことにスポーツも無縁ではなく、「スポーツ科学」や「体育科学」の名の下で、さまざまな種類の身体的性差が「客観的データ」として提示されてきた。しかし、そもそもそうした「科学」の前提として「男」と「女」というカテゴリーが決まっているのは、なぜなのか。あるいは、例えば「男」と「女」の生殖器の違いを身体的な差異として挙げ、それを根拠に「男」と「女」というカテゴリーの絶対性を正当化するならば、とりわけ「生殖器の違い」という軸を用いて人間を二分するというその身振りは、何を意味しているのか。逆に考えると、他のさまざまな身体的差異が性差と見なされる差異ほどには重視されないのは、なぜか。他のどんな身体的差異よりも性差ばかりが、さまざまな角度から繰り返し実証されなければならない必要性は、どこにあるのか。そのようにして性差が繰り返し生み出されることによって、「何」が守られているのか、「誰」が抑圧を受けているのか。これらの問いについて考えるには、先に述べた異性愛主義と、それを内包した社会的規範を視野に入れることが不可欠なのだ。

## ■カテゴリーを守る

ここまで述べてきたことから、異性愛主義は、「同性愛（者）」をめぐる問題に限定されるものではなく、むしろ「男」と「女」というカテゴリーと切っても切れない関係にあることがわかるだろう。そして、そうであるならば、スポーツにおけるジェンダーの問題は、つねに異性愛主義と深く関わっているといえる。それを以下のエピソードを通して確認しよう。

ある日、公園でいつもの仲間とサッカーをしているジェス。足技に長けている彼女は、ディフェンスしようとする相手を次々とかわしてシュートを決める。それに対して、彼女にやられた男は、「ベッカム気取りかよ」と悪意のこもった言葉を投げ、さらに別の男たちが「胸でバウンドさせてみな」「オッパイでボヨンと」と続ける。これらの言葉は、スポーツにおける異性愛主義という文脈では、単なる嫌がらせ以上の意味を持っている。ジェスと同じ場所で同じボールを追いかけながらも、サッカー仲間にとって、彼女はあくまで男たちのゲームに入れてやった例外的存在であり、自分たちの「仲間」ではない。にもかかわらず、「女のくせに」ベッカムばりのプレイで自分を翻弄するジェスは、「男」というカテゴリーを侵犯しかねない脅威である。したがって、彼女にわからせてやる必要があるのだ。「お前はベッカムでもなければ『男』でさえなく、オッパイがある『女』だ」と。ジェスのサッカー仲間は、つねに鍛えた上半身を晒してサッカーをしているが、マッチョなのはその身体だけではなかったのである。

さらにもう一つ、公園でのサッカーをめぐるエピソードがある。ジェスからなかなかボールを奪えない男たち。そのうち、業を煮やした一人が、後ろから彼女を抱え上げて動きを封じてしまい、それによってジェスは何もできなくなってしまう。もちろん、サッカーのルール上は明らかに反則である。しかし、ここで彼の行為が反則であると言い立てることにあまり意味がないのは、それが正式なサッカーの試合ではないから、ではない。他ならぬジェス自身が、この「反則」によって、「女」である自分は「男」である彼よりも身体が小さく腕力がない、という形で「男／女」というカテゴリーを身体的に経験し、そのような彼女の経験それ自体が、スポーツ、身体、性について考えていこうとする私たちにとって、大きなインパクトを持っているからである。伊藤が主張するように、男女の「体力差」はあくまで平均値であり、個人的にみれば、男性よりスポーツ実践能力に長けている女性が少なくないのも確かである（伊藤公雄「スポーツとジェンダー」井上俊、亀山佳明編『スポーツ文化を学ぶ人のために』世界思想社、一九九九年）。また、平均的な「体力差」とされるものは、そもそも初めから「男／女」の枠組みを自明視しており、いわば性差を出すことを目的として測られたものに過ぎないということも、先に述べた。さらに、いまや生物学的にも、生殖器、染色体、ホルモンなどにおいて一貫していない場合があるという点で、「男／女」の区別は一概にいえるものではなくなっている（にもかかわらず、そうしたケースが「異常」という名によって病理化されることで、二つのカテゴリーは守られているのだが）。それらは確かに、性差が「ある」

のと同様に、一つの科学的な事実である。しかし、そうであったとしても、先のエピソードにおいて身をもって経験する「女」というカテゴリーの方が、ジェスにとってははるかに現実的であるに違いない。そして、実のところ、「オッパイ」をネタにからかわれた彼女にできたせめてもの抵抗は、男の股間にボールを叩きつけてその場から走り去ることだけだったのである。

このように、「男」も「女」も、それに違和感を覚えない場合はもちろん、たとえそれによって苦しみ、それから自由になりたいと願ったとしても、「男／女」の枠組みを捨て去ることはできない。あるいは自分の苦しみが、「男」あるいは「女」というカテゴリーの規範性・抑圧性によってもたらされていることにさえ、気づかないことが多い。そして、気づかないまま、カテゴリーの強化・維持に加担する。それほど、異性愛主義社会に生きる私たちにとって「男／女」のカテゴリー分けはあまりに自明であり、それゆえに問題化することさえ困難である。また、たとえ問題化できたとしても、私たちがそれぞれのカテゴリーの成員として社会的に存在している以上、カテゴリーから完全に解放されることはないし、ましてやカテゴリーそれ自体が完全になくなることもない。そして、私たちは、そのような社会のなかで、さまざまなスポーツ実践を経験しているのである。

## 4. 曲がったボールの行き先

ジェスは、公園で仲間たちとサッカーをする。ジェスが「女だから」という理由で、公園でのサッカーから排除されることはない。公園でのサッカーといういわば遊びの場で、サッカー仲間の男たちがジェスに対してしたことは、「男女差別」ではないし、ましてや法で規制できる行為でもない。それでも、彼らの行為、そしてジェスの経験は、「男／女」という規範的・抑圧的なカテゴリーと、それを支える異性愛主義を強化したという点で、確実に、スポーツにおけるジェンダーの問題である。こうした問題が残る以上、それはときに社会的な「男女差別」の正当な根拠として持ち出され（その場合おそらく「区別」という言葉が使われることになるだろう）、スポーツ界においては、女性のスポーツ実践が男性との比較から「亜流」と見なされる。それゆえに、トップレベルのスポーツにおいて女性アスリートがパフォーマンスや記録以外の付加価値を求められるという状況は、今後も続くことになろう。

あるいは、すべてが丸く収まったかのようにみえるこの映画のストーリーの、別の可能性を想像してみよう。もし、ジュールズが本当にレズビアンもしくはバイセクシュアリティで、別の三角関係ができてしまったら。もし、ジェスが本物のプロ・サッカープレイヤーになってベッカムとプレイしたいと言って、性転換手術を受けたら。周囲の人間と彼女たちとの関係性はどのようなものになり、ストーリーにはどのようなオチがついたのか。異性愛主義を内面化している私たちにとって、何の違和感もなくその問いについて考えることは難しい。しかし、それらは現実にあり得ない話ではなく、例えば、すでに二〇〇三年にＩＯＣは、「性転換」したアスリートのオリンピックへの出場を認めている。そのとき、私たちの社会はどのような反応をみせることになるのか。そして社会の反応を、私たちはどのように考えればよいのか。

それは、法や制度によって差別が是正され、表層的な「男らしさ」や「女らしさ」のバイアスが取り払われ、それによって多くの女性アスリートが増加し、オリンピックや大きなスポーツイベントに出場して活躍し、人々の賞賛を受け、スポーツ組織の意思決定の場に女性がより多く含まれるようになった後にもなお、動かし難い壁として残るであろうジェンダーの重要な問題なのである。

　ジェスのサッカー仲間たちは、ジェスとの関係において、「サッカー」という共通性で括られることより、「男」というカテゴリーを前面化し、暴力的なまでのやり方で、彼女たちを「女」のなかに押し戻すことを選んだ。しかし、彼らのように「オッパイ」や「腕力」を持ち出さなくとも、スポーツに必要とされる類の「体力」が平均的に男性の方が上回っている以上、男女が共にスポーツを実践するとき、彼／彼女らの多くは身体的な経験を通して、ジェスがあの「反則」を経験したときと同様のことを感じるだろう。すなわち、「男」と「女」の枠組みがいかに重要で自明で強固であり、自他にとって動かし難いものであるかを。身体が、「男／女」という枠組みの絶対性を正当化する根拠とされる状況において、スポーツが異性愛主義体制を維持するのに果たす役割は、それほどまでに大きいのである。

　異性愛主義社会が維持される以上、固定的な「男」と「女」は特権的かつ規範的、抑圧的なカテゴリーであり続け、そうしたカテゴライズからの逸脱にはつねにネガティブな経験がつきまとう。そして、これまでみてきたように、スポーツは、その過程のどこかに加担している。だからといって、私たちはスポーツそれ自体を否定する必要はない。どんなにネガティブな経験をしようとも、おそらくジェスやジュールズは今後もサッカーを好きであり続けるだろうし、私たちも、スポーツそれ自体を否定しないまま、問題の乗り越えについて考えることはできる。ただ、そのためには、スポーツへの愛を抱きつつも、一方ではスポーツに対してある種の「ツッコミ」の目をつねに向ける必要があるだろう。すなわち、一つは、スポーツにおいて異性愛主義が強化される過程を見抜く目である。ジェスの物語において、表層的なジェンダー・バイアスの解消（「女の子がサッカーしたっていいじゃない」とでもいうような）という「ハッピーエンド」に隠蔽されてしまったように、社会の異性愛主義が個々の人間にもたらす抑圧は、必ずしもわかりやすい形で現れるとは限らない。したがって、それを掘り起こして露呈させ、ジェンダーの問題として提示する作業が、まずは不可欠である。そしてもう一つは、スポーツと社会の相互補強の道筋を断ち切る、あるいはすでに断ち切られている側面を看破する目である。これまで述べてきたように、一見、異性愛主義社会はスポーツにおける身体的経験を通じて永遠に強化され続けるかのようである。しかし、スポーツにおいて強調される「男」あるいは「女」というカテゴリーは、スポーツを取り巻く社会における「男」と「女」のカテゴリーを忠実に上塗りしていない可能性があり、そうであるならば、「性」的カテゴリーは絶対的なものでも固定的なものでもないのだといえる。そのとき、上塗りに失敗した結果として生まれるズレは、スポーツを、社会を、私たちを、どのような方向へと導くのか。そうした視点からスポーツを考えることは、壁をぶち抜いてゴールへと突き刺さるような破壊力を、おそらく持たないだろう。しかし、まさにベッカムのフリーキックが描く弧のように、何かを越え、何かを変えるインパクトを、はらんでいるはずである。

［参考文献］


・竹村和子『フェミニズム』岩波書店、二〇〇〇年
・竹村和子『愛について―アイデンティティと欲望の政治学』岩波書店、二〇〇二年
・ホール・A、飯田貴子、吉川康夫監訳『フェミニズム・スポーツ・身体』世界思想社、二〇〇一年

# 第16章　現代スポーツとグローバル資本主義
## ――「ただなか」で抗するアスリート

山本敦久

二〇世紀末、グローバル資本主義がスポーツをまるごと飲み込んだと思われるまさにその瞬間、私たちは、そのグローバル資本が席巻する華々しい舞台の上に、震える二つの身体を目撃した。

一つは、一九九八年にフランスで開催されたW杯サッカー・ファイナルのピッチ上で、苦痛の表情を浮かべながらボールを追いかけたブラジル代表の黒人ストライカー、ロナウドの身体である。もう一つは、九六年アトランタ五輪の聖火ランナーとして、がたがたと小刻みに震える手で火を灯した元ボクシング世界チャンピオン、モハメド・アリの身体である。二つの震える身体は、まるで滞りなく流れる時間を一瞬停止させ、そしてまた再び流れ出す時間のなかに、何か別の契機を差し挟んだかのようであった。

衰弱した身体は、本来スポーツ競技に要求される理想の身体像からは、かけ離れたものであるだろう。ロナウドとアリの震える身体は、躍動する身体が激しく競い合うはずのスポーツの祭典には、似つかわしくないものだった。だが、その似つかわしくない身体は、そのことによって、かえって強烈なイメージを私たちの知覚に突きつけもした。テレビ画面の前でロナウドやアリを見つめた私たちの多くは、華やかな祭典のなかに突如現れた震える身体を、すぐさま受け入れることができなかったのではないか。少なからず、一瞬の「ためらい」のようなものを経験したのではないだろうか。

その「ためらい」という一瞬の時間は、何を意味するのか。ここでの「ためらい」は、現代スポーツのなかで、どのような時間として経験されるものなのか。滞りなく未来へと進むはずの時間は、「ためらい」によって中断されたわけだが、この「中断」によって差し挟まれたものはいったい何なのか。

現代スポーツを取り巻く多くの現象は、いまやイメージ、情報、知識、記号、商品の生産・流通・消費によって形成されるグローバルな経済市場システムの「内部」にあり、その「外部」を想定することは困難になりつつある。そのような時代だからこそ、私たちは、資本の支配のただなかに表出され、また経験される、違和感や異物を感知する能力を磨かねばならないのではないか。スポーツ文化は、資本がそこにおいて価値増殖する領域である。しかし、本稿では、資本の支配が展開される現代スポーツ領域に内在する綻び、グローバル資本主義に包摂されているシステムの危機という、まさにそこで表明される矛盾や対立が、社会的な批判の表出として無視できないものであることを強調したい。

## 1．震える身体

もう一度、九八年W杯決勝のピッチに戻ってみよう。ブラジル代表とフランス代表によるこの試合は、ナイキとアディダスという巨大グローバル企業のブランド競争でもあったことはよく知られている。ナイキのようなグローバル企業にとって、W杯やオリンピックは、自社のロゴとブランド・イメージをアピールする絶好のビジネスチャンスである。特にナイキは、飛翔し躍動するアスリートの身体に投資することによって、ロゴの力を大きくしていった先駆け的な企業だ。ところが、そのナイキのロゴを身に着けたロナウドの身体運動は、力強さやスピード、ダンスのようなリズムといったものからは程遠いものだった。ボールを追いかけるロナウドの身体は衰弱し、小刻みな痙攣を起こし、その表情は苦痛にゆがんでいたのだ。

ナイキのブランド・イメージにおいて、あの日のロナウドの不調は、おそらく二重の意味で好ましくない事態であった。一つは、衰弱したロナウドの身体は、スポーツ競技が理想とする身体ではなかったということ。もう一つは、黒人ブラジル人の身体に期待されるステレオタイプ（リズミカルで奔放な動きなど）が体現されなかったということである。ナイキのコマーシャル・フィルムの映像のなかで、ボールを楽しそうに蹴っていたロナウドは、この日のピッチにはいなかった。ナイキは、黒人のアスレティックな身体に投資することで、あのスウッシュのロゴに魔法をかけてきた。だがロナウドは、ナイキの欲望に応えることができなかった。痙攣を起こし衰弱した身体は、ナイキが投資するはずの黒人身体の理想像を裏切るものだったのだ。文化研究者の小笠原博毅は、このときのロナウドについて次のように論じている。

九八年のロナウドにはリズムはなかった。もしあったのだと、彼は体調不良を押してリズムを作り出そうとしたのだと言う人がいたのならば、そうさせたのは身体の躍動が無意識に生み出す身体へクシスではなく、ナイキである（小笠原博毅「サッカーにおけるネイティヴ性、もしくは『人種／国民』のアーキタイプ」『ユリイカ』第三四巻第八号、青土社、二〇〇二年）。

小笠原が指摘するように、この試合でロナウドの運動を支配していたのは、トレーニングによって獲得され、習慣化されたロナウド自身のサッカー・テクニックや実践（戦）感覚ではなく、ナイキの資本である。体調不良によって、ピッチに立てるコンディションが整っていなかったにもかかわらず、ナイキとのコマーシャル・スポンサーシップを結んでいたブラジル代表チームのアイコン的存在であったロナウドは、半ば強制的に試合に出場せざるを得なかった。あの日のロナウドの身体運動は、ロナウド本人のコントロールを超えたところにあったのだ。奔放に躍動するはずの物象化されたロナウドの身体は、ナイキにとって、最も重要な市場拡大のチャンスの場面で、衰弱し、震えてしまった。その出来事はまた、黒人身体から発現されるはずのスピードやリズムをあらかじめ期待することに慣れ親しんだ者たちにとっても、信じ難い光景として目に映ったのだ。

ロナウドの身体にリズミカルな快楽的身体運動への欲望を投影することは、ナイキによる「黒人性」への投資という問題と親密な関係性を維持している。この関係性のなかで経験されてしまった違和感や矛盾、つまり、黒人男性身体への期待が裏切られたときにできてしまった真空状況こそがあのときの「ためらい」であり、一瞬の「時間の中断」という経験に関わる何かだったのではないだろうか。

## 2. flash b(l)ack memory ―― 危機としての身体

この「時間の中断」が意味するものを、また別の角度から鋭く感知したのが、ポスト・コロニアルの研究者ポール・ギルロイである。ギルロイは、中断された時間に立ち止まり、そこで、それまで進行されていた時間とは別の時間感覚を与えられた体験を、次のように述べている。

> 奴隷たちのその子孫にとって、未来は突然まったく過去のように写りはじめた（Gilroy, P., *Between Camps*, Routledge, 2004.）。

ギルロイが、中断された時間の繋ぎ目で、ロナウドの衰弱した身体から一瞬感知したものは、ナイキによって搾取される黒人身体であり、それを想起させるような消去されていた記憶と物語である。現在から未来へという進歩的で直線的なグローバル資本主義の時間のなかに、時差をはらみながらいまも流れ続ける黒人奴隷の記憶が再び発見され、同時にその記憶が未来へ向けて想像されたのだ。同様に、イギリスの人種研究者であるレス・バックも衰弱したロナウドの身体を見て、「人種的思考の過去の歴史が、現在において積み上げられている」と表現した（バック・L、有元健訳「ユニオンジャックの下の黒」有元健、小笠原博毅編『サッカーの詩学と政治学』人文書院、二〇〇六年）。

ギルロイやバックによって分節化されたこのような記憶と時間のあり方は、現在から過去を振り返るという意味での回想とは異なる。それはむしろ、ドラマの脚本家が、継続する現在の時間を進行させながらも休止させ、そこにできた時間の繋ぎ目に、過去の記憶を一瞬重ねることによって、過去の出来事を現在の時間の流れに呼び戻すフラッシュバックの技法に似ている。直線的な時間の進行の過程で置き去りにされ消されていた黒人奴隷の圧縮された記憶と時間の厚みは、中断された時間に滑り込み、そこから前方へ飛び出したのだ。ギルロイたちは、このような黒人たちの記憶と時間のポリティクスを、衰弱したロナウドの「現在」の身体運動に読み取り、そして、人種主義と黒人たちの物語の未来を予言的に再開したのだ。フラッシュバックという記憶のあり方を対抗的な記憶の実践として捉え、その思考を深めた哲学者のベンヤミンは、次のような意義深いフレーズを残している。

過ぎ去った事柄を歴史的なものとして明確に言表するとは、それを〈実際にあった通りに〉認識することではなく、危機の瞬間に閃くような想起を捉えることを謂う（ベンヤミン・W「歴史の概念について」浅井健二郎編訳、久保哲司訳『ベンヤミン・コレクション一――近代の意味』ちくま学芸文庫、一九九五年）。

ベンヤミンの言葉をここで展開してみるなら、ロナウドの衰弱した身体とアトランタ五輪の開会式でのモハメド・アリの震える身体は、共に「危機」としての身体を体現しているといえるだろう。その危機がもたらす時間の中断のさなか、閃光のごとく奴隷制以降の圧縮された記憶と過去が、未来に向けて再読・再演されるのである。過去を抹消し、ただ未来へと投資していく時間の進行の足元には、近代の植民地主義の消えることのない暴虐と痕跡が積み重なってもいる。そのような複数の脱中心化された時間と記憶の歴史が、一人のアスリートの身体運動に「危機」として再演されるとき、そこには「中断」という、時間の裂け目としてしか経験し得ないものが現れる。この刹那に消えいく一瞬に立ち現れた過去のイメージを、ギルロイたちは逃さず捕獲したのである。

ロナウドやアリの震える身体が差し挟んだもの、視聴者たちに「ためらい」として経験されたものとは、ふだんは見えないが確かに常態化されている「危機」の出現に関わるものなのである。黒人アスリートの身体的な危機は、滞りなく過去から未来へと流れる単線的かつ直線的である支配者の時間の流れのなかに一瞬出現した躓きの石ともなり得る。もちろん、それがナイキにとってどれほどのダメージとなるのかはわからないが、このように考えてみることで、現代スポーツという領域をつねに構築される敵対性の場として思考していくことが可能にもなる。

グローバル資本に飲み込まれたスポーツは、その内側につねに異物や矛盾を含み込まざるを得ない。ロナウドやアリの衰弱し痙攣する黒人身体は、そのことを表明している事例なのではないか。それは声高に叫ばれるような「抵抗」の表明ではないだろう。だが、黒人身体の搾取に対する敵対は、グローバルなスポーツの祭典のなかで弱々しくも、確かに表明されている。二人のアスリートの身体的な危機は、同時に支配システムがその内部に抱える「危機」でもある。スポーツを飲み込む資本主義的な生産様式のその外部にあると想定されていた危機や衰退は、じつは最も内的な力として指し示されている。

また、ロナウドの身体的な危機をめぐるポリティクスは、現代スポーツと呼び習わされている活動に対するもう一つの違和感を表明している。それは「現代」という時代区分をめぐるポリティクスに介入する。

現代スポーツとは、「現代」という接頭語が付けられているのだから、「近代スポーツ」とは異なるものなのか。あるいは、何かを継続しているのか。断絶や継続性があるとして、それは単に「近代」の「次」にやってきたものという時期区分的な概念として思考すべきものなのか。

もし、現代スポーツと呼ばれる何かを、近代スポーツの「次」にやってきたものとして、つまり「昔」から「今」へ、近代の終焉の「次」に、といった時間の移行概念を使って特徴づける人がいるのなら、その主張は、これまでみた通り実際のスポーツ・フィールドのなかで起こっている出来事やフィールド上のアスリートの身体によって、逆に警鐘を鳴らされているといえるだろう。現代スポーツのなかには、つねに近代の抑圧の記憶が混入しているのであるし、そうした記憶を操作（抹消）することによって、グローバル資本は価値増殖し、現代スポーツの市場を維持し得ているともいえる。混入した記憶はノイズとして必ず立ち現れる。近代スポーツの「次」に来るものだとする単線的な時間の移行概念として現代スポーツを捉えるならば、その思考自体のなかに、つねに異物や障害が生じざるを得ないのだ。

## 3. 動きのなかの「中断」

「現代スポーツ」がいつから始まったのかといった起源を探すことに、ほとんど意味はない。しかし、ロナウドまで続く黒人アスリートの系譜のなかで、黒人男性身体が魅力的なモノとしてグローバル資本の投資対象となったその最初の一人が、モハメド・アリであることはここで確認しておいてもよいだろう。一部の黒人たちにとってスポーツが巨万の富をもたらすようになったのは、アリ以降のことなのである。

知られるように、六〇年代から七〇年代にかけてのアリは、公民権運動、ブラック・パワー運動、反植民地主義運動、ベトナム反戦運動、反資本主義運動のグローバル化を促進する触媒であった。ところが、アリが増殖させたグローバルな回路を、その後最もうまく利用したのは、皮肉にもグローバル資本であった。白人の優位性に対するラディカルな戦闘的態度、発言、身振りに象徴された「黒人性」は、そこから権力関係や敵対性を注意深く抜き取られ、小奇麗にパッケージ化され、多文化主義的なレイスフリーのユートピアを象徴するかのようなグローバル商品と化していった（マークシー・M、藤永康政訳『モハメド・アリとその時代─グローバル・ヒーローの肖像』未来社、二〇〇一年）。

アリが、アトランタ五輪の聖火台でパーキンソン病に蝕まれた震える身体を全世界の視聴者に晒したことは、彼が主張したラディカルな「黒人性」のグローバル化における一つの帰結でもある。この皮肉な帰結は、しかし、アリの全盛期であった六〇年代においても、彼が「時間に関わるアスリート」であったということを改めて気づかせてもくれる。アリのボクシングにおける身体運動は、「中断」や「切断」によって構成されていたということを考えてみても無駄ではない。リングでのアリのボクシング技芸は、進行中の時間を中断させることに、一つの特徴を秘めている。

アリがリングでその全盛を迎えていた頃から、すでに四〇年の時が経つ。それでも、彼のボクシング技芸の断片的イメージは時間も空間も超えて、例えば二一世紀の東京のボクシングジムでプロを目指す若者たちの身体運動のなかにも発見することができる。私自身の二年ほどのボクシングの経験からいえることなのだが、アリの技芸は少なからず現在のボクサーたちの身体運動のなかに複製されている。

「フィットネスをやってるんじゃねぇんだよ。これはボクシングなんだよ！　リズムを変えろ！　同じリズムで動くな！　変えるんだよ。リズムをいっぱい作るんだよ！」

これは、毎日のように、トレーナーが私に叫んでいた言葉である。ここでの「フィットネス」というのは、同じリズムで反復される持久運動のことである。ボクシングは、同じリズムで反復される運動ではないということを彼は言っているのだ。とかく初心者は、リングに立ったとき、一定のリズムで動き続けてしまうものだ。居心地のよい自分のリズムから攻撃のコンビネーションが発動されるよう、まずは基礎的な技術を習得していくからだ。しかし、ボクシングという競技は、つねに敵手との攻防から成り立つものであるから、一定の直線的なリズムは、敵手にとって好機を用意してしまう（敵手のリズムに合わせてしまう）。だから、トレーナーは、頭、首、肩、腕、膝、足首といった身体の部位それぞれから、つねに変調するリズムを作り出せというのだ。

それは、継続する身体運動のなかで、弱いリズムの拍と強いリズムの拍をチェンジしたり、すでに刻み続けているリズムよりも先行したり、遅れたりするような時間感覚である。そこに訪れる時間の「切断」の重要性を発見し、最も熟知し、体現していたのがいうまでもなくアリなのだ。若い頃のアリの身体運動は、とにかく「忙しい」。見ている人たちに、そのリズムをつかませにくい。それでもアリのアクセントの過剰に変化する動きを見ていると、つい目が離せなくなってくる。まるでダンス音楽に身を浸しているかのように私たちの感覚器官が錯覚するのだ。リズムの「切断」を織り込んだアリのボクシングが、しばしば音楽のようですらあるのは何も偶然ではない。ジャズ・ミュージシャンがアクセントの強弱を変化させるシンコペーションにも似たものを、アリはボクシングという身体運動で実現していたのだから。

ギルロイは、歴史の連続性を中断させるというポリティクスを、「シンコペートされた時間性」という表現によって黒人音楽のなかで明るみに出す。シンコペーションによって差し挟まれた時間を想像のなかで繋ぎ合わせながら、大西洋を移動し横断する黒人音楽の経路を探査し、ギルロイは、近代の内側にありながらもそれと重なることのない別の近代、すなわち「黒い大西洋」を浮かび上がらせていく。「シンコペートされた時間性」は、国民国家という想像の共同体における単線的で進歩的な時間のなかに、それとは異なる時間を呼び起こし、そこで再び躍動させる。消去、もしくは隠蔽されていたマイノリティやディアスポラの時間性や記憶は、近代に対して批判的に生き、語ることへと節合されるのだ（Gilroy, P., *The black atlantic: Modernity and double consciousness*, Verso, 1993.）。ギルロイの議論を経由して、ジェームズ・クリフォードは「シンコペートされた時間性」のあり様を次のように述べる。

直線的な歴史は裂け目を入れられ、現在にはつねに過去が影を落としている。そしてその過去とは、欲望されるが遮断されている未来、更新され苦痛に満ちた熱望である。黒い大西洋のディアスポラ意識にとって、時が停止し再開される地点である反復する裂け目は、中間航路（奴隷貿易）である。奴隷化とその余波―場所を奪われ繰り返される人種化と搾取の構造―は、ヘゲモニックな近代という織物に不可避的に編み込まれてしまった黒人の経験の模様を表している（クリフォード・J、毛利嘉孝、有元健、柴山麻妃、島村奈生子、福住廉、遠藤水城訳『ルーツ―20世紀後期の旅と翻訳』月曜社、二〇〇二年）。

アリの身体運動における「切断」は、黒人たちの経験の対抗的な記憶や歴史が、近代の内側で、それに裂け目を入れるような抵抗的な身体表現として具現化されたものでもあるだろう。「黒い大西洋」という国家の枠組みを超えたつながりや空間概念のなかにアリを再配置してみるとき、アリの身体運動の「切断」や「裂け目」が、中間航路の恐怖へと開かれていたと想像することができる。さらにクリフォードが述べるように、奴隷制の過去とそれが繰り返される未来が、ヘゲモニックな近代という時間―空間に編み込まれているという指摘は重要だ。アリの身体運動は、まさにそのような近代の織物の「ただなか」に、過去の記憶と人種主義の未来を沸き上がらせるのである。

記憶と時間性の「裂け目」をつねに内側に抱え込んだ支配的な時間―空間は、それを消去することはできない。このような「中断」や「切断」に関わるポリティクスこそが、ロナウドや往年のアリの震える身体を通じて発見することができる現代スポーツの「危機」にも通じるものなのである。

## 4.「プレイ―労働」――オルタナティブな生産関係の創出

しかし、「危機」というのは刹那に過ぎ去ってしまう。ロナウドの黒人身体は、再びナイキのものとなってしまった。スポーツのスペクタクルのなかで、黒人身体がもてはやされれば、黒人の社会進出の象徴として語られ、奴隷制の記憶も人種差別の現在も過去に閉じ込められてしまう。欧米の白人が支配するスポーツ体制がますます揺るぎないものになることは、見えなくなってしまうのだ。多文化主義が礼賛するアイデンティティのスペクタクルは、こうして搾取構造への疑いを消し去っていく。坂本龍一がスポーツシューズを掲げたコマーシャル・ポスター、ロナウジーニョが街路をドリブルする快楽的な身体運動を映し出すコマーシャル・フィルム、多国籍・多人種・ジェンダーフリーを想像させる笑顔だらけのベネトンのポスターといったものの一切は、東南アジア各地の搾取工場の実態を覆い隠し、グローバル大企業を批判することを難しくさせてしまう。

黒人アスリートの身体は、経済主導型のグローバル化を疑うことなく先導するアイコンとなり、特に最近では、新自由主義のマントラをグローバルに蔓延させるための動かぬ証拠にもなっている。アテネ・オリンピックが開催された二〇〇四年は、「Impossible is nothing」というアディダスのキャンペーンがスポーツ市場を席巻した。「不可能なんてない！　不可能なんて、諦めた者たちの言い訳だ！」と、全盛期のアリの映像は私たちを説得する。革命のグローバル・アイコンのなした業は、グローバル企業が自分たちのブランドの力に向けて不可能なんてないと語るための道具へと流用された。

有名黒人アスリートがグローバル・ヒーローとなるその下方には、イメージや記号の経済からは無縁である都市のエスニック・マイノリティの貧しい若者たちが分離されている。巨大なスポーツ産業の生産領域にアクセスできるエスニック・マイノリティは、選ばれたごく少数に過ぎない。黒人アスリートの活躍は、いまのところ人種差別を撤廃するようなものではない。先進諸国の大都市において、カラードの身体は、いったん包摂されながらもその内部に破棄される。現在のスポーツの人種主義は、排除のみ行うのではなく、社会へと包摂しつつ能力主義によって二極化されているようだ。かつてのような黒人アスリートと第三世界の連帯は解体し、持つ者と持たざる者の二極化が黒人社会のみならず、世界の人口を分裂させている。スポーツは、そのようなグローバル化の触媒になっているようにさえみえる。

このような文脈において、七〇年代以降世界の主要な都市が経験した事態、それは白昼から街路に群れ、スポーツをして遊ぶことに徹するカラードの身体がインナーシティに出現したことだろう。グローバル化に伴う産業構造の転換と都市空間の再編制が生み出した新しい都市のランドスケープは、とりわけポストフォーディズムへの労働形態の移行に対して無防備であったアメリカの大工業都市で顕著にみられた。第一世界のなかに破棄された第三世界である。

皮肉にも、その現状を最も可視化したのが、グローバル・スポーツ企業であった。そのコマーシャル・フィルムは、荒廃した都市空間を舞台にバスケットボールやブレイクダンス、グラフィティ、ダッチロープをするエスニック・マイノリティの若者たちの遊ぶ身体を映し出した。廃墟ビル、無数の落書き、荒れ果てた街は、そこで遊ぶカラードの身体とセットになって、グローバル資本の生産物へと転化されたのだ。白昼から遊ぶカラードの若者の群れは、資本のグローバル化に伴い、工場の海外移転などによって労働市場から追い払われた者たちである（もちろん、労働市場から追われた若者と遊びという問題は、海の向こう側だけの出来事ではない。いまや、日本各地の都市が経験しつつある現象でもあることは否めないだろう）。

しかし、この事態が、また別の意味を持っていると論じるのは、アメリカの黒人労働者階級の文化政治を研究するロビン・ケリーである。ケリーは、このように労働市場を追われつつも資本に搾取され商品化される若者の身体は、グローバル資本主義の進展と福祉国家の解体がもたらした矛盾であると同時に、それに抗する身振りでもあると述べている。ケリーは、この若者たちが身体表現を駆使し、ひたすら真剣に遊んでいるという事実そのものに注目し、労働市場から追われた無数の身体が遊ぶ（プレイする）ための豊かな時間を手に入れたということ、そしてその遊び場が街路であるということを真剣に考えようとするのだ（Kelly, R., "Play for keeps: Pleasure and Profit on the Postindustrial Playground", Lubiano, W.（ed.）*The House That Race Built*, Vintage Books, 1997.）。

ケリーは、ポストフォーディズムへの産業構造の転換と工場の海外移転に伴う雇用機会の減少、また、福祉国家の解体と都市空間の軍事化による予算の弱体化による公的なレクリエーション・サービスの衰退、そして犯罪の恐怖を元手に利益を得る資本家たちの登場がもたらすプライバタイズされた空間からの経済的弱者の排除といった要素が、街路に群れる身体を出現させるという。こうして、ドキュメンタリー映画『フープ・ドリームズ』に描かれた世界のように、弱体化した公的な空間（まさに反転する公共圏）に「破棄された」エスニック・マイノリティの若者たちにとって、街路で磨き上げるスポーツ資本は、限られた経済資本への交換手段として残されるのだ。

しかし、貧しい黒人たちにとって「残された選択肢」であるスポーツでの成功は、実際には一握りのアスリートに限られる（Messner, M. A., *Power at Play: Sport and the Problem of Masculinity*, Beacon, 1992.）。街路でスカウトされた全米約五十万人の高校バスケットボール・プレイヤーのたった一四〇〇人（二・八％）が大学でプレイを継続することができ、そのなかの二五人だけがNBAへの道を獲得する。プロのアスリートとして活躍する機会は、黒人男性の十万人に二人、アメリカで生まれたラティーノの百万人のうちの三人に過ぎない（Kelly, R., ibid.）。

資本主義システムにおいて人々は、搾取と失業から免れることはできない。それがわかっていながらその外部へと飛び出すことができない者たちは、システムの内部に「外部」を創出せざるを得ない。ケリーは、次のように街路のスポーツについて述べている。

　バスケットボールは、黒人男性たちにとって成功の夢を実現し、ゲットーから脱出する可能な手段となるだけでなく、多くのコミュニティでカードや賭けのようにキャッシュのために行われてもいる。いくらかの少年や若者は、短期間での（決して簡単ではないが）成功や金儲けの手段としてバスケットを見なしていることは事実であるが、コート上の全員が同じ野心を共有しているなんておかしな話でもあるのだ。競争を伴うゲームの文脈で、できる人間とそうでない人間はすぐさま明らかになる。大部分の若者たちは、それがゲットーからの脱出になると信じるよう騙されているわけではない。むしろかれらは、バスケットボールから快楽を引き出しているのだ（Kelly, R., ibid.）。

　ケリーは、バスケットやグラフィティ、ブレイクダンス、ダッチロープなど、街路の遊びにおいて経験される「快楽、表現の創造の追求は労働である」と述べている。ここで提示される「プレイ―労働」とは、第一にゲットーの経済的危機を生き残る（サバイブする）ための手段であり、場合によっては上昇移動の手段である。第二に何かのため誰かのために働くのではなく、それ自体のため、パフォーマンスや表現、快楽や楽しみや創造性のために働くことを指している。スポーツのスキルやパフォーマンスを習得するためには、そこに膨大な時間と身体的エネルギーが投資される。それは従来の「遊び」に貼り付けられた「怠惰」、労働から分離した「余暇」、あるいは労働の再生産のためのレジャー、気晴らしといったレッテルを剝ぎ取る。むしろ、街路の遊びは「勤勉」な「遊び」であるというのだ。

　これが新自由主義の労働言説に対する批判であることはいうまでもないが、ここで確認しておきたいのは、ケリーの主張が人種差別主義批判でもあるという点である。遊びと労働の境界線はあらかじめ引かれているものではなく、その境界線は、むしろカラードの若者を「怠惰」な存在として、人種化された「アンダークラス」に位置づけようとする人種差別主義によるものでもあるのだ。

また、さらにここで重要なのは、「勤勉」に「真剣」に、そして快楽と楽しみと創造性の追求のために身体表現を駆使しながら「遊ぶ」若者の群れが、いくつかの点において資本主義的な生産関係に対するオルタナティブを提示しているという点である。ケリーによれば、「プレイ─労働」は「行き詰まり（dead-end）」の低賃金搾取労働からの離脱の手段へ変換される可能性を持つ。つまり、それは資本主義的な価値創出の労働からある一定の距離をとるということだ。グローバル化する社会において、街路の遊びは、失業者や低賃金サービス労働者にとってのオルタナティブな労働、あるいは「それ自体のために働く」という意味で従来の労働から離れた「生きた労働」としてますます可視化されているのである。

このことは、近年の東京のプレイ・エリアでも同様の地平で考察できる。ストリート・バスケやダンサー、サッカーボールを用いたフリー・スタイラーたちの増殖とそのプロ化は、このような文脈で捉えていくべき労働の変容過程なのである。「楽しいからやってるんですよ。他に、理由は…難しいね。多分、プライドですよ」。コンビニでバイトしながら、企業とのスポンサー契約を結ぶある街路のアスリートは、このように教えてくれた。東京の街路で遊ぶフリー・スタイラーたちに話を聞くと、その多くは、プレイから引き出される「快楽」と「創造性」を、ある時は資本主義のシステムに乗せ、あるいは、それとは別の価値として認めていく。誰か（資本）のために働くのではなく、「それ自体のための労働」が、街路のプレイとその「プライド」になっているのだ。自分たちの技芸を完全には資本に受け渡さないという身振り＝生きた労働は、ここで、イタリアの活動家アントニオ・ネグリとマイケル・ハートの言葉を想起させる。

生きた労働は資本主義に内属している。生きた労働は、それが生み出された諸制度の内部に閉ざされてはいるけれども、しかし倦むことなくそうした諸制度を何とかして破壊しようとするものだ（ネグリ・A、ハート・M、長原豊訳「批判としてのコミュニズム」『現代思想』第二六巻第三号、青土社、一九九八年）。

ネグリとハートは、人間の創造的能力に形を与える本源的な火を意味するマルクスの「生きた労働」という概念をポストフォーディズム社会に蘇らせる。「生きた労働とは世界に積極的に関わり、社会的生を創造する人間の根源能力のことだ。生きた労働は資本に囲い込まれて、売買されたり商品や資本を生産したりする労働力に切り詰められもするが、生きた労働は常にそれを突破する」（ネグリ・A、ハート・M、幾島幸子訳、水嶋一憲、市田良彦監修『マルチチュード』NHKブックス、二〇〇六年）。

いま、グローバル資本に飲み込まれたスポーツを批判的にかつ創造的に考察していくための一つの視座は、「内的な力」を発見していくことである。「プレイ―労働」は、資本主義に内在しながら、その「ただなか」で資本主義を批判していく実践でもある。この実践は、資本に取り込まれつつもオルタナティブな生産関係を提示しているようにみえる。ここでのオルタナティブとは、支配の外部に出て別のものを思考するのではなく、あくまで支配に内在しながらそれに抗する力なのである。

## 5. 資本のグローバル化の「ただなか」で抗する——現代スポーツの抵抗論

これまで本稿がこだわってきたのは、支配の内部に浮上する「危機」を発見していく視座の重要性である。ロナウドの衰弱した身体、年老いてパーキンソン病に蝕まれたアリの震える身体が、支配内部の「危機」として、図らずも異議申し立ての空間を作り出すかもしれないという考えは、六〇年代の黒人アスリートたちのように力強い「抵抗」ではないし、ロナウドの意識的な実践に直接関わるものでもないだろう。また、グローバル資本主義を外部の敵と設定した、二項対立的な「抵抗」ではあり得ない。むしろ、それを「抵抗」と呼ぶのかどうかさえ疑わしいものである。さらに、現代スポーツなるものがもはや完全にグローバル資本に飲み込まれているならば、アスリートの身体は、グローバル資本主義の完全な外部（転覆のような抵抗）を想定することなど不可能であろう。

とはいえ、震える黒人身体は現在進行的に未来へと投資するグローバル資本主義の不可逆的な運動システムの「ただなか」で、その運動の時間に別の時間を差し挟んだのである。ナイキが黒人身体へと投資するとき、そこでは過去が清算済みのものとしてつねに忘却されていく。だが、滞りなく進行するはずの過去から未来への時間の移行は、ロナウドという黒人アスリートの鈍い動きによって、一瞬遮られもした。この一瞬の時間の中断は、現代スポーツに存在する権力関係が露呈される瞬間でもあるのだ。

また、街路のアスリートたちによる身体を駆使した遊び（プレイ）を「生きた労働」として捉えるというのは、資本主義的な生産関係の外部を想定するのでなく、そのシステム内部の綻びを見極める術である。

非物質的生産（情報、イメージ、パフォーマンス、記号、知識、情動の生産）をますます拡大するグローバル資本主義は、その内部に労働の抽象化と剰余価値の生産を拒絶し、それとは別の価値を生産する「生きた労働」なる「プレイ―労働」の実践を含み込んでいる。この実践は、少なからずグローバル資本主義の内部の異物であることは間違いない。もちろん、街路のスポーツは、資本主義を転覆するような力強い「抵抗」ではない。むしろケリーが述べるように、街路のプレイにとって資本主義は、敵でもあり味方でもあるだろう（Kelly, R., ibid.）。

現代スポーツは、つねに進行中の闘争の場である。何かを覆い隠そうとすればそれを剝がし、押しつぶそうとすればそれに反発し、価値や空間を完全に支配しようとすれば別の価値や空間を創出する集合的な力が生み出される。そのような敵対性の場として躍動し続けているから、スポーツは面白い。

# 第17章　ファッション史におけるアスリート
## ――シュザンヌ・ランランとマイケル・ジョーダン

萩原美代子

### 1．スポーツウエアとファッション史

一八九二年に『ヴォーグ（Vogue）』という雑誌がニューヨークで創刊された。その初期は社交界情報誌としての性格が強かったようだが、一九〇九年以降次第にファッション誌として特化されて、一九一六年にはイギリス版、一九二〇年にはフランス版の発刊へと拡大した。一九二〇年代にはファッションが雑誌メディアを通して世界に伝わる時代となった。

リー・パットンは、一九一〇年以降のヴォーグ誌中のスポーツウエアを分析して、スポーツウエアがファッション（以下、広い意味での衣服の総称として用いる）をリードした時期を一九二〇〜三〇年代と一九七〇年代以降とし、後者は前者に比して、より全体的直接的影響を持つとしている（Lee-Patton, C., *Sport*

*Wear in Vogue since 1910*, Thames and Hudson, 1984.）。

一九世紀の女性の服装は、階級的差異化がファッションの中心であり、衣服による社会的秩序の可視化が重要で、着脱が簡単かつ動きやすく、肉体を束縛しないといった機能性への配慮はきわめてわずかしかなかった。しかし、二〇世紀になると、機能的であることがファッションの新たな価値観として浮上した。身体を機能的に動かすということに関して、スポーツ服はつねに一般のファッションに先行し、特に前述の二期間はスポーツ服がファッションの刺激剤となったのである。

能澤慧子は、二〇世紀モードは、二〇年代の「伝統的洋服の解体」と七〇年代以降の「第二次世界大戦後復活していた堅苦しい洋服の解体」という二度の革命を通じて、衣服が主役ではなく肉体が主役であり、衣服は内面を表出する媒体なのだという流れを生んだと指摘している（能澤慧子『二十世紀モード―肉体の解放と表出』講談社、一九九四年）。

そこでこの章では、一九二〇年代と七〇年代以降のファッションとスポーツの関係をスターとしてのアスリートを通してみていくことにする。ここでは、それぞれの時代のアスリートとして、一九二〇年代においてテニス・プレイヤーのシュザンヌ・ランラン、一九七〇年代以降は一九八〇～九〇年代のＮＢＡバスケットボール・プレイヤーであるマイケル・ジョーダンを取り上げ、アスリートがファッションとどのような関係にあったのかを捉える。そのことは、スポーツという文化が、それを取り巻く諸要素とどのような力関係から構成されていくのかを考えるヒントになろう。

## 2．一九二〇年代のファッションとスターアスリート

### ■テニスコートの女神 —— シュザンヌ・ランラン（Suzanne Lenglen）

写真1　シュザンヌ・ランランのランニングショット
（G・クレリッチ，虫明亜呂無訳，日本庭球協会監修『テニス500年』講談社，1978年）

一九〇〇年にデビスカップ戦が英米間で開始されたとき、イギリスのスターはドーハーティ兄弟であり、アメリカのスターは両国間のこの試合の提案者であり、カップの名前となったドワイト・デビスであった。国別対抗という形をとったデビスカップ戦は、ナショナリズムを刺激し、人々の注目を集めたが、彼ら選手のファッションが他のテニス・プレイヤーに影響を与えるということはなかったようだ。彼らは一様に、白の長袖シャツと長ズボン、白靴であり、特別個性はなく、レギー・ドーハーティ（兄）がカフスをゆるめ袖を長く垂らしてラケットを扱う様子は大変優雅であると人気があったけれども、ファッションの世界に影響を与えることはなかった。

ドーハーティ兄弟の活躍から約一〇年後、ウィ

ンブルドンのセンターコートに登場したフランス人女性シュザンヌ・ランランは、ただのチャンピオンではなかった。一八九九年に生まれた彼女は、一五歳でランラン以前のフランス人最強プレイヤーであるプロクディ夫人に打ち勝ち（一九一四年）、一九一九年より全英六回、全仏二回の優勝を重ね、第一次世界大戦後一九二〇年代前半に「テニスの女神」と讃えられ、注目された。彼女は技術のみでなく、当時のファッションをテニスコートにもたらし、世界的に大きな影響を与えたのだった（写真1）。

当時のファッションは、ポワレらの出現によって、これまで衣服を支える下部構造とされてきたコルセット、ペチコート、裏地や芯までもが取り除かれ、身体の自由性と重要性を高める第一の革命が進行していた。彼女は、この流れのなかにあるパリのクチュリエ、ジャン・パトゥデザインのテニスウエアを採用した。袖なしまたはフレンチスリーブ、腰からの膝丈プリーツスカート、コルセットやペチコートなしで、かつての女性プレイヤーよりも身体を露出しつつ、「男のように」プレイし、「indecent（みだらで下品）」と話題になった。しかし、このテニスウエアは、彼女が愛用したカラフルなヘアバンド（世界的にランランバンドといわれた）と共に各国に普及し、当時のモダンで活動的なスポーツ女性の象徴となった（Robertson, M., *The Encyclopedia of Tennis*, George Allen & Unwin, 1974.）。

## ■シャネルとランランとロシア・バレエ

ガブリエル・シャネルが自分の店を開店したのは、ランランがデビューした年の一九一五年であり、一九一九年には見られることよりも着心地を優先させた「ジャージー・スーツ」を発表している。彼女はまた、スポーツの場にみられた新しい美意識を取り入れ、簡素でカジュアルでスポーティーな好みを衣服のデザインに植え付けた。シャネルのそのセンスを買って、芸術プロデューサー、セルジュ・ディアギレフは、彼の率いるロシアバレエ団、バレエ・リュスの「青列車」という作品の衣装担当として彼女を抜擢した。バレエ・リュスは、一九〇九年から一九二九年までの二〇年間、パリを中心にヨーロッパとアメリカで多くの新作バレエを上演したが、「青列車」も一九二四年におけるパリ初演の一演目であった。台本はジャン・コクトー、振り付けはブロニスラワ・ニジンスカ、ドロップカーテンはピカソ、音楽はダリウス・ミヨーで、フランスに押し寄せてくるアメリカ文化の波という時代のトピックを主題にしたユニークなバレエであった（写真2）。主役は、プリンス・オブ・ウェールズがモデルの「ゴルフ・プレイヤー」、シュザンヌ・ランランがモデルの「テニス・プレイヤー」、そしてアメリカ風に肌にサン・オイルをすり込んでハリウッド映画のアイドルを気取る氏素性怪しき「美青年」の三人である。彼らはそれぞれゴルフ服、テニス服、水着という最新のスポーツ服を着て登場し、皆ヨーロッパの慎みからは

写真2　バレエ作品「青列車」

（一条彰子編『ディアギレフのバレエ・リュス―1909-1929』セゾン美術館，1988年）

み出た「新しい人」であった（一条彰子編『ディアギレフのバレエ・リュス―1909-1929』セゾン美術館、一九九八年）。

消費社会の裏にある歴史を掘り起こそうとしたユーウェンは、一九二〇年代のアメリカについて「新しいパターン」として裕福な女性の間で、スポーツと都市生活にふさわしい活動的なスタイルが流行し、仕事と動きやすさが新たなスタイルを決める大きな要素になったと述べている（ユーウェン・S、ユーウェン・E、小沢瑞穂訳『欲望と消費』晶文社、一九八八年）。ランランの活動性とファッションは、特定の富裕な階層における女性の間で、スポーツの隆盛を背景にして受け入れられていった。ランランのファッションを真似ることとは、旧来の女性らしさを打ち破って活動的な身体に変身することだったのである。

## ■日本におけるランラン・ファッションの意味

### 『婦人グラフ』とスポーツとフェミニズム

「青列車」がパリで初演された一九二四（大正一三）年、日本では『婦人グラフ』という雑誌が国際情報社から刊行された。B4判五五頁前後で、写真を多用し、購読対象を上流階級の女性に設定した月刊雑誌であった。美しい表紙や内容は、フランスのファッション誌『アール・グー・ボーテ』誌、一般に「AGB」といわれた雑誌を模倣したものだった。て、「もっともっと押し進んだ何ものかを示して、新しい時代にフレッシュな空気を呼吸なさる皆様の伴侶となりたい」（一巻、一号）とし、第二巻六月号では「フェミニズム」という言葉と共に、「誤れる婦徳の道にのみ安住して、新しい世界への知識の目を覚まさなかったのが従来の女性でしょう。徒らに、男性に頼る女性本来の奴隷根性を解脱して、軽蔑されない女性自身の位置を作る事が、目下の急務です」とある（二巻、六号）。『婦人グラフ』は女性の覚醒を促し、大変に啓蒙的だった。

そして、その年一二月号の巻頭言には、大正一三年の婦人界における二つの大きな輝きとして、「婦人の職業的目覚め」と「女子スポーツの発達」を挙げており、女性の職業とスポーツに対する編集者の関心は高く、毎号スポーツ記事が何らかの形で掲載され、この姿勢は最終号まで続いたのだった。

この一九二四（大正一三）年は、国内的には明治神宮大会が開始された年であり、人見絹枝の活躍が注目され始めたときであり、女性スポーツの競技化が全国規模で進んだ年である。国外的には、一九二一年に国際女性スポーツ連盟が設立され、翌年に女子オリンピックが開始され、女性の陸上競技が世界的に興隆してきた年であった。もちろんテニス界ではランランの活躍が目立っていた。『婦人グラフ』はこうした内外のスポーツを広く紹介しており、国内的には、テニス、陸上競技、ダンス・舞踊、水泳の記事が多く、女性のレジャースポーツにも目を向けていた。なかでも上流階級の「○○夫人」や「○○令嬢」を例にして、テニス、乗馬、玉突き、ゴルフ、登山、ドライブなどを紹介している。その一方で、女性労働者のボートレースにも注目し、「女学生等ではなく、比較的知識程度の低い之等職業婦人によって、先鞭をつけられた事は一寸愉快ではありませんか」（一巻、二号）とコメントして、読者である上流階級の人々を挑発するものとなっている。

『婦人グラフ』のスポーツ記事は、一貫して無条件に女性スポーツ賛成の立場をとっており、スポーツは女性に対する伝統的な枷《かせ》としてのそれまでの習慣を打ち破り、自由と明るさのなかで、彼女たちの四肢をのびのびと伸ばすことの象徴として考えられた。内外におけるスポーツする女性の報道は、慎ましく「良妻賢母一点張り」の型にはめられた女性を啓発し、男性と同様の「文明世界」に目覚めることを促すことを意味していた。

女性の職業として『婦人グラフ』誌上で紹介されたものは、婦人三色版技師、タイプ速記教師、女車掌、カフェのウエイトレス、女医、女店員、タイピスト、ガソリン屋、女教師、モデル、保険勧誘員、美容術師、舞踊師匠、女歯科医、トレイサー、女裁断師、女優、飛行家、ダンスの先生、薬剤師、写真師などと広範にわたっており、女性が外に出て働く時代がやって来ていることを示している。しかし、これらの働く女性の多くは着物姿で示されていた。

それに対しスポーツは、活動が自由で活発なだけでなく、服装も洋装で軽快だった。シュザンヌ・ランランや朝吹磯子らのテニスプレイヤーのみならず、女学生のテニスや陸上競技、女工のボートレースにも目を向け、スポーツを自由と明るさ、卑屈からの解放と結び付けて示したのだった。『婦人グラフ』は、スポーツを通じて、新しい女性美の基準や女性の教養としてのスポーツを示したといっても過言ではないが、当時古い秩序のなかでスポーツができた女性たちは、やはり経済的に豊かな支配階層の夫人や女学生であった。

## 朝吹磯子のランランモード

朝吹磯子は、日本庭球協会初代会長朝吹常吉の妻であり、四男一女（ボーヴォワールの翻訳などを手がけている朝吹三吉、登水子を含む）の母であり、当時の一流テニスプレイヤーであった。常吉は、三井財閥のナンバー2で近代化の進む日本実業界で活躍した朝吹英二の長男、つまり二代目御曹司であった。磯子が一六歳で華族女学校を中退して朝吹常吉に嫁いだとき、福沢諭吉の姪であった姑の澄が健在で、「うちの嫁は本などを読む嫁です」と言っていたという（朝吹登水子『私の東京物語』文化出版局、一九九八年）。そのため結婚して以来その抑圧下にあったが、姑死去の一九一八年以後、当時としては例外的に自由な生活を九六歳まで続けた。一九二三（大正一二）年から軽井沢で始めたテニスに情熱を燃やし、三年後の一九二六（昭和元）年に全関東女子庭球選手権単・複に優勝している。テニス大会に出場する際、彼女は、ランランのようなテニスウエアとヘアバンドをしていた（写真3）。

針重敬喜は「ファイナルを見る」と題して、以下のように述べている。

年をとってそれに女の身で何のテニスかという人もあろう。そういう人には、そう言わして置くがよい。日本婦人の中には男女の平等など説いているが、事実彼等はこれが現実であることを示したことは

写真3　第1回全日本女子庭球選手権競技大会出場時のランランベルトをした朝吹磯子
（『婦人グラフ』第1巻第3号，1924年。文化女子大学図書館蔵）

ない。そういう場合に朝吹夫人が黙ってテニスをやりながら、口ばかりで言う人々の前に模範を示した。
(同前書)

針重は、朝吹磯子が既婚婦人の男女平等の実体的モデルであるとしたのだった。彼女も姑の澄も、経済的には富裕な家庭で育った。澄は、本を読むことは女性がするべきではないと考えていたが、一方磯子は本を読み、テニスのチャンピオンになった。同じような経済的背景にあって、澄と磯子との時間差が女性のあり方の差異をみせたと考えられる。一九二〇年代のスポーツとスポーツファッションの隆盛は、上流階級の既婚者に対してもスポーツへの興味を持たせたのだった。

## 3. 一九七〇年代以降のファッションとスターアスリート

### ■日常空間とスポーツ空間の融合 ―― スポーツウエアのストリート・ファッション化

ファッションの第一革命が機能化と装飾性排除を中心テーマとして、組織的にはオートクチュールの出現と共にもたらされたとしたら、一九七〇年代以降の第二の革命は、七〇年代のプレタポルテによる既製服化と三宅一生、川久保玲、山本耀司らの脱構築的な革命の更なる推進によるものといえる。それはファッションにますます個性化と多様性をもたらし、スポーツテイストをクローズアップした。ファッション・デザイナーの優れた想像性と時代の空気を敏感に捉えるビジネス感覚のもとで、彼らの傘下に「Dior sport」や「Issey Sport」など「〇〇スポーツ」という部門を誕生させた。一方で、スポーツウエア自体はデザインの洗練化と街着化へと歩を進めた。

スポーツ産業からみれば、アディダスは、一九八〇（昭和五五）年に「クラブ・アディダス」という競技用ではないウエア部門を立ち上げている。一九四八（昭和二三）年設立のアディダスは靴の製造を皮切りに、一九七〇（昭和四五）年にトレーニングウエアを発売開始、Tシャツ、ウインドブレーカーからテニスウエア等の種目対応、スタッフウエア対応に進み、「クラブ・アディダス」の立ち上げに至ったのである。一九八三（昭和五八）年に入るとスポーツウエア市場は、二極分化が叫ばれ始めた。つまり、競技志向とパーソナル志向（自由に遊ぶ）の二つのウエアに分けてスポーツウエアを考える方向性を打ち出したのだ（『スポーツタイムス』一九八三年七月二〇日）。アディダスの「スポーツ・アディダス」と「クラブ・アディダス」との分化は他に先駆けての展開で、スポーツウエアのストリート・ファッション化を早くもねらっていたといえる。

一九六〇年代のジーンズやTシャツの流行と、それに続くパンタロンの流行は、数百年に及ぶ服装上の性差へのこだわりを解消し、それ以前からユニセックス的であったスポーツ服とファッションが融合する一要因となった。そして一九七〇年代のジョギングやエアロビック・ブームに加えて、一九八八（昭和六三）年に世界的に大流行したボディコン・ファッション（朝日新聞、一九八八年一二月二五日）が典型的に示したように、二〇世紀ファッションはさらに肉体そのものの表出を推し進め、晒《さら》される肉体領域を広げ、人々の関心の矛先を肉体そのもののシェイプアップへと仕向けたのだった。ファッションとスポーツ／エクササイズの接近は、こうして進んだのだ。

スポーツは、バカンス、あるいは学校内という「枠」（空間的規定性）と結び付いてファッション現場に登場するものであり、街中でスポーツウエアを着ることや、街着にスニーカーを履くということは、ファッションとして長年ミスマッチであった。しかし、スケートボードが街中を行き交うようになり、ストリート・ダンスやストリート・バスケット、スリー・オン・スリーが都市のど真ん中の路上で行われるようになったとき、スポーツウエアも難なくそこに入り込んだ。アディダスは二〇〇一年から「Yohji Yamamoto」ブランドのデザイナー山本耀司とコラボレートして、アディダス主体のスポーツ・ブランド「Y―3」を産出し、スポーツウエアのストリート・ファッション化を加速させた。

## ■ナイキシューズのファッション・アイテム化とマイケル・ジョーダン

一九五〇年代後半にオレゴン大学のコーチであったビル・バウアーマンとその許にいた中距離ランナー、フィリップ・ナイト（現在もCOE）は、一九六四年に共同出資してブルーリボンスポーツを設立した。会社は順調に成長し、一九七一年には自社生産の設備を持つに至り、トレードマークを「スウォッシュ」とし、一九七八年に社名も現在の「NIKE」とした。そして成長を続けたナイキは、30年間でスポーツシューズのトップメーカーに躍り出て、まさに「勝利の女神ニキ」が取り憑いたかのごとく、他を圧倒していった。“Swoosh on the track, swoosh on the street, it’s every where…”である。

この成長に重要な関わりを持ったのが、バスケットボールのNBAプレイヤー、マイケル・ジョーダンであった。ナイキは、一九八〇年代にハイテク時代をエア・クッショニング・システムの開発によって迎えた。一九八四年ロサンゼルス・オリンピック大会でカール・ルイスがナイキのシューズを履いて四つの金メダルを獲得した。この大会におけるナイキシューズの着用選手は五八人、獲得メダル数は合計六五個であったという。しかし、何といってもナイキのシューズに多くの目が釘づけになったのは、NBAシカゴ・ブルズのマイケル・ジョーダンがナイキのバスケットシューズで華麗に宙を舞う動きを見せてからだ。それはNBAで七〇%のシェアを誇ったばかりか、ナイキはジョーダンの卓越した運動能力とチャーミングなキャラクターや笑顔と共に、テレビを通じて茶の間の人気をさらったのである。彼は「ファンを魅了するバスケット大使」ともいわれた。

ロス五輪の一九八四年、ナイキはジョーダンと契約を結び、一九八五年にエア・ジョーダン・モデルを制作し、オールスターゲームで使用した。それがカラー違反であったために、さらに話題となり、人気が出たという。その後一九九九年に引退するまで、プロ野球マイナーリーグ入りの中断をはさんで、二度のブルズの優勝と彼自身のMVP獲得は、多くのファンを魅了した。ジョーダンの競技者としてのすばらしさ、カリスマ性、一日もスターを休もうとしない気力、カメラ映りの良さなど、すべてがナイキという企業の良きイメージにダブっていった。ナイキの収入と広告にかけた費用をみると、それらはまさに正比例の関係にあることがわかる（Goldman, R. and Papson, S., *NIKE Culture*, SAGE Publications, 1998.）。そのイメージキャラクターとして、一九九〇年代後半のナイキのリードを圧倒的なものにし、ブランド構築に貢献したのがマイケル・ジョーダンだった。

ナイキは契約選手を選ぶ基準として、イノベーション（革新性）、チャレンジ精神を持っているか、インスピレーションを与えられるかなど、ブランドの持つイメージとどれだけ重なるかを考えるという（山田ゆかり「アスリートとシューズ」中村敏雄、清水諭、友添秀則、山田ゆかり編『現代スポーツ評論』第六号、創文企画、二〇〇二年）。マイケル・ジョーダンはそれらを十分に満たし、多くの人を魅了して、ナイキに引き込んだと考えられる。

ナイキは、一九八七年にエア・クッショニングを見えるようにした「AIR MAX」を売り出した。一九九五年に発表されたエア・マックスは、日本市場で爆発的な人気を呼び、その靴の盗難事件が新聞紙上を騒がせるに至ってもいる。ナイキの限定販売という戦略もあろうが、マイケル・ジョーダンの足に履かれていたナイキシューズのイメージは、まさに飛翔したのだ。商品はただしく開発され、ただしく置かれているだけでは売れず、それを用いたパフォーマンスがいかになされるかが問題なのだ。ナイキはジョーダンというパフォーマーを得て、飛躍的な企業拡大を遂げたのである。

スポーツのパフォーマンスを目的として生まれ、人気を博してきた運動靴であったが、いまやナイキの靴はストリート・ユースのファッション・アイテムとしてすっかり定着している。ナイキは二〇〇〇年からファッション界で世界的に有名な川久保玲のファッション・ブランド、「コム・デ・ギャルソン」と組み、「Wネーム」としてファッション・アイテム化をねらったものにも力を入れている。

## 4. スポーツとファッションの融合

一九二〇年代のスポーツとファッションの融合は、特に女性の服装の機能化、装飾性排除を推し進めることに役立ち、一方で隆盛しつつあった女性の競技スポーツに対して、女性がファッションという扉を用いることでそこに入りやすくしたとも考えられる。シュザンヌ・ランランは「男のように」プレイしたといわれたが、それは男のようにプレイできる服装をしたからであった。一九二〇年代はファッションの第一革命のときであり、「機能性」が女性服においても重要な要素として浮上し、彼女はコルセットやペチコートなしの、ノースリーブ、膝下丈のウエアを着ることができた。技術的に卓越した彼女のプレイは新しい活動的な女性として、女性用ファッション雑誌に頻繁に登場した。テニスウエアの上に毛皮のコートを羽織ってコートに登場したり、カラフルなヘアバンドをしたり、バレエの動きに彼女のランニングボレーの動きが取り入れられたりし、他に類を見ない技術と人を惹きつける性格と共に話題に上ることが多かった。「見るスポーツ」としてのテニスは、彼女の存在によるところが大きい。彼女は、アマチュアとしての一九一九〜二六年の間、ウィンブルドン大会で活躍し、のちにプロに転向した。

一九七〇年代以降のスポーツとファッションの融合は、日常空間とスポーツ空間との重なりに端を発し、第二のファッション革命によって戦後の堅苦しいファッションが解体されて多様な試みがなされるようになったことなどと関連している。スポーツ・パフォーマンス用のウエアやシューズを作っていた企業は、ストリート対応をいち早く打ち出し、そこにテレビを通じて卓越したプロ・アスリートのイメージ戦略でブランド・イメージを作り上げた。ナイキという企業の拡大にマイケル・ジョーダンというNBAバスケットボール・プレイヤーは不可欠だったと考えられる。アスリートだけをターゲットにしてシューズを売れば、購買対象数はアスリートの数を越えることはない。しかし、ひとたびファッション・アイテムとしてストリートの一般の人々にも売れるとなれば、販売対象は世界中の何十億の人々に開かれ、スポーツ・アイテムそのもの以上の高い値段もつけやすくなる。スポーツ企業とファッション・デザイナーのコラボレーションは単に商品の差別化のみならず、売り上げという企業利益と深く結び付き、両者のコラボレーションは今後も進むと思われる。スポーツというカルチャーは、こうしてさまざまな要素からなる「ファッション」という界と深く関わって形成されるのである。

［参考文献］
・柏木博『ファッションの20世紀―都市・消費・性』日本放送出版協会、一九九八年
・名越卓也編『NIKE 2001―ナイキ21世紀モデルのすべて』辰巳出版、二〇〇〇年

# 第18章　スポーツを問い直す

清水　諭

## 1. スポーツは非日常のものか

スポーツとは何か。このように問われたとき、まず用いられてきた定義は、ジレのものだった。彼は著作のなかで、スポーツを以下のように定義している。①プレイである、②激しい身体活動である、③競争である（ジレ・B、近藤等訳『スポーツの歴史』白水社、一九五二年）。表面的には、激しい身体活動とは見えないチェスやダーツが、欧州やアメリカなどでスポーツと括られて報道されてもいるが、ジレの定義は、特定のルールを前提にした戦略とスキルを身体的に備えたゲームとしてスポーツを捉えるための第一歩と位置づけられる。

では、「プレイ」とは何か。スポーツの起源をプレイ、すなわち遊びに見出し、「プレイフルな競争(playful competition)」と捉えることに影響を及ぼしてきたのは、ホイジンガの以下のような遊びの定義である。

その外形から観察したとき、われわれは遊びを総括して、それは「本気でそうしている」のではないもの、日常生活の外にあると感じられているものだが、それにもかかわらず遊んでいる人を心の底まですっかり捉えてしまうことも可能な一つの自由な活動である、と呼ぶことができる。この行為はどんな物質的利害関係とも結びつかず、それからは何の利益も齎されることはない。それは規定された時間と空間のなかで決められた規則に従い、秩序正しく進行する。またそれは、秘密に取り囲まれていることを好み、ややもすると日常世界とは異なるものである点を、変装の手段でことさら強調したりする社会集団を生み出すのである（ホイジンガ・J、高橋英夫訳『ホモ・ルーデンス』中央公論社、一九七三年［原典は一九三八年］）。

このような遊びの定義を踏まえ、ロイ（「スポーツの本性─概念規定への試み」ロイJr.・J・W、ほか編、条野豊編訳『スポーツと文化・社会』ベースボール・マガジン社、一九八八年［原典は一九八一年］）をはじめとするスポーツの研究者は、カイヨワによるホイジンガの批判的検討を踏まえ、プレイの概念を以下のように定義してきた。①自発的な活動、すなわち自由、②空間的、時間的な分離、③不確定性、④非生産性、⑤ルールによる支配、⑥ふりをするといった虚構性、である。そのうえでスポーツは、遊びの四類型（競争、運・偶然、模倣・模擬、めまい）のうち、競争の原理に支配されて、組織化されたものと位置づけられてきた（カイヨワ・R、清水幾太郎、霧生和夫訳『遊びと人間』岩波書店、一九七〇年［原典は一九五八年］）。

スポーツは、こうして「プレイフルな競争」のゲームと捉えられてきた。したがって、日常／非日常、真面目／不真面目、聖／俗、労働／余暇の区別と対比を生じさせ、この二元論から比較的容易に「スポーツ＝非日常の時空間で行われるもの」と捉えられてきたと考えられる。

しかしながら、一九三三年、オランダのライデン大学学長就任演説において「文化における遊びと真面目の境界線について」を主題に取り上げたホイジンガの遊びに関する研究の目的は、日常―非日常、真面目―遊びが固定化されたものではなく、ダイナミックに流動し、遊びこそが文化を形成すると考えた点にある。(1)

　要するに、(遊びの現れ方は：筆者注) 日々の生活のなかの間奏曲としてであり、休憩時間の、レクリエーションのための活動としてである。ところが、遊びの固有性として、規則的にそういう気分転換を繰り返しているうちに、遊びが生活全体の伴奏、補足になったり、ときには生活の一部分にさえなったりすることがある。生活を飾り、生活を補うのである。そしてそのかぎりにおいて、それは不可欠のものになってしまう。個人には、一つの生活機能としてなくてはならないものになり、また社会にとっては、そのなかに含まれるものの感じ方、それが表す意味、その表現の価値、それが創り出す精神的・社会的結合関係などのために、かいつまんで言えば文化機能として不可欠になるのである。(中略) いや、もっと正しく言えば、現に遊びそのものが文化になることがある (ホイジンガ・J、前掲書。傍点は筆者による)。

ホイジンガが生きていたコンテクストにおいて、「遊び」や「文化」は、私たちが現在を生き、認識しているものとは異なっていよう。その意味で、彼が遊びを論じたコンテクストをしっかりと見つめる必要がある。そのうえで、ホイジンガが直接の物質的利害や生活の必要性の外に「遊び」の目的があったと捉えながら、それが「文化になる」、すなわち生きていくうえでの指針になると考えていた点を重視すべきだろう。つまり、日常─非日常、真面目─不真面目の境界線をダイナミックに行き来しながら、私たちがいかに生きるべきかを感じとっていくのであり、遊びを基盤にしてスポーツを考える研究において、こうした側面を具体的に捉える必要性があるのだ。

## 2. スポーツは政治に関係ないのか ── 東アジアにおいて繰り返される歴史的課題の存在

現在を生きる私たちの目に飛び込んでくるのは、テレビ局とさまざまなグローバル資本企業（例えば、NIKE、adidas、PUMA、Mizuno、Coca-Cola、McDonald、Panasonic、VISAなど）の市場戦略を背景にしたオリンピックやワールドカップ・サッカーといったメガ・イベントである。そこでは、プロフェッショナルなアスリートたちによるビジュアル化された高度な技芸と「物語」が展開されている。こうしたスポーツシーンは、広告・宣伝のためにダンスやミュージック、あるいはポップアートとコラボレートされた映像となって人々を刺激し、ときに都市のストリートを歩き、ときにリゾートといわれる地域でさまざまなアウトドアライフを楽しむといったレジャー活動へと誘う。

私たちが日々生活するなかで、ある日突然、スポーツにまつわる映像が目に入り、それに関する情報が私たちを取り囲む。私たちは、スポーツというカルチャーを通して、どのような生きる指針ともいえる意味を構築していっているのだろうか。

これまで、私たちは「スポーツは政治に関係ない」「スポーツは政治から切り離されるべきだ」という言説を数多く耳にしてきた。しかしながら、ここで「政治的なるもの」をさまざまな権力の網の目と捉えるとき、スポーツというカルチャーは、人種、民族、ジェンダー、セクシュアリティ、ナショナリティ、階級などをめぐって想起される境界線の構築とその記憶化にとって、まったく無関係なものと言い切れるのだろうか。

例えば、私たちの記憶に新しい二〇〇二年ＦＩＦＡワールドカップ韓国・日本以降、二〇〇五年六月までの三年間について、特に東アジアに注目して表1のようにまとめたとき、どのようなことがいえるのだろうか。これらの事実からは、スポーツのカルチャーをめぐって、少なくとも以下の問題が想起されることがわかる。

- 中国と台湾の関係性にまつわる呼称、国旗問題
- 南北朝鮮（大韓民国［韓国］と朝鮮民主主義人民共和国［北朝鮮］）統一と統一チーム（統一旗）結成問題
- 歴史認識（侵略、戦争、従軍慰安婦、歴史教科書）、日本の首相による靖国神社参拝、領土・領海・領海侵犯・不審船、拉致、核開発、および要人の来訪などが複雑に絡み合いながら構築されてきた日本と中国、北朝鮮、韓国との関係
- 日本における在日朝鮮人をはじめとする外国籍選手や監督、および学校に対する処遇
- 東アジアにおける米軍基地の存在と米軍兵士による犯罪に関する問題

表1　スポーツと「政治的なるもの」
―2002年6月〜2005年6月の東アジアに注目して

○'02.6.6　FIFAワールドカップ韓国・日本開催期間中，石原慎太郎氏がロシア戦を前に北方領土を挙げながら，代表を鼓舞する。「日本は次の試合では歴然と勝たなくてはならない。勝って初めて，日本は主催国の沽券も保てるし，日本という国の存在感を証すことが出来る。（中略）…オリンピックとて同じことではないか。行った限りは勝たねばならぬ（スポーツ報知，2002.6.6）。

○'02.6.9　W杯韓国対米国戦を翌日に控えて，在韓米軍基地の存続に反対する韓国の市民団体が，ソウル市内にある米陸軍基地の壁に向かってサッカーボールを蹴り込む（朝日新聞，2002.6.10）。

○'02.6.10　W杯韓国対米国戦で，得点したアン・ジョンファン選手がスケートの滑走を真似るパフォーマンス。→ソウル市庁舎前，ガンファムン交差点におけるワールドカップの応援は，民主化運動のピークを迎えた'87.6月以来，最大規模の集まりになった（朝日新聞，2002.6.11）。

○'02.6.19　セリエAペルージャのガウチ会長が，クラブ所属のアン・ジョンファン選手がW杯決勝トーナメントでゴールデンゴールを決めてイタリアを下したことで，以下のように発言。「私はナショナリストだ。彼の行為はイタリアのプライドを傷つけただけでなく，2年前に彼を受け入れた国に対する攻撃だと見なす」（朝日新聞，2002.6.20）。

○W杯日本戦における厚手の紙でできた日の丸（対ベルギー戦（6.4）・対ロシア戦（6.9）で各2万枚，対トルコ戦（6.18）で4,000枚）は，神道青年全国協議会の発案によるもの。小嶋今興会長(39)は「今の子は，国旗の歴史や意味を教えられていない。日頃から親しんでもらうことが必要。宗教活動ではなく，日本人としての素地を作る運動ととらえている」と述べた（朝日新聞，2002.7.29）

○'02.8.3　ソフトボール女子世界選手権で台湾チームが使用を禁じられている青天白日満地紅旗をグラウンドに持ち込み，国際ソフトボール連盟（ISF）は4日，同チームの謝清文団長に大会期間中の活動停止と2年間の保護観察処分を科す。ISFは，IOC方式に倣い，台湾の「国旗」を認めず，白地に五輪と梅の花をあしらった旗を選手団旗として認めている。台湾チームは，3日にアテネ五輪出場権を獲得した際，選手が「国旗」を手にグラウンドを一周。引き続き行われた中国戦に勝ったときも，ファンが「国旗」を振った（朝日新聞，2002.8.5）。

○'02.9.5　W杯韓国組織委員会（KOWOC）委員長で韓国サッカー協会会長

の無所属国会議員，チョン・モンジュン氏（現代重工業の大株主など）が年末の大統領選への出馬を17日に正式表明すると発表。→実際は，出馬せず。

○'02.9.7　中朝国境のペクトウサンと，済州島のハルラサンで5日に採火されたプサン・アジア大会用の聖火が，南北朝鮮軍事境界線に近い臨津閣前広場で一つになり，聖火リレーが合体される。

○'02.9.7　韓国と朝鮮民主主義人民共和国（北朝鮮）の南北親善サッカー試合が1990年10月以来，約12年ぶりにソウルのワールドカップ競技場で行われ，0－0で引き分けた。

○'02.9.17　日朝首脳会談。北朝鮮側が拉致事件を謝罪，拉致被害者8人死亡と表明。

○'02.9.29　第14回プサン・アジア競技大会開催。開会式で，北朝鮮と韓国が統一旗「コリア」を掲げ，入場行進。北朝鮮は，700人近い選手と応援団を送る（朝日新聞，2002.9.27)。日本では，「美女応援団」の映像と言説。

○'02.9　日本陸上競技連盟（河野洋平会長）がセクシュアル・ハラスメント防止に向け，「倫理に関するガイドライン」を作成し，発表。

○'02.10.15　拉致被害者5人帰国。

○'02.10.16　北朝鮮が訪朝のケリー米国務次官補（東アジア・大平洋担当）に核開発認める発言（朝日新聞，2002.10.17夕刊)。

○'02.10.27　日中首脳会談で，江沢民国家主席が小泉首相の靖国神社参拝に強い懸念を表明（ロスカボス，メキシコ）（朝日新聞，2002.10.29)。

○'02.11.14　中央教育審議会総会で教育基本法見直しの視点や方向性を示した中間報告を遠山文科相に提出。「国を愛する心」「『公共』の精神」などを重要な理念として規定（朝日新聞，2002.11.15・16)。

○'03.1.14　小泉首相が靖国参拝。

○'03.2.7　冬季アジア競技大会のスピードスケート・ショートトラック女子3000m表彰式で国旗掲揚後，韓国，北朝鮮選手が表彰台の一番上に集まった際，韓国応援団から祖国統一の歌が流れ，互いに涙ぐみながら合唱する（青森県三沢市アイスアリーナ）（朝日新聞，2003.2.8)。

○'03.3　男性から女性に性をかえた豪州のゴルフ選手がプロ大会に参加。

○'03.4.7　日本スポーツ仲裁機構（JSAA）が発足。

○'03.5.1　ブッシュ大統領がイラク戦争の戦闘終結宣言（太平洋上の空母エイブラハム・リンカーン艦上)。

○'03.5.5　川淵三郎日本サッカー協会会長が 93 年秋の米国ワールドカップ予選最終戦の日本対イラクを再現させ，イラク復興を援助する私案を明らかにする。

○'03.8.7　第 85 回全国高校野球選手権記念大会で小泉純一郎首相があいさつし，始球式を行う。「みなさん，おはようございます。毎日，毎日，厳しい練習に耐えてあこがれの甲子園出場の夢を実現した高校球児のみなさん，おめでとう。一試合，一試合，全力を尽くして戦い，勝ち抜いてきた諸君，おめでとう。諸君の一投一打にかけるその懸命さ，そのひたむきな姿に我々は感動します。勝ってよし，負けてよし，泣いてよし，笑ってよし。諸君の健闘を祈り，お祝いのことばといたします」。

○'04.5.17　IOC 理事会が性別適合（性転換）手術後 2 年を経過していれば，五輪への出場を許可する新規定を決議。

○'04.6.14　プロ野球パ・リーグ大阪近鉄バファローズとオリックス・ブルーウェーブが球団合併で基本的に合意していることがわかる。

○'04.6.30　インターネット関連事業のライブドア（堀江貴文社長）が記者会見を開き，大阪近鉄バファローズと買収交渉に入ると表明。

○'04.7.5　労働組合日本プロ野球選手会（ヤクルト，古田敦也会長）と日本野球機構の団体交渉に当たる「プロ野球協議・交渉委員会」が開かれ，選手会は近鉄とオリックスの合併について十分に議論されていないとして，1 年間の合併延期を要望。野球協約にある特別委員会の開催も再度，申し入れた。機構側の明確な回答はなし。

○'04.7.～8.　アジアカップ・サッカーにおけるブーイングと「反日行動」。

○'04.8.9　山下泰裕氏とドーラ・バコヤンニ（アテネ市長）が五輪休戦を呼びかける意見広告をフリーペーパー『メトロ』に掲載（日本オリンピックアカデミー（猪谷千春 IOC 委員が会長）と日本スポーツ学会が運動）。

○'04.8.5　アテネ五輪野球の日本代表チームは，長島茂雄氏が病に倒れるも監督として継続。手書きの「 3 」が書かれた日の丸をもち，合宿地イタリアのパルマに出発。「長嶋 JAPAN」。

○'04.8.10　近鉄，オリックス両球団は，合併に関する基本合意書に調印。

○'04.9.7　オリックスと近鉄の球団合併や 1 リーグ制移行に反対するイベント「野球を愛するファンの決起集会」が日比谷公園野外音楽堂であり，1500 人（主催者発表）が集まる。

○'04.9.8　オーナー会議が開催され，オリックス・ブルーウェーブと大阪近鉄バファローズの合併を正式に承認。

○'04.9.10　労働組合日本プロ野球選手会（ヤクルト，古田敦也会長）と経営者側の日本プロ野球組織（NPB＝日本野球機構，根来泰周コミッショナー）との団体交渉に当たる「プロ野球協議・交渉委員会」が大阪国際会議場で開催され，選手会は合併の1年間凍結，新規参入の促進，完全ウェーバー化などドラフト制度の抜本的改革，収益分配，12球団の維持などについて要求。

○'04.9.18・19　労働組合日本プロ野球選手会がストライキを決行。

○'04.10.1　大リーグ，マリナーズのイチローが今季通算258安打とし，1920年にジョージ・シスラーがマークしたメジャー年間最多安打257安打を87年ぶりに抜き去り，大リーグ新記録を達成。

○'04.11.2　日本プロ野球組織（NPB＝日本野球機構）は，来季からパ・リーグに参入する球団を楽天（三木谷浩史社長）とすることを正式に決定。球団名は「東北楽天ゴールデンイーグルス」（通称：楽天イーグルス）で，本拠は仙台市の県営宮城球場。新球団は'54高橋ユニオンズ以来，51季ぶり。

○'04.12.24　日本プロ野球組織（NPB＝日本野球機構）は，ダイエーからホークス球団の譲渡を申請しているソフトバンク（孫正義社長）の参入を了承。「福岡ソフトバンクホークス」が誕生。

○'05.2.9　FIFAワールドカップ・ドイツ大会最終予選第1戦日本対北朝鮮（埼玉スタジアム2002）。

○'05.3.4　日本体育協会が国体委員会で外国籍選手，監督について参加資格を緩和し，出入国管理および難民認定法の在留資格の「永住者」であれば参加を認める決定を下す。各種学校に当たる朝鮮高級学校やインターナショナルスクールに通う選手も出場可能となる。

○'05.6.1　石原慎太郎氏がTIMESのインタビューに答えて，「日本は2008年の北京五輪をボイコットすべきだ。…中国にとって北京五輪は，ヒトラー時代の1936年ベルリン五輪と同じ意義をもつ。ヒトラーは軍事力を背景に示威行動をしたもので，北京も同じ構えを目指している」と述べた（TIMES ONLINE，2005.6.1）。

○'05.6.8　FIFAワールドカップ・ドイツ大会最終予選日本対北朝鮮第2戦（スパチャラサイ競技場，バンコク，タイ：無観客試合）。

注）2005年7月15日までの主に朝日新聞（東京本社）の記事から清水諭が作成。

・二〇〇一年九月一一日のアメリカにおける同時多発テロ以降、「テロに対する危機管理」と米英軍をはじめとした諸国家による戦争とその影響
・東アジアのアスリートに対するヨーロッパの特定の人々による差別的眼差し
・政治家によるナショナリズム的言説の発露
・首相をはじめとする政治家のスポーツイベントへの参加とそこでの発言
・「日本人であること」を意識化させるための国旗、国歌、および「愛国心」を浸透させる政策の実践
・労働者（組合）としてのアスリートの権利、地位、およびストライキの問題
・男女差別の問題（相撲など伝統スポーツをめぐる問題も含め）
・セクシュアリティの境界線をめぐる諸問題とハラスメント
・五輪休戦を呼びかけるなど、国家の対立を超えるものとしてのスポーツイベントの可能性の示唆
・労働者（組合）としてのアスリートを支援する人々の存在

紙数の関係で、二〇〇二年以前の歴史的事実をここで示すことはできないが、以上のようなこの三年間にみられる問題は、オリンピックが初めてアジアで開催された一九六四（昭和三九）年東京オリンピック前後から今日に至るまで、インターナショナルなスポーツイベントを契機にしつつ、東アジアにおける歴史的課題として記憶化され、認識されてきたものである。

それは、国家という枠組みを前提としながら、「私たち」と「他者」を作り上げ、そこに強くはっきりとした境界線を構築する。そして、「日本人である私たち」の凝集性を高めるために日本人／日本人以外の境界を認識させる国内的な政治実践を伴いながら、「他者」を劣位に落とし込むようなイメージの想起

とその拡散を図るものである。また、それは東アジアというエリア内での日本／中国／北朝鮮／韓国といった境界だけでなく、東アジア／アメリカ、さらに東アジア／ヨーロッパといった地政学のなかで相互のイメージを確定するのだ。こうした試みは、決してナショナリティの問題に関わるだけでなく、人種や民族、そしてジェンダーやセクシュアリティ、さらに資本主義システムにおける階級などが絡み合いながら、私たちの認識の枠組みが構築されていくことを想像できよう。

もはや私たちは、「スポーツは政治に関係ない」とは言えない。スポーツこそ政治的なるものを内包し、相異なる時代と社会のなかで、さまざまな経験を生み出し、多様な政治を作動させ、記憶化させてきたのだ。

ならば、私たちは以下のように問うことができよう。スポーツは、人種、民族、ジェンダー、セクシュアリティ、ナショナリティ、資本主義などの力の作用を受けながら、どのような意味を担って社会のなかにカルチャーとして存在してきたのだろうか。私たちの身体とその文化は、アクチュアルな身体の実践とビジュアル化されたカルチャー（映像と物語）との混淆、およびその記憶化を踏まえて、どのような意味を社会的に付与され、獲得してきたのだろうか。つまり、身体とその文化を拠り所にして、どのような権力編成と作用のプロセスが生起してきたのか。そもそもスポーツとは、同時代のこうした力関係のなかで生み出され、さまざまな力の作用を複雑かつ重層的に内包しながら、生成変化してきたのではないか。

このようにスポーツを問い直すことこそが、身体とその文化をめぐる権力編成のプロセスをアクチュアルな身体の実践とビジュアル化されたカルチャーとの混淆、およびその記憶化を踏まえながら、明らかにすることになるのだ。

## 3．二〇〇二年FIFAワールドカップ韓国・日本以後の国際試合と「政治的なるもの」

ここで、私たちが生きている現在において、スポーツというカルチャーが孕んでいる政治性について、もう少し細かくみていこう。

### ■FIFAワールドカップ韓国・日本の開催と歴史教科書問題（二〇〇一年五月〜二〇〇二年六月）

改めて二〇〇二年FIFAワールドカップ韓国・日本を振り返って考えたとき、少なくとも韓国側には、歴史認識を踏まえて、両国関係を改善する契機にしようという意図があった。しかしながら、FIFA副会長・韓国サッカー協会会長でもあるチョン・モンジュンW杯韓国組織委員会（KOWOC）委員長らの言説からは、そのことが遅々として進まないことへのいらだちが理解できた。二〇〇一年五月以降、歴史教科書問題と結び付けられた発言が新聞紙上で見られるようになり、なかには友好都市協定を結び、小中学生のスポーツ交流を二〇年以上続けてきたにもかかわらず、韓国の市議会から「教科書問題が解決するまで交流を見送って欲しい」とする文章が送付された例もあった。チョン・モンジュン氏は、七月に「我々の祖先を軽べつした人たちとスポーツ競技を開くことを負担に思う。教科書問題はW杯に影響を与えざるを得ない」と発言するに至っている（朝日新聞、二〇〇一年九月三日）。ムン・ドンフKOWOC事務総長は、この発言を踏まえて、「こういう時期だからこそ、両国組織委が緊密に協力しよう」として、次のように述べた。

我々は世界に大会の成功を約束した。韓日間の政治懸案が影響を与えてはならない。…二つの問題（歴史教科書問題と小泉純一郎首相の靖国神社参拝：筆者注）は個人的には残念だが、両組織委は極めて実務的にやっている（朝日新聞、二〇〇一年九月三日[2]）。

この発言からは、W杯が歴史教科書問題や靖国神社参拝問題と結び付けて考えざるを得ない状況下で、その準備に支障を来すことはないとの見解を強調し、共催の成功を第一に考えていることがわかる。しかしながら、チョ・セヒョン駐日韓国大使が、W杯が両国の人的・文化的交流を深めて歴史認識などの懸案を解消する契機にしたいとの考えを示すなかで、チョン・モンジュン氏は開幕直前になっても以下のように発言していた。

W杯をきっかけに、韓国と日本の関係改善を望んだが、思ったように改善しなかった。（中略）最近の世論調査で、日本の韓国へのイメージは上がったが、韓国の日本へのイメージは良くなっていない（朝日新聞、二〇〇二年五月二四日）。

大会が無事に終了してしまえば、W杯の経験も日韓関係の長い歴史の奥底の一つの出来事として位置づけられてしまったのではないだろうか。その後のさまざまなカルチャーによる交流と人々の往来を伴って、日韓それぞれにとって、自分たちにとって都合のよい、良き思い出だけが記憶化されたに違いない。だが、韓国サイドにおいては関係改善を図りながらも、歴史的課題に関して思うようにならなかったことに対するいらだちが明らかに存在していたことを心に止めておくべきだろう。
そして、その一方で、W杯を契機にして、「日韓犯罪人引き渡し条約」他、フーリガンやテロ対策のための出入国管理を共同で行うなど、法務省、警視庁、警察庁、さらに厚生労働省や開催自治体が、監視システムを一層強化したことを十分認識しておかなければならない。

## ■アジアカップ・サッカー（中国、重慶など）におけるブーイングと「反日行動」

（二〇〇四年七月二〇日～八月七日）

では、W杯から二年後のアジアカップ[3]ではどうだったのか。産経新聞は、他紙に先駆け、一面トップ記事のなかで以下のように状況を説明した。

> 二十日の日本対オマーン戦での中国人の観客の声援は大部分がオマーンに寄せられ、一部の観客は反日スローガンまで叫んだ。二十四日の日本対タイ戦でも日本選手への露骨なブーイングが終始目立った。タイ戦では観客席の日本人に物が投げつけられたほか、日本選手のバスが中国人観客らに取り囲まれる騒ぎもあったという。田中誠選手は「国歌吹奏のときから何か違ったような雰囲気があった。反日感情が強いのかなとは思った」と語った（産経新聞、二〇〇四年七月二七日）。

日本代表チームが中国ではないチームとの試合の際にも、国歌吹奏時にブーイングが起き、試合中も「相手チームがボールを持てば『ワーッ』と大歓声」（後藤健生、清水諭、中村敏雄「サッカーとジャーナリズム」友添秀則ほか編『現代スポーツ評論』第一一号、創文企画、二〇〇四年）になる雰囲気がスタジアムを支配し、スタジアムを出ても選手の乗ったバスが中国人観客らに取り囲まれたのだった。
こうした事実に対して、日本の新聞社はどのような解釈を加えていったのか。第一に、初戦から準々決勝までの四試合すべてが行われた中国、重慶市の歴史性に注目しながら、「反日行動」として一連の行為を解釈したことが挙げられる。例えば、以下のように。

重慶市は第二次世界大戦で旧日本軍が爆撃した都市でもあり、ネット上では試合開催の二ヶ月前から「(試合に合わせて)日本国旗を焼こう」などの反日行動を呼びかける書き込みが寄せられていた…。現在もネットの掲示板には「重慶人民は日本選手団に抵抗せよ、爆撃を忘れるな」「日本選手団に歴史の写真を見せて勉強させろ」などの書き込みが存在する(産経新聞、二〇〇四年七月二七日)。

そして、戦争にまつわる歴史認識だけでなく、尖閣諸島(中国名:釣魚島)の領有権問題を取り上げ、準々決勝の日本対ヨルダン戦で「歴史を正視し、アジア人民に謝罪せよ。釣魚島を返せ」の大きな紙が広げられたことがレポートされた(日刊スポーツ、二〇〇四年八月四日)。さらに、「歴史問題だけでなく尖閣諸島や沖ノ鳥島、ガス田開発など最近の東シナ海・西太平洋における日中間の紛争についても、日本選手団に対して抗議行動を起こそうとする動きもみられた」(産経新聞、二〇〇四年七月二七日)というように、現在の状況とも絡み合わせて「反日行動」と認識したのだった。
このような現象の要因は、おおかた「愛国主義教育」に端を発するとされた。例えば、以下のようにである。

「反日」は中国共産党が江沢民時代に愛国教育を強化してきたことと表裏一体の関係にある。中国は市場経済化の加速で社会主義イデオロギーに代わる新しいイデオロギーを必要とし、「愛国主義」を全社会的に強調するようになった（産経新聞、二〇〇四年七月二七日）。

この捉え方は、八五年頃から始まった愛国主義教育が、若者の間で確実に浸透して、いまや反日の「錦の御旗」（日刊スポーツ、二〇〇四年八月八日）になっていること、すなわち、「反日」で括られる行動は、中国政府も規制しづらいという見方につながっていった。

こうした言説の流れは、サッカーというスポーツにおけるファンのマナーの悪さとして論じられる以上に、スタジアムで起こったことは、中国の「反日行動」であり、その要因を論じていく展開となった。そして、石原慎太郎氏の「民度が低いんだからしょうがない」という発言が取り上げられたように（日刊スポーツ、二〇〇四年八月七日）、私たちと彼らの違いを想起させ、境界線を構築していく政治がスポーツと絡み合って語られたのである。

しかしながら、スポーツに内包される政治性が露呈すればするほど、それを覆い隠すように「スポーツは政治に関係ない」という言説が提示された。例えば、自民党内部で一連の「反日行動」が反日教育の結果であり、抗議の必要性があること、あるいは北京五輪が開催されるのかといった論議が噴出した際、内閣官房長官は「スポーツ本来の目的は友好の促進。それに反することのないよう政府も注意していかなければならない」と述べている（日刊スポーツ、二〇〇四年八月四日）。また、首相である小泉純一郎氏は、靖国神社参拝問題が中国や韓国との外交関係に大きな問題となっているにもかかわらず、「反日行動」と参拝との関連を聞かれて、以下のように答えている。

そういうことではないと思う。スポーツに政治的意識を持ち込まないほうがいい（日刊スポーツ、二〇〇四年八月四日）。

中国の新聞紙上においても、「スポーツは政治に関係ない」という言説が八月八日の日本対中国の決勝戦（北京）を前にして見られるようになった。汚いヤジを日本チームにぶつけることで、「精神的な慰め」を得られるかもしれないが、「礼儀に失し、スポーツマン精神に欠け、民度が低いことを全世界に晒してしまう」（青年報、二〇〇四年八月六日）といった言説をはじめとして、「スポーツマン精神の堅持」が大きく呼びかけられた。また、「政治は政治、スポーツはスポーツ。理性的に観戦しよう」（新京報、二〇〇四年八月六日）の記事も見られたのだった。

ここに至って、スポーツ、あるいはスポーツマンシップは、きわめて文明化、すなわち自己規律化された人々によって行われるものと解釈され、そのことを論拠にして暴動をいさめようとしたのである。

## 4．ポピュラーカルチャーとしての可能性を考える

確かにスポーツは、遊びの延長と定義され、一方でエリアスらによって文明化のプロセスとして捉えられてきた。しかしながら、現代に生きる私たちとスポーツとを考えるとき、本稿で示したように具体例を

挙げ、同時代性のなかで議論する必要性に迫られる。少なくともオリンピックやワールドカップ・サッカーといったインターナショナルなメガ・イベントは、日常生活における政治的なるものと地続きであり、そうした政治性を内包していることを歴史的課題を想起させながら、私たちに示し出すのだ。

では、私たちは政治性を内包するスポーツと共にどのように日常生活を生きていくのだろうか。そう考えるとき、日常生活における実践がスポーツというカルチャーにのみアイデンティファイするのではなく、さまざまなカルチャーのコラボレーションのなかで、感情構造を下敷きにしながら、アイデンティファイする対象を決め、そこに意味を見出していることを再確認したい（Hetherington, K., *Expressions of Identity: Space, Performance, Politics*, Sage, 1998.）。クラシックからポップスやロック、ヒップホップからクラブシーンやレイブを含めたミュージックとダンス、あるいはファッション、デザイン、そしてスポーツといったカルチャーは、複雑に絡み合い、スタイルを創造する。そして、ときに環境、動物愛護、ベジタリアニズム、反核や反戦、メディアや消費社会における諸問題に対する問題提起やライフスタイルの実践といった運動の契機ともなる。すなわち、スポーツのメガ・イベントにおいて、東アジアのナショナリティに基づく境界線の政治が焦点化される一方、それを乗り越えるものとしてポピュラーカルチャーを位置づけることができるのだ。

私たちは、さまざまな趣味や好みをブリコラージュ（寄せ集め）しながら、自分のスタイルを作り上げて楽しむ実践者である。そのことは、他者との差異や境界線を構築する一方で、さまざまな契機によって境界をパフォーマティブに乗り越える「行為体」（エージェンシー）としての可能性を持っていることでもある。スポーツが焦点化する境界線の構築と他者の排除に対して、さまざまなカルチャーのコラボレーションを拠り所にしながら、それを乗り越えていく実践的な運動へと発展させることができるのだ。

上野俊哉は、凡庸、惰性、退屈、反復としての日常生活のなかに、特定の強度と緊張や、活性化につながる瞬間＝契機があることもまた事実であるとする。そして、日常生活の内部における祝祭や実践として、すなわち「いまここ」にうがたれたリズムのような働きをもって、批判と抵抗の場としての外部を日常生活の内部に瞬間的、一時的に含み込むことができると述べる（上野俊哉『アーバン・トライバル・スタディーズ―パーティ、クラブ文化の社会学』月曜社、二〇〇五年）。私たちは、本稿で示したような言説の分析を踏まえ、人々の日常生活における実践の諸相を捉えていくことで、さまざまなカルチャーによるコラボレーションによって境界線を乗り越えていく可能性を見出すことができる。ポピュラーカルチャーの可能性は、ここから切り開かれていくのである。

［註］

(1) 当時、フランスの民族学者マルセル・モースの影響を受け、「ライデン学派」と言われた研究者たちは、J・P・B・ヨセリン・デ・ヨンクを中心にしてインドネシアをはじめ、ニューギニア、オーストラリアを調査し、かつギリシャ神話の分析を行っていた。ギリシャ神話における二元論（男／女、天／地、右／左など）の構造を明らかにしながら、その両極を巧妙に飛び交い、つなぎ合わせるような存在（ヘルメス）の動きをプレイフル、すなわち遊戯性を持つものと捉えていた。ここからは、のちに隆盛する構造主義の萌芽をみてとることができる（山口昌男『新編人類学的思考』筑摩書房、一九七九年。および『文化人類学への招待』岩波書店、一九八二年）。

本稿では、ホイジンガとカイヨワの議論からスポーツを問い直す試みを展開しているが、このほかにエリアス・N、マーカムソン・R・M、バフチン・M、フーコー・M、ブルデュー・P、ギルロイ・P、グットマン・A

などに端を発する近代スポーツ論の系譜を考える必要がある。

(2) 二〇〇四年における新聞（日刊）の発行部数は、以下の通り。朝日：八二三万七五七五部、読売：一〇〇三万七四四八部、毎日：三九三万八六五二部、産経：二一〇万一二九部、日刊スポーツ：二〇四万六二五七部（日刊スポーツは、二〇〇〇～二〇〇四年度版『雑誌新聞総かたろぐ』メディアリサーチに基づき、それ以外は日本ABC協会レポートによる）。

(3) 全試合の結果は、以下の通り。二〇〇四年七月二〇日：日本対オマーン（1―0、重慶）、七月二四日：日本対タイ（4―1、重慶）、七月二八日：日本対イラン（0―0、重慶）、七月三一日：準々決勝日本対ヨルダン（1―1、PK4―3、重慶）、八月三日：準決勝日本対バーレーン（4―3延長、済南）、八月七日：決勝日本対中国（3―1、北京）

［参考文献］


・有元健、小笠原博毅編『サッカーの詩学と政治学』人文書院、二〇〇五年
・伊藤守編『文化の実践、文化の研究―増殖するカルチュラル・スタディーズ』せりか書房、二〇〇四年
・清水諭編『オリンピック・スタディーズ―複数の経験・複数の政治』せりか書房、二〇〇四年
・黄順姫編『W杯サッカーの熱狂と遺産―二〇〇二年日韓ワールドカップを巡って』世界思想社、二〇〇三年

# おわりに

「近代スポーツ」という語をめぐって、これまで多くの議論がなされてきた。ときにその発生、伝播そして受容の経路と形態を描写しながら、普遍的な特徴が語られ、その一方で、世界各地に存在する伝統的な身体文化と比較しながら、「近代」や帝国主義的側面を解き明かす糸口として位置づけられてきた。

しかしながら、私たちが生きているいま、私たちが目にし、実際に身体《からだ》を動かして楽しむスポーツのカルチャーとは何か。そして、現代のスポーツを読み解くことは、私たちに何を考えさせることになるのだろうか。

本書で示されているように、スポーツは決して固定化されたある一つの特徴を示しているわけではない。スポーツの現場は、オリンピックやワールドカップ・サッカーといったメガ・イベントから休日に家族が公共施設を借りてテニスをしたり、ストリートでヒップホップをバックにスケートボードでパフォーマンスするなど、さまざまな空間のなかで多様な意味を持って行われている。それに関わる人々の立場もさまざまである。まったくの気晴らしの人もいれば、教育や行政施策の一環として、あるいは地域におけるクラブ運営のためのボランティアとして関わる人もいる。幼少期からスポーツに親しみ、学校や地域におけるクラブで日々スポーツに打ち込むアスリートも数多く存在している。

本書は、異なる空間とその歴史性を持ちながら、つねに変化し、多様性をみせるスポーツというカルチャーの現在を解き明かそうと試みたものである。私たちが生きるいまをスポーツという身体にまつわるカルチャーから議論することは、レジャーやレクリエーション、あるいは学校や地域におけるスポーツ活動といった範疇に止まらず、私たちが生きるなかで関わるさまざまなカルチャーと交錯し、変転し、新たな見方や考え方が生まれているその現場を見通すことにつながっていくに違いない。

最後に、本書は、長年スポーツ社会学の第一線で活躍してこられた佐伯年詩雄先生が二〇〇六年三月末日をもって筑波大学を退職されることを記念し、大学の同僚と教えを受けた者たちが集って、編まれたものであることを記しておく。

二〇〇六年五月

清水　諭

**稲葉佳奈子**（いなば かなこ）（第15章）
①筑波大学大学院体育研究科準研究員。ジェンダー論，スポーツ社会学。
②『オリンピック・スタディーズ―複数の経験・複数の政治』（共著，せりか書房，2004）

**山本敦久**（やまもと あつひさ）（第16章）
①筑波大学大学院博士課程人間総合科学研究科，東京医科歯科大学非常勤講師。カルチュラル・スタディーズ，スポーツ社会学。
②『テレビニュースの社会学―マルチモダリティ分析の実践』（共著，世界思想社，2006），『オリンピック・スタディーズ―複数の経験・複数の政治』（共著，せりか書房，2004），『文化の実践・文化の研究―増殖するカルチュラル・スタディーズ』（共著，せりか書房，2004）

**萩原美代子**（はぎわら みよこ）（第17章）
①文化女子大学服装学部教授。スポーツ社会学。
②『ブルマーの文化史―女子体育へのまなざし』（共著，青弓社，2005），『体育科教育を学ぶ人のために』（共著，世界思想社，2001），『スポーツという文化』（共著，TBSブリタニカ，1992）

**清水　諭**（しみず さとし）*（第18章，おわりに）
①筑波大学大学院人間総合科学研究科助教授。身体文化論，スポーツ社会学。
②『サッカーの詩学と政治学』（共著，せりか書房，2005），『オリンピック・スタディーズ―複数の経験・複数の政治』（編著，せりか書房，2004），『現代スポーツ評論』（編著，創文企画，1999～）

**吉田幸司**（よしだ こうじ）（IIコラム）
①筑波大学大学院人間総合科学研究科トップアスリート・セカンドキャリア支援プロジェクト研究員。スポーツ社会学。
②「『スポーツの公共性』という『大義』を巡る抗争」（『スポーツ社会学研究』第13巻，法政大学出版局，2005）

**吉田　毅**（よしだ たけし）（第11章）
①東北工業大学人間科学センター助教授。スポーツ社会学。
②「競技者の転身による困難克服の道筋に関する社会学的考察—元アメリカ杯挑戦艇クルーを事例として」（『体育学研究』第51巻第2号，日本体育学会，2006），「競技者の困難克服の道筋に関する社会学的考察—主体的社会化論を手がかりに」（『体育学研究』第46巻第3号，日本体育学会，2001），「スポーツ的社会化論からみたバーンアウト競技者の変容過程」（『スポーツ社会学研究』第2巻，日本スポーツ社会学会，1994）

**田中研之輔**（たなか けんのすけ）（第12章）
①日本学術振興会特別研究員。都市社会学，身体文化論。
②『開発の時間　開発の空間—佐久間ダムと地域社会の半世紀』（共著，東京大学出版会，2006），『〈実践〉ポピュラー文化を学ぶ人のために』（共著，世界思想社，2005），『東京スタディーズ』（共著，紀伊国屋書店，2005）

**松村和則**（まつむら かずのり）*（第13章）
①筑波大学大学院人間総合科学研究科教授。スポーツ社会学，環境社会学。
②『メガ・スポーツイベントの社会学—白いスタジアムのある風景』（編著，南窓社，2006），『食・農・からだの社会学』（共編著，新曜社，2002），『自然環境と環境文化』（共著，有斐閣，2001）

**川口裕之**（かわぐち ひろゆき）（IIIコラム）
①筑波大学大学院博士課程人間総合科学研究科。スポーツ社会学。

**岡田　桂**（おかだ けい）（第14章）
①関東学院大学文学部比較文化学科講師。スポーツ文化論。
②「19世紀末—20世紀初頭のイギリスにおける柔術ブーム：社会ダーウィニズム，身体文化メディアの隆盛と帝国的身体」（『スポーツ人類学研究』第6巻，日本スポーツ人類学会，2005），「喚起的なキス—サッカーにおける男らしさとホモソーシャリティ」（『スポーツ社会学研究』第12巻，法政大学出版局，2004），『フィーメイル・アスリート・バイブル』（共著，ナップ，2005）

**麻生征宏**（あそう ゆきひろ）（Ⅰコラム）
①株式会社学習研究社。スポーツと賭け，消費社会とスポーツ。
②「現代社会における賭けに関する研究―競馬を事例として」（『スポーツ社会学研究』第9巻，法政大学出版局，2001），「小心者の哲学―現代の競馬が映す世界」（『現代スポーツ評論』第3号，創文企画，2000）

**黒須　充**（くろす みつる）（第6章）
①福島大学人間発達文化学類教授。生涯スポーツ論，スポーツ社会学。
②『スポーツによる地域貢献で大学は変わる』（共著，大修館書店，2004），『ジグソーパズルで考える総合型地域スポーツクラブ』（編著，大修館書店，2002）

**杉浦善次郎**（すぎうら ぜんじろう）（第7章）
①新潟経営大学経営情報学部教授。スポーツ社会学，スポーツ経営学。
②『スポーツと文化・社会』（共訳，ベースボール・マガジン社，1988）

**藤田紀昭**（ふじた もとあき）（第8章）
①日本福祉大学社会福祉学部教授。障害者スポーツ論，スポーツ社会学。
②『アダプテッド・スポーツの科学』（共著，市村出版，2004），『現代メディアスポーツ論』（共著，世界思想社，2002），『スポーツ文化を学ぶ人のために』（共著，世界思想社，1999）

**中塚義実**（なかつか よしみ）（第9章）
①筑波大学附属高等学校保健体育科教諭・サッカー部顧問，サロン2002理事長，DUOリーグチェアマン。スポーツ社会学，体育・スポーツ教育学。
②『公認B級コーチ養成講習会　共通科目・スポーツの社会科学ワークブック』（共著，㈶日本サッカー協会，2005），『最新 体育・スポーツ理論』（共著，大修館書店，2003），『少年のためのサッカー入門』（単著，長岡書店，1993）

**仲澤　眞**（なかざわ まこと）*（第10章）
①筑波大学大学院人間総合科学研究科助教授。スポーツ産業論。
② Motivational Factors Impacting the Behavior of J. League Spectators: Implications for League Marketing Efforts.（共著，*Sport Management Review*, 5(1), 1-24., 2002）
Development of the Sport Interest Inventory (SII): Implications for measuring unique consumer motives at sporting events.（共著，*International Journal of Sports Marketing and Sponsorship*, 3, 291-316., 2001）
The Relationship Between Stadium Size & Location and Spectator Characteristics: Implications for Marketing Strategies.（共著，*International Sports Journal*, 4(2), 9-25, 2000）

## ■執筆者一覧（執筆順。氏名および担当箇所，①所属，専門分野，②著作，＊は編者）

**佐伯年詩雄（さえき としお）**（現代スポーツへの眼差し）
①平成国際大学教授（新学部設置準備室付）。筑波大学名誉教授。スポーツ社会学。
②『現代企業スポーツ論』（単著，不昧堂出版，2004），『スポーツイベントの展開と地域社会形成―ウインブルドン・テニスからブンデスリーガ・サッカーまで』（共著，不昧堂出版，2000）

**橋本純一（はしもと じゅんいち）**（第1章）
①信州大学全学教育機構助教授。スポーツ社会学。
②『現代メディアスポーツ論』（編著，世界思想社，2002），『ボディ・ランゲージ―現代スポーツ文化論』（単訳，日本エディタースクール出版部，2000），『スポーツ・レジャー社会学―オールタナティヴの現在』（編著，道和書院，1995）

**高橋豪仁（たかはし ひでさと）**（第2章）
①奈良教育大学教育学部助教授。スポーツ社会学。
②「プロ野球私設応援団の下位文化研究」（『体育学研究』第51巻第2号，日本体育学会，2006），「スポーツ観戦を介した同郷人的結合」（『スポーツ社会学研究』第13巻，法政大学出版局，2005），『現代メディアスポーツ論』（共著，世界思想社，2002）

**海老島均（えびしま ひとし）**（第3章）
①びわこ成蹊スポーツ大学スポーツ学部助教授。スポーツ社会学。
②*Japan, Sport and Society: Tradition and Change in a Globalizing World*（共著，Routledge，2006），『アイルランドを知るための60章』（編著，明石書店，2004），『ジグソーパズルで考える総合型地域スポーツクラブ』（共著，大修館書店，2002）

**上杉正幸（うえすぎ まさゆき）**（第4章）
①香川大学教育学部教授。健康社会学，スポーツ社会学。
②『紫煙のゆくえ』（共著，山愛書院，2005），『健康病』（単著，洋泉社，2002），『健康不安の社会学』（単著，世界思想社，2000）

**菊　幸一（きく こういち）＊**（第5章）
①筑波大学大学院人間総合科学研究科助教授。スポーツ社会学。
②『スポーツプロモーション論』（編著，明和出版，2006），*Japan, Sport and Society: Tradition and change in a globalizing world*（共著，Routledge，2006），*Sport Histories: Figurational Studies of the Development of Modern Sports*（共著，Routledge，2004）

現代《げんだい》スポーツのパースペクティブ



NDC780 367p 19cm

初版第一刷発行――二〇〇六年六月一日

編著者――菊幸一《きくこういち》、清水諭《しみずさとし》、仲澤眞《なかざわまこと》、松村和則《まつむらかずのり》

発行者――鈴木一行

発行所――株式会社 大修館書店

〒一〇一-八四六六 東京都千代田区神田錦町三-二四

電話 03-3295-6231（販売部） 03-3294-2358（編集部）

振替 00190-7-40504

［出版情報］ http://www.taishukan.co.jp

http://www.taishukan-sport.jp（体育・スポーツ）

装幀者――中村友和（ROVALIS）

印刷所――壮光舎印刷

製本所――難波製本

ISBN 4-469-26613-2 Printed in Japan